新时代中国传统文化要义与传承发展研究

陈 婧 宋春丽 著

中国财经出版传媒集团
经济科学出版社
Economic Science Press
·北 京·

图书在版编目（CIP）数据

新时代中国传统文化要义与传承发展研究 / 陈婧，宋春丽著. -- 北京 ： 经济科学出版社，2024. 8.
ISBN 978 - 7 - 5218 - 6292 - 8

Ⅰ. G125

中国国家版本馆 CIP 数据核字第 2024WV0371 号

责任编辑：王红英
责任校对：王肖楠
责任印制：邱　天

新时代中国传统文化要义与传承发展研究
陈　婧　宋春丽　著
经济科学出版社出版、发行　新华书店经销
社址：北京市海淀区阜成路甲 28 号　邮编：100142
总编部电话：010 - 88191217　发行部电话：010 - 88191522
网址：www. esp. com. cn
电子邮箱：esp@ esp. com. cn
天猫网店：经济科学出版社旗舰店
网址：http：//jjkxcbs. tmall. com
固安华明印业有限公司印装
880 × 1230　32 开　8. 75 印张　220000 字
2024 年 8 月第 1 版　2024 年 8 月第 1 次印刷
ISBN 978 - 7 - 5218 - 6292 - 8　定价：56. 00 元
（图书出现印装问题，本社负责调换。电话：010 - 88191545）

前　言

作为四大文明古国中唯一一个历史没有中断的国家，我国历史自商周时期至今经历了五千年，在这五千年的时间内，中华民族通过对自身文化的发扬和外来文化的吸收、不断发展，至今，形成独具特色的中国传统文化。中华优秀传统文化是中国传统文化的重要组成部分，是中华民族的根与魂。

中华优秀传统文化博大精深，源远流长。它是中华民族几千年来不断发展壮大的精神支撑，是推动中华文化创新创造的根本动力，同时也是中华文化能够长期屹立于世界文化潮流中的重要因素。因此，坚定不移地保护和传承中华优秀传统文化，有利于我们坚定文化自信，进而推动实现中华民族伟大复兴的中国梦。

当前世界，许多国家不断提高对文化软实力的关注，并将其放在了综合国力中的重要地位。中华优秀传统文化在树立中国人的文化自信心的过程中处于基础地位。绵延几千年的中华优秀传统文化，蕴含了中华民族较长时间的发展过程中精神活动、理性思维等，包含丰富而厚重的集体记忆，建立了科学的思想资源和独特的价值模型。本书将围绕中国传统文化传承与创新研究展开论述。

本书共分为六章。第一章对文化、传统文化进行释义，然后在此基础上阐述中国传统文化传承与发展的重要意义；第二章对中国传统文化的形成、内容、价值进行了阐述；第三章阐述了中国传统文化与文化自信的关系、中国传统文化自信构建的理论和现实意义，以及中国传统文化培育文化自信的实现路径；第四章对中国传统文化传承发展的历史进程、中国传统文化传承发展面临的机遇、中国传统文化传承面临的挑战等进行了详细叙述与分析；第五章对中国传统文化传承发展的基本内容、中国传统文化传承发展的基本原则、中国传统文化传承发展的工作重点等内容进行了详细叙述；第六章探索了中国传统文化传承发展的路径。

本书由陈婧和宋春丽二人共同撰写完成，其中陈婧撰写第一章、第二章、第三章、第六章第一节（共计 108.8 千字），宋春丽撰写第四章、第五章、第六章第二节至第三节（共计 104.7 千字）。

在本书的撰写过程中，充分借鉴了历史文献、研究成果和专家学者的观点，力求准确、全面地呈现中国传统文化的精髓和内涵。同时，我们也将关注当代社会对于传统文化的需求和挑战，探索如何将传统文化与现代社会相结合，使其在当代社会中发挥更大的作用。同时，本书的完成离不开领导和家人的大力支持，在此，作者一并表示诚挚的感谢。但由于时间仓促，加之作者水平有限，疏漏不足之处在所难免，还请各位专家、学者予以指正，以期日臻完善。

作　者

2024 年 1 月

目　录

第一章

绪　论

传统文化是指一个国家、一个民族在长期历史发展过程中形成的、具有鲜明民族特色和历史传承的文化。它包括了文学、艺术、哲学、宗教、风俗习惯、伦理道德等各个方面的内容。传统文化是一个国家和民族的精神支柱，是维系民族团结和国家稳定的重要因素。

中国的传统文化源远流长，博大精深。中华民族五千年文明的结晶，是我们民族的瑰宝，承载着丰富的思想观念、价值观和审美追求，是我们民族优秀传统文化的重要组成部分，是中华民族在长期历史发展中积累的宝贵传承。传统文化是维系民族精神和国家稳定的重要途径，也是促进文化发展和繁荣的必要条件。如今，面对经济全球化和文化多元化的挑战，我们有必要深入研究和传承中国传统文化，以凝聚民族精神、增强文化自信。

中国传统文化的独特性体现在多个方面。其一，它以“天人合一”的观念为核心，强调人与自然、人与社会之间的和谐关系。这一观念源于中国古代哲学家的思考和探索，对于人类社会的可持续发展有着重要的启示意义。其二，中国传统文化注重“修身齐家治国平天下”，强调个人修养与社会责任的统一。儒家思想中的“仁义礼智信”等观念，对于塑造人的品格和提升社会道德水平起到了重要的指导作用。其三，中国传统文化以艺术为媒介，表达着人们对美的追求和审美情趣。传统绘画、音乐、舞蹈等艺术形式，不仅展现了中国人民的创造力和智慧，也传递了深刻的文化内涵。

然而，我们也要正视中国传统文化面临的挑战和困境。随着现代科技的发展和西方文化的影响，中国传统文化在一定程度上受到了冲击和侵蚀。一些传统价值观念逐渐淡化，传统习俗和礼仪得不到充分遵守，传统技艺和技能面临着失传的危机。因此，我们有必要加强对中国传统文化的研究和传承，挖掘其深层次的内涵和智慧，使其在现代社会中焕发新的生命力。

本书旨在探寻中国传统文化的深度与魅力，为读者提供一份系统的介绍和解读。首先，我们将从历史的角度出发，回顾中国传统文化的起源和发展，探讨其与中华民族历史的紧密联系。其次，我们将通过对传统价值观和道德准则的分析，揭示中国传统文化中的“仁爱”“正直”“和谐”等向善品质，以及其对个人和社会的影响。再次，我们将深入研究中国传统文化中的艺术形式，包括绘画、音乐、舞蹈等，展示其独特的审美追求和艺术价值。最后，我们将探讨中国传统文化的创造性转化与创新性发展，提出对于保护和发展传统文化的建议和思考。

总之，本书的目标是通过对中国传统文化的深入研究和全面介绍，帮助读者更好地理解和传承中国传统文化，增强文化自信，推动中华民族文化的繁荣与发展。我们相信，通过对中国传统文化的探索和传承，我们不仅可以找到自己的文化根基，更能为构建一个和谐、美好的社会作出贡献。让我们一同展开这场关于中国传统文化的探寻之旅吧！

第一节 文化释义

一、文化的概念

“文化”的英语单词是 culture，其本义是“人类为使土地肥沃，种植树木和栽培植物所采取的耕耘和改良措施”。在西方人早期的观念中，“文化”只是被用来隐喻人类的某种才干和能力，而“文化”一词成为一个完整体系的表示方式，即术语，大约是在 19 世纪中叶形成的。学者们从不同的角度给“什么是文化”做了许多种解释，其中较为经典的定义是英国人类学家爱德华·泰勒在其《原始文化》一书中所说的，“文化”是指人类在自身的历史经验中创造的“包罗万象的复合体”：“文化是一种复合体，它包括知识、信仰、艺术、道德、法律、风俗，以及其余从社会上学得的能力与习惯”。1952 年，美国文化学家克罗伯和克拉克洪发表《文化·概念和定义的批评考察》，对西方自 1871 年至 1951 年关于文化的 160 多种定义做了清理与评析，并在此基础上给文化下了一个综合定义：“文化由外显的和内隐的行为模式构成；这种行为模式通过象征符号而获致和传递；文化代表了人类群体的显著成就，包括他们在人造器物中的体现；文化的核心部分是传统的（即历史的获得和选择的）观念，尤其是他们所带来的价值；文化体系一方面可以看作是活动的产物，另一方面则是进一步活动的决定因素。”

文化是人类特有的社会现象。自人类诞生之后，“文化”与“自然”便成为一组重要的范畴。从与自然相对的角度来说，文化是指人类在进化、发展过程中运用自身的主体力量所创造的一切非自然的物质和精神特质的复合体（静态的定义），也指人类认识、利用、改造自然和人类社会自身的人类文明进化过程（动态的定义）。

二、文化概念的理解

文化具有的多样性和复杂性，很难将文化给出一个准确的、清晰的分类标准。因此，这些对文化的划分，只是从某一个角度来分析的，它是一种尝试。基于对文化的结构解剖，有两分说，即分为物质文化和精神文化（非物质文化）；有三层次说，即分为物质、制度、精神；有四层次说，即分为物质、制度、风俗习惯、思想与价值；有六大子系统说，即物质、社会关系、精神、艺术、语言符号、风俗习惯；等等。

（一）从文化的结构划分

人类历史已经走过农耕时代、工业时代，目前正处于信息时代。每个时代的生存环境不同，与之相对应的思维方式和生活方式也明显不同。例如，中华文化的传统部分诞生于农耕时代，思维方式和生活方式都是跟农耕时代相匹配的。农耕时代，中华民族先人们的生存特征是靠天吃饭，所以，先哲们洞察天和地以及天地人之间的相互关系，形成了阴阳五行等学说，创造了历法、二十四节气等。而古代西方文明与中华文明有明显区别。西方文明是多源头文化，甚至文字语言都是多元化的。在西方文化与西方传统中，人们习惯称西方文化为“基督教文化”或“基督教文明”。这是因为西方文化有着三大源头，分别是：古希腊文明、古希伯来文明、古罗马文明，因而西方文化的主要思维模式不同、中西之间科学文化呈现的文明底色不同、家庭文化不同。这就要求我们对待文化的认识划分，就要从文化本身的结构出发，从而进行合理的归类。

一般来说，文化可以分为四大类型，分别是：物态文化，即人类加工自然创制的各种器物，并满足人类最基本的生存需要——以衣食住行为目标，直接反映人类认识、改造自然的精神因素；制度文化，即人类依据一定的思想观念建立起来的国家根本制度，如经济制度、政治制度、法律制度、教育制度、婚姻制度等；行为文化，即人类在社会实践中，尤其是在人际交往中约定俗成的习惯性定式构成的行为模式，也就是我们所说的风俗习惯；精神文化，即由人类社会实践和意识活动长期孕育而成的价值观念、审美情趣、思维方式等，它所反映的是人的内心世界，潜伏在整个文化系统的深层。

（二）从文化的存在形态划分

文化是对一个人或一群人的存在方式的描述。人们存在于自然中，同时也存在于历史和时代中；时间是一个人或一群人存在于自然中的重要平台；社会、国家和民族（家族）是一个人或一群人存在于历史和时代中的另一个重要平台；文化是指人们在这种存在过程中的言说或表述方式、交往或行为方式、意识或认知方式。从文化存在这个角度看，文化主要涵盖了人们的价值观、信仰、传统、语言、艺术、习俗、生活方式等各个方面。

文化价值观是指一个社会或文化群体所共有的、普遍认同的，对于事物、行为、价值、意义等的理解和评价。文化价值观是文化传承的重要内容，是文化认同和归属感的重要来源。不同的文化有不同的价值观，同一文化在不同历史时期和不同地区也可能有不同的价值观。因此，对文化价值观的把握和理解对于跨文化交流、文化多样性和文化共存具有重要意义。

文化信仰是人们对于某种理念、价值观、信仰或信条的坚定信仰和追求。这种信仰和追求可以来自不同的文化、宗教、哲学等领域的思想，也可以来自个人的内心体验和感悟。文化信仰可以是一种信仰体系，如宗教信仰、哲学信仰等，也可以是一种价值观念，如道德信仰、信仰自由等。无论哪种文化信仰，都是一种人们对于某种理念、价值观、信仰或信条的坚定信仰和追求，是人们精神世界的重要组成部分。

文化传统是一个国家或地区长期形成的、具有独特性和历史性的文化传承。它包括了该地区的历史、历史事件、宗教信仰、道德观念、价值观、风俗习惯、艺术表现形式等方面的内容。文化传统是一个国家或地区文化认同感的来源，也是其独特性的体现。文化传统的形成是一个长期的过程，通常需要几代甚至几十代人的积累和沉淀。在这个过程中，人们会不断地对文化进行传承和创新，以适应社会的发展和变化。例如，中国的传统文化包括儒家思想、道家思想、佛教文化等，这些思想在中国历史上一直都具有深远的影响。

文化习俗是指在一个社会群体中，由历史、传统、信仰、价值观等因素所形成的一系列行为规范、价值观念、风俗习惯和传统仪式等。文化习俗是人类社会的重要特征之一，反映了社会群体的文化认同、文化传承和文化发展。

文化符号是文化研究中一个重要的概念，是指在文化中具有特定意义的事物或符号，它们可以代表某种信仰、价值观、社会制度、历史事件等。理解文化符号的含义对于研究文化至关重要，因为它们可以提供有关文化中重要概念和思想的信息。文化符号，作为文化信息传递的重要载体，涵盖了多种形式，如宗教符号、文化遗产、艺术作品、语言等。这些符号各自具有独特性，并在不同的文化背景下扮演着重要的角色。其中，宗教符号是最为常见的一类文化符号。它们在宗教仪式和信仰体系中具有举足轻重的地位。例如，基督教的十字架、佛教的佛珠和伊斯兰教的月牙等，这些具有象征意义的物品，传达了信仰、道德和价值观等重要信息。在宗教仪式中，这些符号不仅代表了信仰，更成为信仰群体身份认同的象征。文化遗产具有丰富的内容和深厚的内涵。例如，古代建筑、雕塑、绘画、音乐等，这些遗产代表了某个地区或民族的历史和文化，是了解文化的重要途径。通过研究这些文化遗产，我们可以更深入地了解历史的发展和文化的变迁，从而更好地理解人类文明的发展。艺术作品不仅表达了艺术家的思想、情感和价值观，还代表了某个时期或地区的文化特征。如绘画、雕塑、音乐、电影等，它们以独特的艺术语言，展示了艺术家对生活的独特见解和审美情趣。通过艺术作品，我们可以更深入地理解文化的多样性和丰富性。语言是人类交流和表达思想的重要工具。不同的语言代表着不同的文化和语言习惯，因此学习一门语言不仅可以了解该语言的文化背景，还可以深入了解该地区的文化特征。语言与文化紧密相连，学习一门语言，就是走进一种文化，了解一个世界。

第二节

传统文化释义

文化总是人的文化，而人总是生活在特定的自然领域和特定的民族心理环境之中的。由于人群分为不同的族群，所以文化带有鲜明的民族性。中华民族是一个民族共同体、命运共同体，也是一个文化共同体。今天所说的中华文化，或中国文化，实际上就是指中华民族的文化，它是中国疆域内从古到今、世代相传的56个民族共同创造的文化，是包含和融会了56个民族文化在内的有机整体。

一、传统文化的概念

"传，传也，以传示后人也。"

"统，继也。"所谓传统，是指从历史沿传下来的思想、文化、道德、风俗、艺术、制度及行为方式等。关于传统，德国哲学家黑格尔有一段经典的论述："传统并不仅仅是一个管家婆，只是把它所接受过来的忠实地保存着，然后毫不改变地保持着并传给后代。它也不像自然的过程那样，在它的形态和形式的无限变化与活动里，永远保持其原始的规律，没有进步。"由此可知，传统文化所蕴含的一个民族或国家世代相传的思想观念、思维方式、行为准则、文学艺术、生活风俗，乃至物质形态的建筑、工具等，既具有鲜明的历史性，又具有强烈的现实感。

作为一个民族的文化基因，传统文化反映了一个民族的历史、地理、社会、经济等方面的特点和特征，是一个民族的思想观念、道德准则和行为模式的重要组成部分，是民族认同感和归属感的重要来源。通过传承和发扬传统文化，一个民族能够保持独特的文化特色和自身的文化身份。同时，传统文化是一个民族的精神追求和价值观念的集合，蕴含着丰富的哲学思想、宗教信仰和道德伦理观念。它强调人与自然、人与社会的和谐关系，倡导仁爱、忠诚、诚信、尊重等美德。不仅如此，传统文化还是一个民族的社会习俗和生活方式的体现。它包括了民族的礼仪、风俗、节日、音乐、舞蹈、戏剧等各个方面的文化表现形式。这些社会习俗和生活方式在长期的历史发展中形成并得到传承，成为一个民族独特的文化特色和文化符号。最后，传统文化是一个民族的艺术表达和创造力的集中体现，以其丰富多样的艺术形式，如绘画、音乐、舞蹈、戏剧等，展示了一个民族的艺术才华和审美追求。这些艺术形式既是传统文化的瑰宝，也是中华民族创造力和智慧的象征。

传统文化从概念上有广义和狭义之分，广义上的传统文化是指历史上形成的物质、制度和思想等层面内容的综合，可以指一个民族或地区在长期历史发展中所创造和积累的全部文化遗产。这包括了语言、宗教、哲学、道德准则、社会习俗、艺术表达等方面。广义的传统文化是一个民族的精神追求、价值观念和行为模式的重要组成部分。它通过传承和发扬，能够保持独特的文化特色和自身的文化身份，增强民族凝聚力和认同感，可以说内容包罗万象。狭义的传统文化是指历史上形成并传承下来的价值观念、思维方式、伦理规范、审美情趣的综合。而从狭义上理解传统文化，则特指一个民族或地区在长期历史发展中所创造和积累的具有重要历史意义和影响力的文化遗产。这些文化遗产可能是特定的文学作品、艺术形式、思想体系、科学技术等，代表了该民族或地区在某个历史时期的文化巅峰和独特的创造力。狭义的传统文化往往具有较高的艺术水准和思想深度，对后世产生了重要的影响和启示。

无论是广义还是狭义的传统文化，都是一个国家和民族的宝贵财富。它们承载着历史的记忆，凝聚着民族的智慧和创造力。通过研究和传承传统文化，我们能够了解和继承先辈们的智慧，寻找到自身文化身份的归属感，并为当代社会的发展提供有益的思考和启示。其中，优秀传统文化是指一个民族或地区在长期历史发展中所创造和积累的具有卓越品质和深远影响的文化遗产。它代表了一个民族的精神追求、智慧创造和价值观念的集合体，是传统文化中的精华所在、精神所在、气魄所在。①

① 李宗桂．试论中国优秀传统文化的内涵［J］．学术研究 2013（11）：35－39.

二、传统文化概念的理解

综合人们对传统文化的认识和理解，可以将“传统文化”内涵的要点总结为四点。第一，传统文化源于过去，但不止于过去。有些传统文化在历史长河的流淌过程中销声匿迹了，但还有一些传统文化会随着时间的推移而一直存留至今，甚至流传到未来。第二，传统文化起源于过去，但是“过去的”不等于“过时的”“无用的”“陈腐的”，并不都是糟粕。虽然我们不否认有些传统文化已经不适应当代和未来的社会发展趋势了，但是也应该看到传统文化中也有永恒的要素，即存在对过去、今天和未来的社会发展产生积极作用的内容。第三，所有的文化都是传统的。传统文化是一个相对的概念，是人们基于某一个时间点对发源于过去（相对比较久远的过去）的文化的类别划分。所谓传统文化，指的是产生于历史，经由历代传承延续下来的文化；所谓当代文化，是指产生于当今时代，并且正在流行的文化。第四，所有的传统文化都是特定民族或国家的，是生活在特定的社会文化心理环境中的特定国家和民族的人民在长期的社会实践和社会生活过程中创造的具有鲜明的民族特色的物质财富和精神财富的总和。

中华文化已经有 5000 多年的发展历史，其中相当大的一部分属于传统文化的范畴。从时间节点上来说，研究者通常把 1911 年辛亥革命废除帝制作为一个分水岭，此前的中国社会称为传统中国社会，此后的中国社会称为现代中国社会。据此，我们把 1911 年辛亥革命以前的中华文化称为中华传统文化，1911 年至今的文化称为中华现代文化。总而言之，中华传统文化是指中华民族 5000 多年文明发展史在特定的自然环境、经济形式、政治结构、意识形态的作用下形成、积累和流传下来，并且至今仍在影响着当代文化的

“活”的中华古代文化。中华传统文化的外延涵盖了中国历史上的一切文化创造。把握传统文化要把握以下几个要点：

从物态层面讲，中华传统文化包含衣食住行等物质载体。这些物质载体不仅承载了中华民族的生活需求，同时也反映了中华文化的独特性。衣食住行，是人们生活的基本需求，而这些需求在中华文化的传承和发展中，被赋予了深厚的文化内涵。例如，饮食习惯的变迁，不仅反映了我国地理环境的变化，也包含了人们对健康生活的追求和饮食习惯的演变。

从行为层面讲，中华传统文化包括和传统相关的风俗习惯等。这些风俗习惯是中华民族长期历史发展过程中形成的，是中华民族精神的重要组成部分。如春节、端午节、中秋节等，这些节日不仅是中华民族的重要传统节日，也是中华民族对家庭观念、社会观念、自然观念的重要体现。

从制度层面讲，中华传统文化包括与中国传统的政治、经济、文化、教育等方面的制度规范。这些制度规范是我国古代社会长期发展的产物，反映了我国古代社会的政治、经济、文化、教育等各个方面的特点和规律。如封建社会的土地制度、家族制度、科举制度等，这些制度规范在现代社会虽然已经发生了很大变化，但其精神内核仍然对我国社会的发展产生着深远的影响。

从精神层面讲，中华传统文化包括与传统相关的哲学宗教观念、价值观念、伦理道德、社会心理、民族精神、民族气质以及思维方式等。这些内容是中华传统文化的核心，是中华民族的精神支柱，如儒家思想、道家思想、佛教思想等。这些思想不仅影响了我国古代社会的发展，也影响着我国现代社会的发展。

中华传统文化是中华民族的精神家园，是中华民族的文化遗传基因。它不仅对我国古代社会的发展产生了深远的影响，也对我国现代社会的发展产生了深远的影响。它不仅影响了我国社会历史的发展进程，也影响了中华民族每个人的思想意识和行为。中华传统文化的传承和发展，对于我国现代社会的发展，具有重要的意义和价值。

第三节 中国传统文化传承发展的重要意义

“文化立世，文化兴邦。”中华民族的伟大复兴，不仅是经济的复兴，也是文化的复兴。传承与发展中国优秀传统文化，汲取其强大的精神力量，不仅可以增强民族精神力量和国家精神力量，而且可以推进国家治理体系和治理能力建设，提升国家文化软实力，提升国民思想道德素质，在增强中华民族自豪感、责任感以及民族自尊心、自信心等方面都有着极其重要的作用和突出的价值。

一、中华传统文化的传承发展是中国特色社会主义文化的新内容

中华优秀传统文化既是中华民族的“根”，也是中华民族的“魂”，是中国特色社会主义文化的重要组成部分之一，是中国特色社会主义文化的底蕴之一。中国特色社会主义文化，是指在中国特色社会主义建设过程中，形成的具有中国特色、中国风格、中国气派的文化。它是在中国共产党领导下，立足于中国的基本国情，以马克思主义为指导，吸收和借鉴中国传统优秀文化、革命文化、社会主义先进文化和世界优秀文化成果，为人民服务、为社会主义服务的文化。我们要发展中国特色社会主义文化，就要留住中华优秀传统文化之根脉、守住中华民族之灵魂，随着时代的发展，也需要对中华优秀传统文化进行传承和创新。我们要加强对中华优秀传统

文化的挖掘和阐发，根据现实生活的需要赋予其新的含义，特别是要立足时代和现实需要，挖掘中华优秀传统文化资源中包含的诸多关于社会主义核心价值观的现代价值因子，在不断开辟当代中国马克思主义新境界的伟大实践中“创造性转化、创新性发展”，为丰富中国特色社会主义文化内涵提供文化基因和深厚文化基础，不断传承中华优秀传统文化的生命力和影响力，发挥其以文化人、以文育人的功能。

习近平总书记提出的“创造性转化、创新性发展”的重要原则，是今天中国共产党对待中华优秀传统文化的基本方针，蕴含着继承发展、扬弃创新的思想方法，体现了中国共产党高度的文化自信。传承与创新中华优秀传统文化，丰富中国特色社会主义文化内涵，需要从中华优秀传统文化宝库中汲取能量。在中华民族的发展史上、中国文化的发展史上，凡是起到过积极的社会推动作用的，促进了公序良俗的形成、增强了中华民族凝聚力、提升了民族精神底气之类的思想力量或者精神价值等都需要我们大力传承与创新。同时，我们还需要从历史的角度出发，以中华优秀传统文化演进、发展的大格局看待其当下的时代价值，把中华优秀传统文化与现实生活相融通，对中华优秀传统文化进行创造性转化和创新性发展，以此来不断丰富中国特色社会主义文化内涵。

二、中华传统文化的传承发展是推动科技进步的新动能

科学技术是第一生产力。在现实生活领域，科学技术的进步引起了生活方式、消费方式及社会文化的转变。科技产品成为现代社会生活的一个重要组成部分，并逐渐被应用到社会生活的各个方面。人们的衣食住行无不与科技发展的程度密切相关。例如，网购、高铁、支付宝和共享单车成为中国的“新四大发明”，也让中

国人民的生活充满了“科技含量”。同时，科技还改变着社会文化氛围，有力地影响和塑造着人们的思维结构，改变了人类的思维方式，开拓了人类的思维领域。

当今时代是一个科学技术飞速发展、社会无限繁荣的时代。科技对人类和自然的作用力快速增大，如果文化的进步跟不上技术的繁荣进步，如果由于文化道德缺失而导致科技这把双刃剑的使用失控，那么科技对人类有益的作用就会被弱化甚至消解，更为可怕的是可能引致对人类和自然的破坏作用被无限放大。在这样的情况下，核、基因工程、网络、天基武器、人工智能等技术都可能给人类带来灭顶之灾。没有文化制衡的技术进步极易失序并导致混乱，先进技术就有可能变成毁灭人类社会的暴力工具。多元文化的冲突造成社会动荡，科技变成毁灭人类社会的工具，人类进步将陷入徘徊不前甚至倒退的沼泽之中。现实告诉我们，科学技术是一把双刃剑，但不良后果的最终症结不在于剑，在于擎剑之手——人类的道德和智慧。

当今的互联网时代是平面传播时代，极易出现多元文化于现实中冲突频繁、技术失去理性控制甚至为了满足人的欲望而恶性生长等情况，这就需要更理性的人类行为与更高的人类智慧，需要优秀文化的辅助与制衡。在世界各大文明体系中，只有中华优秀传统文化具有这样的底蕴，能够为互联网时代的社会发展提供行为约束和道德滋养，并能够引导科学技术创新向着人类文明与进步的方向发展。因此，我们要在传承中华优秀传统文化的基础上，弘扬科学理性和科学精神，推动中华优秀传统文化的创新性发展，让中华优秀传统文化在新时代焕发新活力新光彩，成为推动科学技术进步的新动力。

三、中华传统文化的传承发展形成中华民族伟大复兴的新力量

文化是一个民族的集体记忆。党的十九大报告强调，文化兴国运兴，文化强民族强。当今时代，在国家核心竞争力上，文化因素日益突出，谁拥有了强大的文化软实力，谁就能在激烈的国际竞争中占据主动。只有积极推进文化的繁荣兴盛，在国家经济实力不断提升的同时，更好地展现中华文化的独特魅力，为我国日益走近世界舞台中央提供有力的文化支撑，中华民族就能逐渐走向强盛，中国就能展现出真正的大国责任和大国担当。

文化复兴的关键在于对中华优秀传统文化的传承与创新。中华优秀传统文化中蕴含的观念、意识、规范、精神、品质等承载着先民们的思想精华和智慧结晶，不仅影响了中华民族的价值观和精神世界，更是今天滋养当代中国人精神世界、展示中国力量、提振中国信心的不竭动力。在解决人类面临的共同问题时，中华优秀传统文化也能提供一些有益的启示。尊重并复兴中华优秀传统文化，就能延续中华民族的历史根脉，守住中华民族的精神家园；就能承继中华儿女的勤劳奋斗，支撑起中华儿女孜孜以求的实践探索；就能完整诠释中华儿女的不懈追求，满足中华儿女的精神文化需求。进入社会主义新时代，尤其要注重文化的继承与发展，而文化的发展就是新时代中华优秀传统文化的传承与创新。中华优秀传统文化既不仅是过往先民的文明遗存，也不仅是现世繁华的热闹点缀，更是一个时代人民的精神依归、一个民族文化创新的活力之源，只有不断地丰富内涵、传承创新、发扬光大，才能充分发挥其推动社会文明进步的积极作用。

当前，中华民族伟大复兴的中国梦呈现出光明的前景，中国人

民从站起来到富起来再到强起来，经历了近百年时间。今天，我们比历史上任何时期都更接近、也更有信心与能力去实现中华民族伟大复兴的目标。中华优秀传统文化的传承与创新承载着民族复兴的历史重任。中华优秀传统文化不仅是我们的精神家园，是我们赖以发展的精神动力，也是我们最深厚的文化软实力。对中华优秀传统文化进行传承和创新，是时代赋予我们的历史重任，也是中华民族实现伟大复兴的精神动力和精神支撑。

四、中华传统文化传承发展是人类文化命运共同体的新形态

人类命运共同体理念既是中华民族传承创新数千年文化理念和智慧的重大理论成果，也是中华民族为促进人类更好发展的新时代宣言。中华传统文化，作为人类文明的重要组成部分，具有深厚的历史底蕴、丰富的哲学思想、崇高的道德价值和独特的艺术魅力。在全球化背景下，中华传统文化的传承与发展，对于构建人类文化命运共同体具有重要意义。

首先，中华传统文化传承与发展是人类文化多样性的重要体现。作为世界上最古老、最丰富的文明之一，中华传统文化蕴含着丰富的哲学思想、道德准则和艺术表达。它以其独特的价值观念、审美标准和行为准则，为人们提供了丰富的思想资源和生活智慧。中华传统文化的传承与发展，既能够保护和弘扬中华民族的文化传统，也能够促进世界各国文化之间的交流和对话，推动人类文化多样性的繁荣。

其次，中华传统文化传承与发展是文化交流与融合的重要桥梁。在全球化的时代背景下，文化交流和融合成为了推动社会进步和人类发展的重要动力。中华传统文化作为重要的文化资源，具有

广泛的影响力和吸引力。通过传承与发展，中华传统文化能够与其他国家和民族的文化进行对话和交流，促进文明互鉴，加强不同文化之间的理解和友谊，构建人类命运共同体的新形态。

再次，中华传统文化传承与发展具有重要的历史价值。中华传统文化源远流长，经历了漫长的历史发展过程，积淀了丰富的文化遗产。这些文化遗产不仅是中华民族的独特标志，也是人类文明的重要财富。通过传承与发展，我们能够更好地了解和传承先辈们的智慧，挖掘和发掘中华传统文化中的精髓和深刻内涵，为当代社会的发展提供有益的思考和启示。

最后，中华传统文化传承与发展需要全社会的共同参与和努力。政府、学界、社会组织和广大民众都应该积极投身中华传统文化的保护、传承和创新。政府应该出台相关政策和措施，加强对中华传统文化的保护和传承工作；学界应该加强研究和教育，培养更多的专业人才；社会组织和广大民众应该积极参与传统文化的传承与发展，弘扬传统文化的精髓和传统价值。

五、中华传统文化的传承发展是人类文明的新财富

中华优秀传统文化有着独特的价值。它以天下大同的发展理念、求同存异的处世方法、安民富民的人文精神、悲天悯人的人类情怀等，在世界文明的历史进程中独树一帜，是中华民族的宝贵精神财富，也为人类文明进步发挥了积极作用。不少有识之士认为，包括儒家思想在内的中华文化蕴藏着许多解决当代人类所面临难题的重要启示，所以直至今日，国际上依然有许多学者仍在不断研究探讨中华优秀传统文化的当代价值，希望在其中找到解决人类所面临的共同性问题的答案。

首先，中华传统文化的传承与发展能够为人类提供宝贵的智慧

和经验。中华传统文化融合了千百年来中国人民的智慧和思考，涵盖了诸多领域，如哲学、伦理道德、文学艺术等。传统文化中的天人合一思想强调人类与自然界的密切联系，强调人们应该以和平的态度对待自然，尊重自然规律，追求人与自然的和谐共生。这种思想观念在当今世界正面临环境危机和气候变化问题的背景下显得尤为重要。中华传统文化的传承与发展，能够引导人们重新审视与自然和谐相处的方式，推动人类文明在环境保护和可持续发展方面取得进步。

其次，中华传统文化的传承与发展有助于跨文化交流与融合。中华传统文化以其独特的魅力和智慧吸引了世界各地的人们。通过传承与发展，我们可以将中华传统文化与其他文化进行对话与交流，实现文化的互学互鉴，从而促进不同文明之间的相互理解与尊重，丰富文明的多样性，推动人类文明的共同进步。

再次，中华传统文化的传承与发展能够为当今社会提供精神支撑和价值追求。在现代社会快节奏、物质追求的背景下，中华传统文化强调人与自然、人与人之间的和谐关系，弘扬人的内在修养和精神追求，可以回归传统文化的精神内核，弘扬中华民族的传统美德和道德观念，培养社会公德、家庭美德和个人品德，推动社会风气的向上发展。

最后，中华传统文化的传承与发展有助于培养人类的审美情趣和创造力。中华传统文化以其独特的审美观念和艺术形式，为人类提供了丰富多样的艺术享受和创作空间，培养人们对美的感知和欣赏能力，激发人类的创造力与想象力，从而推动艺术与文化的繁荣发展，丰富人类的精神生活，为人类文明进步注入新的活力。

第二章

中国传统文化的形成、内容、价值

传统文化是文明演化而汇集成的一种反映民族特质和风貌的文化，是各民族历史上各种思想文化、观念形态的总体表现。其内容应当为历代存在过的种种物质的、制度的和精神的文化实体和文化意识。它是对应于当代文化和外来文化的一种统称。世界各国、各民族都有自己的传统文化。中国传统文化是指中国在长期历史发展过程中形成的、具有鲜明民族特色和历史传承的文化。它包括了文学、艺术、哲学、宗教、风俗习惯、伦理道德等各个方面的内容。中国传统文化在当代仍然具有重要的价值。我们应当珍视和传承这些宝贵的文化遗产，让它们在现代社会中焕发新的生机和活力。

第一节

中国传统文化的形成

讲到中国传统文化，人们最容易想到的形容词就是“源远流长”和“博大精深”。中国传统文化究竟怎样源远流长、博大精深呢？这需要深入其发展历程中去一探究竟。

人们往往会选择以哲学思想为主线，辅之以文学、历史、艺术、科技等其他文化形式，据以探寻中国传统文化曲折悠长的发展历程。一般说来，中国传统文化的发展历程大致可以分为三个阶段：第一，萌芽奠基阶段，对应的历史时期为包含夏、商、西周和春秋战国在内的先秦时期（公元前 21 世纪 ~ 公元前 221 年）；第二，发展定型阶段，对应的历史时期为包含秦汉、魏晋南北朝、隋唐、两宋、元明清在内的封建大一统时期（公元前 221 年 ~ 公元 1840 年）；第三，发展转型，对应的历史时期为 1840 年鸦片战争以来的近现代时期。

一、中国传统文化的萌芽奠基期

先秦时期是中国传统文化漫长的萌芽奠基期，其中包含文化萌芽（夏商西周）和文化奠基（春秋战国）两大历史阶段。在第一个阶段，中国传统文化完成了从“神本”向“人本”的过渡，“德”“孝”等一些至关重要的理念出现，“礼乐文化”的风貌也开始形成。在第二个阶段，随着百家争鸣局面的出现，中国传统文化获得长足而系统的发展，主要特征和基本精神逐渐形成。

（一）夏商西周时期的文化萌芽

从猿到人，人类意识启蒙，从传说中的禹“即天子位，南面朝天下”的文化面貌出现，中国文化在人类意识的进步中迈出了巨大的一步。中国文化在图腾崇拜、灵魂崇拜、生殖崇拜、祖先崇拜以及巫术在内的精神活动中开始萌芽、前进，最终以中国文化特殊的面貌形成。

1. 中国远古神话传说的文化

神话是人类童年时期的口头文学作品。哲学、宗教、艺术、历史等人类基本精神活动都是从神话起步的。中国上古时代诞生了许多神话，如盘古开天地、女娲补天、夸父追日、伏羲画八卦、神农尝百草等。这些神话对中国文化的肇始和发展具有深远影响，但它们本身却是零碎的、混沌的，尚无法窥见中国传统文化的特征。公元前21世纪前后，夏朝（约公元前21世纪～约公元前16世纪）——中国文化史上第一个国家政权——建立。中国历史正式告别蒙昧进入文明时代，文化也伴随着政治经济的发展逐渐清晰繁盛起来。

2. 殷商时期的文化

殷商时期中国文化的典型特征是从神本主义向人本主义变迁。和世界其他古文明一样，夏以前的中国文化是一种巫觋文化，人们崇拜能够“通神”的巫术。随着人类理性力量的不断发展，殷商时期，“尊神祭鬼”的祭祀文化开始慢慢代替巫觋文化；周灭商后，为了证明周代商的合理性，周人强调“天命”会因为人事而转移，天随时都在寻找适合做君主的人，君主必须“以德配天”“修德配命”“敬德保民”。“人”的价值由此得到凸显。西周的文化也就逐渐过渡到更重人本的“礼乐文化”。①

3. 西周时期的文化

西周时期中国文化最突出的特征是“礼乐文化”风貌的形成。“乐者，天地之和也；礼者，天地之序也。和，故百物皆化，序，故群物皆别。”所谓礼乐文化，就是根据自然规范设定社会规范（礼乐），进而要求人们遵从这些由自然规范而来的社会规范（礼乐）。孔子说：“周监于二代，郁郁乎文哉！吾从周。”（《论语·八佾》）意思是说，西周的礼乐制度借鉴了夏商两代的为政得失而制定，已经非常完备，值得作为万世龟鉴，因此他遵从这种制度。“礼乐文化”被以孔子为代表的儒家继承并发展，对随后两千年间中国传统文化的发展构成了深远影响。

---

① 陈来．古代宗教与伦理——儒家思想的根源［M］．北京：生活·读书·新知三联书店，1996：4.

（二）春秋战国时期的文化奠基

春秋战国时期是五霸七雄群起争霸、礼崩乐坏的战乱时代，也是百家争鸣的思想自由时代。在这一时期，中国传统文化得到了系统发展，各个阶级、集团的思想家们发表了各具特色的思想主张，也就是人们常说的诸子百家。诸子百家中的百家是个约数，形容其多也，按照有些学者的观点，当时可能有近200家甚至上千家。不过，有重要影响并且其思想能够系统流传下来的流派并不多。司马迁的父亲、西汉史学家司马谈在《论六家要旨》中把先秦、汉初思想流派分为阴阳、儒、墨、名、法、道六家。西汉后期，经学家刘歆在司马谈所说的六家基础上又加上纵横家、杂家、农家和小说家四家，凑成10家。这个观点后来被东汉史学家班固写入《汉书》，之后被人普遍接受。

这些思想主张创造了中国秦汉时期文化的辉煌乐章。其中，以儒、墨、道、法四家的哲学思想对后世文化影响最大，他们是中华民族文化精神凝聚的基础力量，是传统文化的重要基石。

1. 儒家——追求仁义

先秦儒家学派是春秋战国时期影响最大的思想流派之一，其代表人物有孔子、孟子、荀子等。

孔子的文化思想涉及诸多方面，其中最突出的是“礼”和“仁”。孔子一生都在致力于恢复“周礼”。他认为，诸侯纷争的源头在于“礼崩乐坏”，因而只要能够恢复周代的礼乐文化，以礼治国，就能够改变政治环境，恢复盛业。要恢复周礼，仅仅恢复外在“礼”的制度是不够的，还要有促使人们自觉践行“礼”的内在基础，即“仁”。这是孔子以后中国传统文化最核心的部分。孔子讲，“人而不仁，如礼何？人而不仁，如乐何?”（《论语·八佾》）意思就是强调没有仁，人就不会自觉践行礼乐制度，再好的礼和乐都是没有用的。除了“仁”和“礼”外，孔子还提出了“德治”“中庸”等主张，对后世中国传统哲学的发展产生了重要影响。

孔子之后的先秦儒家思想发生分化，其中最重要的是孟子和荀子的思想。

孟子，名轲，字子舆，战国时期邹城（今山东省邹城市）人。孟子进一步发展了孔子的“仁学”思想，提出“性善论”，认为人皆有“恻隐”“羞恶”“辞让”“是非”这内在的“四心”对应“仁”“义”“礼”“智”四端，这“四端”并非由外在加于人身，而是人本来就有的，所以人性生来是善的。基于“性善论”，孟子提出了“民贵君轻”“先义后利”“施行仁政”等主张，对后世政治产生了积极影响。

荀子，名况，字卿，战国末期赵国人。荀子在继承儒家学说的同时，还批判吸收了墨、道、名、法等家学说，形成了自己独特的思想体系。荀子不赞成孟子的“性善论”，认为“性”指人的自然欲望，而人的欲望是无限度的，任其发展只能导致“恶”的结果；所以应当“隆礼重法”，对人加以后天礼义法度的教化，使人先天的“恶性”转化为后天的“德性”，即“化性起伪”。荀子还提出了“天行有常”“天人相分”“制天命而用之”的天道观，对后世认识人与自然的关系有着重要影响。

由孔子创立，后经孟子、荀子等人继承和发展的儒家学派对中国传统文化的发展具有至关重要的奠基作用。在其后的两千多年时间里，儒家思想一直占据中华传统文化的主导地位，影响着传统文化的方方面面，成为中国传统文化最重要的组成部分。

2. 道家——崇尚自然

道家学派是春秋战国时期的另一大思想流派，其代表人物是老子和庄子。

现在一般认为老子姓李名耳，字伯阳，楚国苦县厉乡曲仁里人。胡适（1891 年～1962 年）评价“老子是中国哲学的鼻祖，是中国哲学史上第一位真正的哲学家”[①]。中国道教的神话故事中有一位家喻户晓的神仙太上老君，其原型就是被神化了的老子。老子的哲学思想主要体现在《道德经》（又称《老子》）一书中。《老子》仅有短短五千多字，但却是全球被译为外国文字出版发行量最大的著作之一。鲁迅认为，“不读《老子》一书，就不知中国文化，不知人生真谛”。[②] 由此可见老子哲学思想对后世中国文化的深远影响。

“道”是老子哲学思想的核心，也是道家哲学的最高范畴。老子认为，“道生一，一生二，二生三，三生万物”。（《老子·四十二章》）意思是说，“道”是天地万物之所以存在的源头，是天地之始、万物之宗。“道”具有哪些特征呢？老子认为，首先，“道”具有“独立而不改、周行而不殆”的永恒性和运动性规律；其次，“道”能生天地万物之“有”，但“道”本身却不是事物，“无”才是其本体，因而道兼具“有”“无”，具有辩证性特征。在“道”的思想主导下，老子进一步提出，“道常无为，而无不为”（《老子·三十七章》），意思是说，“道”是顺其自然、不妄为的，同时，“道”又是无所不能为的。因此，老子建议，应当“道法自然”，实行“无为而治”，以“无为”达“有为”。老子的思想对后世的政治、哲学、宗教等都产生了重要影响，汉初黄老之学、魏晋玄学以及中国本土化的道教，都是在借鉴其基础上形成和发展出来的。

唐诗云“庄生晓梦迷蝴蝶，望帝春心托杜鹃”，这个“庄生”就是与老子并称“老庄”的庄子。

---

①② 李世东，陈应发，杨国荣．老子文化与现代文明［M］．北京：中国社会出版社，2008：270.

庄子（约公元前369年～公元前286年），名周，字子休（一说子沐），是当时诸侯国宋国的蒙人（今安徽省蒙城县），是老子之后道家学派最重要的代表人物。司马迁《史记卷六十三·老子韩非列传第三》说："庄子者，蒙人也，名周。周尝为蒙漆园吏，与梁惠王、齐宣王同时。其学无所不阙，然其要本归于老子之言。故其著书十余万言，大抵率寓言也。"庄子注重精神世界的开拓，他将老子思想中的两极辩证、自然无为等观念融入人的精神世界，从而开展出超脱世俗、万物齐一、逍遥无我的自由境界。他说，"天地与我并生，而万物与我为一"（《庄子·齐物论》）；又说"乘天地之正，而御六气之辩，以游无穷"（《庄子·逍遥游》）。这种天马行空、无所限隔的心灵世界，不仅成为后世道教人士所追寻的道境，也成为中国艺术家所探寻的艺术境界。庄子对中国文学的影响同样十分巨大。郭沫若（1892年～1978年）指出："秦汉以来的每一部中国文学史，差不多大半是在他的影响之下发展的"①，"以思想家而兼文章家的人，在中国古代哲人中，实在是绝无仅有"②。

道家思想与儒家思想相伴相长、共生互补，一同构成了中国传统文化不可或缺的两大主线。

3. *墨家——兼爱互利*

墨家是战国时期另一门"显学"。

墨子（生卒年不详），名翟，东周春秋末期战国初期宋国人，一说鲁阳人，一说滕国人，墨家学派的创始人和代表性人物。墨子的思想主要体现在《鲁问》篇记载的十个方面，即"国家昏乱，则语之尚贤、尚同；国家贫，则语之节用、节葬；国家憙音湛湎，

---

① 郭沫若．庄子与鲁迅．载于《郭沫若全集》（文学编）第十九卷［M］．北京：人民文学出版社，1992：64．

② 郭沫若．庄子与鲁迅．载于《郭沫若全集》（文学编）第十九卷［M］．北京：人民文学出版社，1992：67．

则语之非乐、非命；国家淫僻无礼，则语之尊天、事鬼；国家务夺侵凌，则语之兼爱、非攻”。

“兼爱”是墨子十大主张的核心，也是墨家区别于其他各家学说的标志。在墨子看来，“凡天下祸篡怨恨，其所以起者，以不相爱生也”（《兼爱中》）。如果人人都能够待人如待己，不分亲疏远近、贫富贵贱，兼爱所有人，那么人人相爱、天下太平的理想将指日可达。与儒家亲亲有差、尊贤有等的“差等之爱”主张不同，墨子强调，要用平等的无差别的爱来代替有差别的爱，人人去爱他人之“亲”，则自己之“亲”也会得到相同的回报。“非攻”是由“兼爱”延伸而来的国际交往原则。一方面，非正义的攻伐战争对于交战双方而言，都是百害而无一利的；另一方面，实行“兼爱”原则后，人人友好，天下一家，攻伐战争也就没有必要了。因此，墨子大力倡导“非攻”，反对非正义的攻伐战争，这在很大程度上契合了时人对于战争的厌恶和对于和平的期盼心理，因而受到下层民众的普遍欢迎，一度影响巨大。他的这些思想即便在两千年后的今天，依然具有不可磨灭的价值。

4. 法家——注重功利

春秋战国时期礼崩乐坏有两个结果：一是平民的解放，一是君主的集权。[①] 平民的解放造就了百家争鸣的自由繁荣局面，促进了儒家、道家等学说的兴起和发展；君主的集权则推动了政治的发展、历史的进步，为提倡从君主出发的法家学说的发展提供了巨大空间。

法家是先秦诸子之中对于刑名赏罚的法治理念最为重视的一派，代表人物有商鞅、申不害、慎到、韩非子等。

商鞅（约公元前 390 年～公元前 338 年），战国时期卫国人，

① 冯友兰．中国哲学史（上）［M］．上海：华东师范大学出版社，2000：234.

他在秦国施行改革，使秦国成为战国后期最强大的诸侯国。他重“法”，即主张用严刑峻法来推行法令。他认为“刑”乃“义”之本，“以刑治则民威（畏），民威则无奸，无奸则民安其所乐”（《商君书·开塞》）。只有刑法才是治国的根本之道。

申不害（？~公元前338年），战国时期郑国人，他在韩国推进改革，十五年便使韩国强盛起来。他重“术”，即强调御下要有方法和技巧。他认为明君驾驭天下的关键在于掌握刑名之术，以君主之“无为”御臣下之“有为”。

慎到（公元前390年~公元前315年），战国时期赵国人，他长期在齐国的“稷下学宫”讲学，门徒众多，享有盛名。他重“势”，即强调权势。他认为“贤不足以服不肖，而势位足以屈贤矣”（《慎子·威德篇》）。君主只有贵势、任法才能够保持自己的权位，并使天下人臣服于自己。

韩非（约公元前280年~公元前233年），战国时期韩国都城新郑（今河南省郑州市新郑）人，法家学派的集大成者。韩非子曾师从荀子。他在继承荀子“性恶论”的基础上提出，人皆有“欲利之心”，皆是为利而生，是自私的。因此，人不可能心悦诚服地出让自己的利益给君主，君主须用法治来维护统治地位。但只讲“法”，不讲权术和势力是不够的，君无“术”则不知“奸”，君无“势”则臣下乱，因此，法、术、势三者，在君主治理国家时，缺一不可。落实于操作层面，于“法”而言，就是制定成文法令时，既要严厉，又要公正；于“术”而言，就是操纵臣下时，既要知人善任，又要论功行赏；于“势”而言，就是要独掌权力，处“制人”之至高无上的地位。在重法、用术、贵势的基础上，君主便可进一步加强中央集权统治推行法治。《史记》记载，秦王见到韩非子所著的《孤愤》《五蠹》等书时，曾感慨道：“嗟乎，寡人得见此人与之游，死不恨矣！”（《七十列传·老子韩非列传》）由此可见秦始皇对于韩非子的赞赏。秦始皇治国很大程度上正是受益于韩非子等人的法家学说。

法家从政治角度出发的法治思想契合了战国时期的政治需求，因而成为当时的显学，在中国大一统国家的形成过程中发挥了重要作用。汉武帝“独尊儒术”后，法家不再是显学，但它并没有退出历史舞台，而是以外儒内法的隐秘方式继续存在并对传统中国的国家治理产生持续影响。

二、中国传统文化的发展定型期

公元前221年，秦灭六国，建立了中国历史上第一个统一的专制帝国。此后近两千年的封建大一统时期是中国传统文化的定型期，其中又可以分为秦汉、魏晋南北朝、隋唐、两宋、元明清等发展阶段。秦汉时期，中国传统文化的政治、经济、民族、心理等基础均基本形成，文化的主体形态也基本定型；魏晋时期，中国传统文化在政治动荡、经济发展、民族融合进一步加强等因素的共同推动下，进入一个多彩纷呈的多元发展阶段；隋唐时期，国力的强盛和对外交流的加强将中国传统文化推进到开放包容、繁盛辉煌的鼎盛阶段；两宋时期，中国传统文化转而呈现出内省、成熟、细腻的特征，这种气象的出现与政治的动乱、军事的孱弱以及市民经济的繁荣不无关系；元明清时期，中国传统文化逐渐由多元开放走向专制保守，但黑暗孕育着光明，新的思想启蒙悄然出现。

（一）秦汉时期

公元前221年，秦王嬴政（公元前259年~公元前210年）灭六国，建立了中国历史上第一个统一的专制帝国。秦帝国的建立是中国历史上一个承前启后的转折点。为了维护中央集权，秦始皇施行“车同轨”“书同文”“度同制”“行同伦”“地同域”等措施，强力推进经济、社会、思想、文化的统一。我们可以抨击秦始皇行暴政，但绝不可以抹杀秦始皇上述施政的重大历史意义，因为这些措施实实在在地增进了当时人们在经济、政治、文化生活和心理上的共同性，为中华文化共同体的形成奠定了坚实基础。

秦二世而竭，它所开创的各项事业由后续的两汉所继承和完成。中国传统文化的主体形态在两汉时期基本定型。西汉初年，文景两帝崇尚黄老之学，即道家思想，主张清静无为、与民休息，使因长期战争而耗竭的国力、民力得到恢复，为汉武帝刘彻（公元前156年~公元前87年）后来施展文治武功、创立“四海承平”的盛世奠定了基础。景帝后期，哲学家、政治家董仲舒（公元前179年~公元前104年）提出应用儒家的“大一统”思想来巩固中央集权。这一思想不为景帝所喜，却契合了汉武帝刘彻大一统的需要，于是汉武帝接受董仲舒的建议，“罢黜百家，独尊儒术”，尊《诗》《书》《礼》《易》《春秋》为五经，奉儒学为官学，儒家学说由此兴盛，并在其后两千多年的中国文化历史中持续占据主导地位。

汉代的历史学、文学及文化交流等也都成就斐然。司马迁创作“究天人之际，通古今之变，成一家之言”的《史记》，被誉为“史家之绝唱，无韵之《离骚》”。辞藻华丽、“包括宇宙、总览人物”的汉赋对后世文学的发展具有重要影响。张骞（约公元前164年~公元前114年）两次出使西域，开辟丝绸之路，促进了东西方文明的交流与交融，对中国乃至世界文化的发展都作出了巨大贡献。

（二）魏晋南北朝时期

公元220年，东汉灭亡。此后近四百年的魏晋南北朝是中国历史上政权更迭最频繁的时期。长期的封建割据、连绵不断的战争、不断加强的民族融合以及西方文化的羼入，使得这一时期的文化发展呈现出多姿多彩、多元多样的特征。

玄学是魏晋南北朝时期发展起来的文化新潮。《老子》说："玄之又玄，众妙之门。"当时的玄学家王弼（226 年～249 年）解释说："玄，谓之深者也。"所以，玄学可以理解为研究幽深玄远问题的学说。魏晋玄学以道家思想为骨干，结合儒道、融会孔老。魏晋玄学经历了贵无论、崇有论、独化论几个阶段，对有无、言意、自然与名教等问题进行了深入的讨论。曹魏早期，何晏（？～249 年）、王弼提出了"天地万物皆以无为本"的"贵无"主张，强调"名教本于自然"。曹魏晚期，以嵇康（224 年～263 年，也说 223 年～262 年）、阮籍（210 年～263 年）为代表的"竹林七贤"，将悲天悯人的胸怀与闲适旷达的风骨融于一体，提出了"越名教而任自然"的主张。西晋时期，玄学的代表人物裴頠（267 年～300 年）、向秀（约 227 年～272 年）、郭象（252 年～312 年）等有感于"贵无"误国，转而立足现实，提出"崇有"的理论，主张"名教即自然"，调和了"自然"与"名教"的关系，促成了儒道合流。张岱年（1909 年～2004 年）认为，玄学谈玄析理的抽象思维为中国传统哲学注入了生气勃勃的活力；其在现实人生中追求无限的体验，更是促成了"重神理而遗形骸""重自然而轻雕饰"的魏晋美学精魂的形成。玄学对后世中国知识分子的心灵世界产生了深远影响，中国士人玄、远、清、虚的生活情趣就铸造于此。①

如果说春秋战国时的诸子百家奠定了中国传统文化的基调，那么，魏晋南北朝时期的玄学、佛教、儒家思想则成就了唐以后中国传统文化的格局。除玄学外，魏晋南北朝时期的文化对中国传统文

① 张岱年，方克立. 中国文化概论［M］. 北京：北京师范大学出版社，2004：72.

化的影响之大，还表现在道教的创建以及佛教的传入。根植于中国本土的道教初创于东汉，在魏晋时期得到了极大的发展，成为我国本土文化中的重要组成部分，并间接促进了我国古代医药、冶炼、音乐等科学文化的发展。起源于印度的佛教于东汉初年传入我国，到南北朝时期得到广泛的传播。唐诗有语云："南朝四百八十寺，多少楼台烟雨中。"当时佛教之兴盛由此可见一斑。自此以后，儒学与佛教、道教在相互冲突与融合中不断发展，形成了多元碰撞、多向度发展的魏晋南北朝文化格局，为唐以后儒学为主，儒、佛、道多元发展的中国传统文化格局奠定了基础。

魏晋南北朝时期的文学艺术也得到了极大的发展。云冈、龙门、敦煌的石窟雕像，顾恺之（348 年～409 年）的绘画，王羲之（303 年～361 年，也说 321 年～379 年）的书法等，代表了当时艺术的最高水平。

（三）隋唐时期

"天下大势，分久必合，合久必分。"经历了魏晋南北朝的分裂，隋文帝杨坚（541 年～604 年）重新实现了国家的大一统，随后的李唐王朝相继开疆扩土，共同开创了足以与横跨亚非欧的阿拉伯帝国分庭抗礼的隋唐盛世。

隋唐时期文化最显著的特征是开放包容。"有容乃大，正是唐文化超轶前朝的特有气派，是唐文化金光熠熠的深厚根基。"① 第一，唐朝是我国多民族国家进一步发展的重要时期，突厥、回纥、吐蕃、南诏等少数民族在被汉文化同化的同时，也深刻影响了汉族书法、绘画、诗文、音乐等文化艺术的发展。第二，唐朝是我国对外交往的重要时期，通过通往中亚和西方的海陆"丝绸之路"，南

① 张岱年，方克立．中国文化概论［M］．北京：北京师范大学出版社，2004：75.

亚的佛学、音乐和美术，中亚的音乐和舞蹈，西亚乃至西方世界的宗教、建筑等涌入中国，为中华文化添新加彩。第三，中华文化传入东亚诸国，深入影响了整个东亚的文化和政治，对朝鲜、日本、越南等周边国家文化的发展产生了深远的影响。汉学家崔瑞德指出："在隋唐，中国对东亚广大地区的密切的文化影响就这样确立了，并且直至近代那里还受中国文明的支配。"①

隋唐时期中国传统文化发展的另一显著特征是宗教的盛行。佛道两教在这一时期皆进入极盛时代。唐朝李氏具有胡人血统，但却攀附同姓的老子李聃为始祖，大力扶持道教发展。同时，佛教也在统治者的支持下进入鼎盛时期，形成了天台宗、唯识宗、律宗、华严宗、密宗、净土宗、三论宗、禅宗等佛教宗派。其中，天台宗、华严宗，尤其是禅宗吸收了中国本土的儒、道等哲学思想，逐渐发展成为中国化的佛教宗派。佛道两家在发展中不断论争、融合，对唐以后的中国文化产生了深远的影响。

"论文与诗，莫盛于唐。"② 诗歌是中国文学的代表，唐代则是中国诗歌艺术的巅峰时期。唐诗的数量并不算特别多。清代编纂的《全唐诗》收录了2200多位作者的48900余首作品，而乾隆皇帝一个人一辈子写了41863首诗！唐诗的伟大成就主要体现在风格多样和名家辈出上。从初唐四杰到盛唐"诗仙"李白和"诗圣"杜甫，从边塞诗派的高适、岑参到山水田园诗派的王维、孟浩然等，这些著名的诗人用珠玉般的诗句照耀了中国文坛，也内化为每一个中国人血脉中的文化沉淀。

唐代的书法、绘画等也成就巨大，尽显盛唐风采。

---

① ［英］崔瑞德．剑桥中国隋唐史［M］．北京：中国社会科学出版社，1990：34.
② 柳诒徵．中国文化史（下）［M］．上海：上海古籍出版社，2001：521.

（四）两宋时期

907 年，唐朝大将朱温（852 年 ~ 912 年）废黜唐朝皇帝，自立为后梁皇帝，自此历史进入五代十国的分裂割据时期。960 年，赵匡胤（927 年 ~ 976 年）发动“陈桥兵变”，建立北宋政权，终结分裂割据，重建大一统的封建国家。为了避免重蹈五代十国的覆辙，两宋统治者采取了“重文轻武”的政治策略，一方面重用文官，标榜“与士大夫共天下”，在客观上为文化的繁荣发展创造了有利条件；另一方面抑制武官权力，以文驭武，在有效维护中央集权的同时，也导致了军力下降、外交失利，国家气象趋于萎靡，文化类型转向封闭内省。

道学是两宋时期哲学思想文化的主要标志。宋代道学主要分理学与心学两派。周敦颐（1017 年 ~ 1073 年）、张载（1020 年 ~ 1077 年）、程颢（1032 年 ~ 1085 年）和程颐（1033 年 ~ 1107 年）、朱熹（1130 年 ~ 1200 年）等人以儒家思想为主体，在吸收佛道思想的基础上对儒学进行了大改造，建立了“程朱理学”体系。其中，朱熹是理学研究的集大成者。朱熹提出，“天下之物皆有其所以然之理”，“理”是最高的范畴。而人之“天理”常被“人欲”所蔽，因此要格物致知，自律修身，以灭“人欲”而存“天理”。与朱熹同时，陆九渊（1139 年 ~ 1193 年）另立一派，提出“心学”范畴，与“程朱理学”相对。陆九渊强调，“吾心即道”，心外无物，只需任其自然，心自能自作主宰。“理学是中国后期封建社会最为精致、最为完备的理论体系，其影响至深至巨。”① 一方面，理学诸家探究宇宙原理的专注、推崇师道和人格教育的热情，在一定程度上推动了哲学的进步和教育的复兴，直接影响了后世中

---

① 张岱年，方克立．中国文化概论［M］．北京：北京师范大学出版社，2004：77.

国哲学和教育的发展；另一方面，虽然理学派别不同，修养功夫各异，但诸儒皆注重躬行实践，明体达用，在很大程度上强化了中华民族注重气节、勇担责任的文化性格，张载的“四句教”、顾炎武（1613年~1682年）的“天下兴亡、匹夫有责”等，无不彰显着理学的这种精神价值与道德节操。柳诒徵认为，“上下千古，求其学者派别孔多，而无不讲求修身为人之道者，殆无过于赵宋一朝。故谓有宋为中国学术最盛之时代，实无不可。”①

宋词是两宋文学的最高成就。词，形成于唐代，五代十国后开始兴盛，至宋代达到顶峰。与“唐诗”的大气、豪迈不同，宋词更多地表现出精致、细腻的文化风格。这首先与诗词的体裁差异有关。王国维（1877年~1927年）在《人间词话》中说：“词之为体，要眇宜修。能言诗之所不能言，而不能尽言诗之所能言。诗之景阔，词之言长。”这也与两宋动荡的时局、纤弱的国家气象不无关系。此外，随着商品经济的发展，市民文化逐渐兴起，极大地推动了绘画、戏剧、科技等文化形势的发展。中国传统文化发展到两宋已渐趋成熟、精密。

（五）元明清时期

元朝时期中国文化最大的特点是多元化。“多元文化的构成及其相互影响，是10~14世纪中国历史的显著特征。”② 公元13世纪，蒙古族扩张，金灭辽，建立元朝后再灭南宋，建立了统一的元朝，中国的疆域得到空前的扩大，多民族融合也达顶峰。与之相随的，是汉族文化与少数民族文化、中国文化与外域文化的交流融合也空前加强。“在忽必烈时代的中国能遇到的这些服装、举止、仪

① 柳诒徵．中国文化史（下）［M］．上海：上海古籍出版社，2001：570.

② ［德］傅海波，［英］崔瑞德．剑桥中国辽西夏金元史［M］．中译本序言，史卫民译，北京：中国社会科学出版社，1998：2.

式、食物、艺术、技艺、哲学和学说的多样性，是自7、8世纪唐代长安的盛况以来从未见过的。”① 程朱理学的官学地位、元杂剧散曲的空前成就、数学天文等科技的遥遥领先等，无不佐证元朝文化的多元性。

与元朝文化的多元化和开放性不同，明清文化呈现出了专制沉暮与启蒙觉醒并存的特征。一方面，随着封建专制统治的加强，文化专制空前严厉，文字狱时有发生，文人的思想自由空间狭窄，训诂考据之学蔚然成风；另一方面，在愈加专制的文化统治压迫下，市民反叛意识逐渐觉醒，早期的启蒙思潮开始出现，哲学思想和文学艺术都有了一定的创新。在哲学思想方面，王守仁（1472年~1529年）提出“心即是理”的心学主张，认为追求最高的理不必向外探求，而只需反观内心，“致良知”即可，为明清之际人文思潮的兴起奠定了哲学基础；其后，明清之际的黄宗羲（1610年~1695年）、顾炎武（1613年~1682年）、王夫之（1619年~1692年）等思想家从各个方面与作为封建正统文化的程朱理学展开论战，反对理学中的禁欲主义，高扬人的主体性。在文学艺术方面，市民文学兴起，以《三国演义》《水浒传》《西游记》《红楼梦》四大名著为代表的小说发展繁盛，古典小说成就达到顶峰。此外，《永乐大典》《康熙字典》《四库全书》等大型图书典籍的编修，也代表着中国古典文化的成熟，对传统文化的传承起到了重要作用。

明清时代的中国虽已出现了启蒙思想的萌芽，但当时的封建专制制度并没有发生根本的变化。随着封建专制统治的加强，文化禁锢愈演愈烈，最终，启蒙的萌芽被扼杀于摇篮之中，中国的传统文

---

① ［德］傅海波，［英］崔瑞德．剑桥中国辽西夏金元史［M］．史卫民译，北京：中国社会科学出版社，1998：735.

化也逐渐呈现出了保守与衰败的趋势。

三、中国传统文化的发展转型期

1840年，鸦片战争爆发。战争以英国这个世界上第一个工业化国家的胜利告终。随后，中国这个曾经的“天朝上国”逐渐沦为半殖民地半封建国家，西方文化尾随坚船利炮汹涌进入中国，极大地冲击和动摇了早期迟暮的中国传统文化。中国传统文化陷入近2000年来的最大危机，迫使中国人睁开眼睛看世界、学西方，从此踏上探寻中国传统文化发展转型的艰难之路。

中国传统文化的近代转型实际上是中国人救亡图存民族运动的一个有机组成部分，其核心与本质是对待西方文化、处理中西方文化的关系。对于长期处于东亚文化圈核心领导地位的中国来说，放下既有的优越感，平等接受、吸收西方文化，无疑是艰难的。因此，中国传统文化的近代转型大致经历了三个变革阶段：第一是洋务运动前后“中体西用”的器物文化变革阶段；第二是戊戌变法前后“即中即西”的制度文化变革阶段；第三是辛亥革命之后“新文化运动”中的观念文化变革阶段。这是中国知识分子在中华民族内忧外患的危机不断加深的背景下，被迫层层递进、深入转型的三个阶段。

（一）“中体西用”的器物文化变革阶段

中国传统文化的近代转型首先是从最浅层的器物文化变革开始的。

所谓器物，是指具体存在的事物。《易·系辞上》说：“形而上者谓之道，形而下者谓之器。”道是本质，器物是实存。“朴（道）散则为器”（《老子》）。较之于器物，中国传统文化显然更重视道。鸦片战争之前，中国人并没有意识到世界历史进程已经发生重大进展，没有意识到曾经长期处于文化领跑者地位的中国已经落后于西方，依旧盲目乐观地认为中国无论是道还是器都比西方优越、先进。不料，鸦片战争让中国人猛然发现，西方军事、地理、科技文化之先进，已非中国人所能想象。林则徐（1785 年 ~ 1850 年）、魏源（1794 年 ~ 1857 年）等有识之士率先意识到了中国传统文化“重政轻艺”的不足，迈出了近代中国人“开眼看世界”的第一步。

为了让中国人知道何为“世界”，林则徐主持编译了《四洲志》，魏源编撰了《海国图志》，向国人系统介绍世界历史地理知识。林则徐和魏源等人这么做的目的其实很简单，就是知道而后超越西方。用魏源的话说：“是书何以作？曰：为以夷攻夷而作，为以夷款夷而作，为师夷长技以制夷而作。”① 魏源同时提醒那些视西方现代科技为“奇技淫巧”的同时代人注意，“有用之物，即奇技而非淫巧”，中国人只有也学习并掌握这些“奇技”，才能战胜西方，即“善师四夷者，能制四夷”。魏源的观点表明中国人已经打破“外来文化皆粗鄙”的偏见，开始思考中国传统文化的不足及转型问题。随后，林则徐的学生冯桂芬（1809 年 ~ 1874 年）向清政府提出“以中国之伦常名教为本，辅以诸国富强之术”的改革建议。此建议后来被张之洞（1837 年 ~ 1909 年）提炼成了“中学为体，西学为用”主张，成了“洋务运动”的指导纲领。

19 世纪 60 年代至 90 年代，清政府中的洋务派和早期改良派在“中体西用”纲领的指导下，兴办洋务，创办机器制造局，鼓励西学翻译，创办西式学堂，选送留学生，办西学等，大大拓宽了国人看西方、学西方的视野。不过，洋务运动并没有改变中国进一步沦

---

① 柳诒徵．中国文化史（上）［M］．上海：上海古籍出版社，2001：329.

为半殖民地半封建国家的厄运。这是为什么呢？清政府兴办洋务运动是假定“中体”（中国的纲常名教和封建统治）和“西用”（西方的先进科学技术）以“中体”为基础实现结合，并将“西用”吸收同化到“中体”中来。郑观应在《盛世危言·道器》中曾对此进行过详细阐释，认为以中国的“道”来合西方的“器”，就能富国强兵，最终“由强企霸，由霸图王，四海归仁，万物得所，于以拓车书大一统之宏规而无难矣!”而历史已经证明，经济基础决定上层建筑，以自然经济和封建统治为核心的“中体”不可能同化建立在工业革命基础上的资产阶级文化（“西用”）。中国传统文化的近代转型必须另寻他途。

（二）“即中即西”的制度文化变革阶段

中国传统文化近代转型的第二个阶段是戊戌变法前后的制度文化变革阶段。

1895 年，甲午战争中国惨败，宣告了只“师夷长技”而不变“中体”的洋务运动破产。同样是向西方学习，为什么长期落后于中国的日本会战胜中国？当时的有识之士意识到问题的症结为向西方学习的方式方法，中国不仅要学习“西技”，更要学习“西政”，即像日本那样学习西方健全的政治制度和体制模式，只有这样才有可能改变中国落后挨打的现状。据此，以康有为（1858 年 ~ 1927 年）、梁启超（1873 年 ~ 1929 年）等为代表的维新派发起“公车上书”，要求清政府自上而下地进行资产阶级民主改革，推行君主立宪制，发展资本主义工商业，推进变法维新。

鉴于中国当时的历史状况，康有为深知公然推行西方资产阶级民主改革是不现实的。梁启超后来评论说：“盖当时之人，绝不承认欧美人除能制造、能测量、能驾驶、能操练之外，更有其他学问，而在译出西书中求之，亦确无它种学问可见。”① 于是，康有为“托古改制”，用儒学的酒瓶来装西学的新酒，力图让传统文化变成社会变革政治变革的理论资源。他提出，西方的经济、政治、文化等制度都符合儒家经义，而清末当时的制度反倒不符合，因此应当用合乎“圣人之道”的西方资产阶级学说来指导变法维新，改良清廷既有的政治、文化。为宣扬西方资产阶级政治学说，康有为等人创办了众多的报纸、学会以及新式学堂等，促进了中国资产阶级新文化的兴起。这种“儒表西里”的维新文化未能将西方资产阶级文化贯通到底，最终形成了一种“不中不西，即中即西”的风格。

1898 年 6 月 11 日至 9 月 21 日，维新派推动光绪帝进行变法改革，不到百日即告失败。戊戌变法的失败证明维新文化并没有能为中国传统文化的近代转型提供真正的出路。但我们必须看到的是，较之“中体西用”观而言，维新派这种“即中即西”的文化主张已经超越浅层的器物文化，触及制度文化这个根本的“体”层面，在进一步瓦解封建政治统治的同时，极大地撼动了其赖以生存的封建礼教文化基础，为其后到来的思想、观念文化的解放撕开了一个大豁口。

（三）“新文化运动”后的观念文化变革阶段

《新青年》是陈独秀在上海创办的一份具有重要影响的革命杂志，原名《青年杂志》，第二卷起改称《新青年》。自 1915 年 9 月 15 日创刊号至 1926 年 7 月终刊共出 9 卷 54 号。《新青年》宣传倡导科学（“赛先生”，Science）、民主（“德先生”，Democracy）和

① ［英］崔瑞德，鲁惟一. 剑桥中国秦汉史［M］. 杨品泉等译. 北京：中国社会科学出版社，1992：54.

新文学，是新文化运动的一面旗帜。十月革命后，《新青年》逐渐发展成一份宣传马克思主义的刊物。

1911 年，辛亥革命爆发，以孙中山为首的资产阶级革命派推翻了中国长达两千年之久的封建君主专制统治，取得了制度革命的突破性胜利。然而，辛亥革命的成果不久后为袁世凯所篡夺，复辟帝制事件两度兴起。这让当时的先进知识分子意识到，没有“国民的自觉”作为前提的“立宪政治”是不可能成功的，仅有政治体制的变革远远不够，只有对国民的思想、观念进行彻底的文化改革，才有可能实现真正的民主共和。由此，新文化运动兴起，文化转型进入思想观念文化变革的关键阶段。

1915 年，陈独秀（1879 年 ~ 1942 年）、李大钊（1889 年 ~ 1927 年）等一批受过西方教育的知识分子，在上海创办《新青年》杂志，高扬“民主”与“科学”的旗帜，发起“批判旧文化”的新文化运动。陈独秀指出，只有“民主”与“科学”，才能救治中国政治、道德、学术、思想上一切的黑暗；要拥护民主，就不得不反对“孔教、礼法、贞节、旧伦理、旧政治”；要拥护科学，就不得不反对“国粹和旧文学”。鲁迅（1881 年 ~ 1936 年）更是直指封建纲常名教是“吃人的礼教”，只有“打倒孔家店”，才能解放国民的思想、唤醒国民的自觉。其他“新文化运动”的先驱者们纷纷在《新青年》上发表论说，全面抨击孔子和以儒家为代表的传统旧文化、旧道德，弘扬民主与科学的新文化、新道德，在文化领域掀起了激进的反传统主义思潮。由此，“新文化运动”将革命的战火由制度领域延展到文化领域，掀起了新旧文化、中西文化空前激烈的争论，并逐渐围绕“中国传统文化往何处去”的问题，形成了“全盘西化”和“文化保守主义”两大思潮。

1. “全盘西化”

“全盘西化”派主张，中国传统文化已经不足以救治中国，中国必须全面吸收西方全部的，而非部分的文化，才能找到文化转型的出路。而所谓“全面”吸收，不仅是经济上走资本主义道路、技艺上学习西方科学技术，还包括政治上实行民主宪政、教育与文化上强调自由与现代化、价值观上提倡个人主义等。

“全盘西化”派的代表有胡适、陈序经等人。陈序经是最早，也是最坚定的“全盘西化”论者。在陈序经看来，中国文化有复古、折中、全盘西化三条出路，但是折中的办法办不到，复古的途径行不通，唯一的办法只能是全盘接受西化。因为西方文化是先进的文化，是世界文化发展的未来趋势，而中国文化是落后的、垂死挣扎的文化，两者相遇的结果必然是东方文化被西方文化所取代，因而复古是不可能的；同时，文化是一个整体，物质文明应有相对应的精神文明，它们是分不开的，“我们觉得中国目前的急需，是要格外努力去采纳西洋的文化，诚心诚意地全盘接受她，因为她自己本身上是成一种系统，而她的趋势，是全部的，而非部分的”①。因此，折中是办不到的，全盘西化是势在必行的。胡适也是全盘西化思潮的重要代表人物，他在 1929 年也曾使用过“全盘西化”一词来表达他的文化观点，虽之后将其修正为“充分世界化”。胡适对于“全盘西化”思潮的扩散起到了重要的推动作用。

作为社会历史文化发展的产物，“全盘西化”思潮的历史进步性不容抹杀。一方面，“全盘西化”思潮激烈的反传统特征有力地驳斥了当时一度兴起的尊孔复古逆流思潮，起到了振聋发聩地反封建、反专制的作用；另一方面，“全盘西化”论者关于中西文化的比较研究深化了对西方先进文化的认识，进一步推进了学习、借鉴西方文化的可能，也反向刺激了传统文化近代转型的进程。与此同

① 张岱年，方克立．中国文化概论［M］．北京：北京师范大学出版社，2004：75.

时，“全盘西化”论的历史局限性也不容忽视。一方面，“全盘西化”的主张忽略了文化本身所固有的民族性和传承性。传统是现代的根基，在中国这样一个有着两千多年深厚文化根基和民族特性的国家，意图完全抛开传统，抛开国情，去照搬照抄西方的文化，不可能行得通。另一方面，“全盘西化”见物不见人，忽视了文化交流交融过程中主体的选择作用。第一次世界大战后，西方资本主义文化遭遇危机，这从一个侧面佐证了“全盘西化”的不可行性。

2. “文化保守主义”

五四时期，除了主张以西方文化替代中国文化的“全盘西化”派之外，也有为保存和昌明中国传统文化而大声疾呼的文化保守主义派。文化保守主义论者主张，以中国传统文化为本位，取西方近代物质文明及民主与科学文化之所长，补中国传统文化之所短，调和中西，最终重建中华民族文化的主体地位。清末的国粹派、张之洞等人的“中体西用”论、康有为晚年的“孔教运动”等，都是文化保守主义的早期形态。至五四时期，伴随着中西文化双重危机的加深，文化保守主义思潮一度高涨，形成了东方文化派和学衡派，前者的代表人物，有杜亚泉（1873 年～1933 年）、梁启超、梁漱溟等，后者的代表人物有梅光迪（1890 年～1945 年）、胡先骕（1894 年～1968 年）、吴宓（1894 年～1978 年）等。

文化保守主义派有两个基本主张。一是主张要正视中国文化的价值。梁启超曾质问：“那沉醉西风的，把中国什么东西，都说得一钱不值，好像我们几千年来，就像土蛮部落，一无所有，岂不更可笑吗？”① 文化保守主义不仅反对“全盘西化派”以西方文化为中心、照搬西方文化的主张，更反对其抹杀中国文化一切价值的论点。二是主张以中国文化为主体，调和中西方文化。杜亚泉认为，

① 柳诒徵．中国文化史（下）［M］．上海：上海古籍出版社，2001：521.

"正统整吾固有之文明，其本有系统者则明了之，其间有错出者则修整之。一方面尽力输入西洋学说，使其融合于吾固有文明之中。西洋之断片的文明，如满地散钱，以吾固有文明为绳索，一以贯之"①。梁启超也说："拿西洋的文明，来扩充我的文明，又拿我的文明去补助西洋的文明，叫他化合起来成一种新文明。"② 综上可见，文化保守主义的中国文化观并非"原教旨主义"的，对于西方文化和中国传统文化，都既有所取，亦有所不取。五四时期文化保守主义阵营中的大多数论者实际上都有游学国外的经历，对西方文化持开放态度，他们真正反对的不是"西化"，而是"全盘西化"。

从历史看，"文化保守主义"对于发扬中国文化固有价值、提升中华文化之自信有着重要的意义。近代以来，中国传统文化虽一度显出落后于西方近代文化之势，但传统文化本身依然是有其独特的价值与内在活力的。如学衡派的吴宓、梅光迪等人主张的那样，历史文化包含"变"与"常"两种属性，"变"主发展修正，"常"主沉淀发扬。中国传统文化之"常"，如儒家内在的文化精神等，是可以超越历史而长存的，是具有世界意义的，因而应当维护和弘扬。同样，文化保守主义也有其缺陷和不足。例如，其主张中确实有一些"守旧"的倾向；对中西文化之间的时代差距缺乏清醒认识；虽主张中西文化汇通，但却并没有给出一个调和中西文化的真正可施行的方案，没有为中国传统文化的现代化提出切实可行之出路，等等。

在"全盘西化"派和"文化保守"派论辩难解时，随着马克思主义传播的深入，陈独秀、李大钊、毛泽东等一批马克思主义者逐渐从文化论争中分化出来。他们跳出了既有的"非中即西""即

---

① 张岱年，方克立. 中国文化概论［M］. 北京：北京师范大学出版社，2004：77.
② 柳诒徵. 中国文化史（下）［M］. 上海：上海古籍出版社，2001：570.

中即西”的文化转型思路，开辟了一种新的无产阶级文化建设视角，提出了“民族的科学的大众的”文化建设思路，为中国文化的现代转型指明了方向。

第二节 中国传统文化的内容

中国传统文化是中华文明演化而汇集成的反映了民族特质风貌，是各种思想文化、观念形态的总体表现，为中华民族世世代代所继承发展、具有鲜明民族特色、历史悠久、内涵博大精深。中华优秀传统文化是中华民族的灵魂和血脉，是几千年来中华民族在经济、政治、文化、社会、生态等方面沉淀下来的物质和精神财富，滋养着中华民族的精神智慧，是中华民族生生不息的精神之源。其内容丰富多样，大致分成以下几大类：

物质文化遗产类：中华优秀传统物质文化是指在中国历史上形成并传承下来的具有重要价值的物质文化遗产，它们是人类文明的重要载体和人类文化发展的主要见证。文化遗产包括物质文化遗产和非物质文化遗产。其中物质文化遗产是具有历史、艺术和科学价值的文物，主要包括古遗址、古墓葬、古建筑、石窟寺、石刻、壁画、近代现代重要史迹及代表性建筑等不可移动文物，历史上各时代的重要实物、艺术品、文献、手稿、图书资料等可移动文物；以及在建筑式样、分布均匀或与环境景色结合方面具有突出普遍价值的历史文化名城（街区、村镇）。非物质文化遗产是指各种以非物质形态存在的与群众生活密切相关、世代相承的传统文化表现形式，包括口头传统、传统表演艺术、民俗活动和礼仪与节庆、有关自然界和宇宙的民间传统知识和实践、传统手工艺技能等以及与上述传统文化表现形式相关的文化空间。这些物质文化遗产是我们的祖先智慧的结晶，它直观地反映了人类社会发展的这一重要过程，具体有历史的、社会的、科技的、经济的和审美的价值，是社会发展不可或缺的物证。这些物质文化遗产中蕴含着中华民族特有的精神价值、思维方式、想象力，体现中华民族的生命力和创造力，是各民族智慧的结晶，也是全人类文明的瑰宝。

思想文化类：中国传统文化尽管历经历史不同时期，形成了不同的内容和表现形态。大体包括儒家、道家、墨家、法家、纵横家、杂家等文化意识形态，以及“三位一体”的合流思想。但是，从文化发展的历史影响力来说，居中心地位的是以儒家伦理道德为中心、道家、法家相互形塑的中国传统伦理政治思想。儒家强调仁、义、礼、智、信“五常”和礼、义、廉、耻“四维”，道家主张道德、无为、逍遥，墨家提倡兼爱、非攻、节俭，法家主张君主集权、依法治国，纵横家强调纵横捭阖、合纵连横，杂家则兼收并蓄、博采众长。这些哲学思想对于中国传统文化的发展具有重要影响，这些道德伦理观念和道德准则不仅渗透在中国人的日常生活中，影响着中国人的行为方式，而且塑造了中国人的人生观、价值观和社会理念。

文学艺术类：中华优秀传统艺术文化是在中国历史上形成和发展起来的，中国传统艺术形式多样，技艺精湛，内容深刻，具有悠久的历史，深受中国传统文化的影响。如诗词、书法、绘画、音乐、舞蹈、戏曲、民间工艺等。这些艺术形式承载了丰富的历史文化信息，反映了中华民族的精神追求和审美情趣。

此外，还包括传承历史发展脉络的历史文化类，如古代的礼仪制度、科举制度、家族制度等；展现了中国古代文明的智慧和创造力的科学技术类，如古代的天文历法、医药学、农业技术、手工艺技术等；反映了中国人民的生活习俗和精神寄托的民俗信仰类，如传统节日、民间传说、民间信仰、风水等；传承和发展中国传统文化的教育制度类，如科举制度、书院制度等。

一、中华优秀传统思想文化内容

中国传统文化尽管历经历史不同时期，形成了不同的内容和表现形态。但是，从文化发展的历史影响力来说，居中心地位的是以儒家伦理道德为中心、道家、法家相互形塑的中国传统伦理政治思想，形成了中国古代人的文化人格和中华民族的文化特征。在此基础上形成了中华民族强大的同化力、融合力、凝聚力。

（一）儒家的思想文化

中国儒家思想，又称儒学，是以孔子、孟子为代表的古代中国思想流派。儒家思想强调道德、伦理、政治、教育等方面的内容，对中国传统文化和社会产生了深远的影响。儒家思想的具体内容主要包括以下几个方面。

仁：仁是儒家思想的核心概念，指一种关爱他人、善良待人的道德品质。孔子提出“仁者爱人”，强调要以仁爱之心对待他人。

礼：儒家思想强调礼的重要性，认为礼是维护社会秩序和人际关系和谐的重要手段。孔子提出“礼之用，和为贵”，强调礼的作用在于和谐人际关系。

忠诚：儒家思想强调忠诚的价值，认为忠诚是个人品德的重要表现。孔子提出“忠恕之道”，强调忠诚和宽恕是道德行为的基本原则。

孝道：儒家思想特别强调孝道，认为孝顺父母、尊敬长辈是道德伦理的基本要求。孔子提出“孝悌为人之本”，强调孝顺和友爱兄弟是道德行为的根本。

社会责任：儒家思想强调个人对家庭、社会、国家的责任。孔子提出“修身齐家治国平天下”，强调个人要先修养品德，然后才能治理家庭、国家，实现社会和谐。

教育：儒家思想重视教育，认为教育是培养品德、传授知识的重要手段。孔子提出“有教无类”，强调教育的公平性，主张人人都有接受教育的权利。

政治理念：儒家思想主张德治和礼治，强调君主的道德品质和政治智慧。孔子提出“君子之政”，强调君主应该具有高尚的品德和才能。

（二）道家的思想文化

道家是中国古代的一个重要思想流派，以老子、庄子为代表人物。道家思想文化强调自然、无为、内省、和谐等方面的内容，对中国传统文化产生了深远的影响。道家思想文化的主要内容包括以下几个方面。

道：道是道家思想的核心概念，指宇宙的本原、本质和运行规律。道家认为，一切事物都源于道，遵循道的规律发展变化。

自然：道家思想强调自然的原则，认为人类应该顺应自然、遵循自然规律生活。老子提出“道法自然”，强调道的规律就是自然的规律。

无为：道家思想主张无为而治，认为人类应该顺应自然、不妄为，以达到和谐与平衡。老子提出“无为而无不为”，强调无为是一种顺应自然的智慧。

内省：道家思想强调内省、静心，认为通过内省可以认识道、实现内心的宁静与和谐。庄子提出“坐忘”“心斋”等概念，强调通过内心的宁静和无欲无求来达到与道的合一。

和谐：道家思想主张人与自然、人与人之间的和谐相处。老子提出“天地与我并生，万物与我为一”，强调人与自然的和谐共生。

辩证法：道家思想包含丰富的辩证法思想，如阴阳对立统一、变易无常等。这些辩证法思想对于认识世界和人生具有重要的指导意义。

艺术审美：道家思想对于艺术和审美的看法具有独特性，强调自然、天真、超脱的艺术境界。庄子的“游刃有余”“鼓盆而歌”等故事，展现了道家对于艺术审美的独特见解。

（三）法家的思想文化

法家是中国古代的一个重要思想流派，以法治、改革、集权为主要内容。法家的代表人物主要有李悝、慎到、商鞅、申不害、李斯、韩非子等。法家的思想文化主张主要包括以下几个方面：

法治：法家主张以法律来治理国家，强调法律的权威和公正。商鞅提出“法治为政之本”，强调法律在国家治理中的重要地位。

改革：法家主张改革，认为通过改革可以实现国家的富强。李悝、商鞅等人都进行了大规模的改革，推动了社会的进步。

集权：法家主张加强君主的权力，认为君主应该掌握国家的大权。慎到提出“君主应该独尊”，强调君主的权威。

严刑峻法：法家主张严厉的刑法，认为严厉的刑法可以维护社会秩序。商鞅提出“重刑轻罪”，强调要用严厉的刑法来制止犯罪。

奖励与惩罚：法家主张通过奖励和惩罚来调动人们的积极性，提高社会效率。申不害提出“明赏必罚”，强调奖励和惩罚的重要性。

管理方法：法家提出了一系列管理方法，如分类管理、考核评估等。这些管理方法对于提高国家治理能力具有重要作用。

二、中华优秀传统物质文化

中华优秀传统物质文化是指在中国历史上形成并传承下来的具有重要价值的物质文化遗产。这些物质文化遗产包括古代建筑、工艺品、文物、科学技术成果等，反映了中国古代文明的辉煌成就。

（一）中国传统饮食文化

中国传统饮食文化源远流长，博大精深，具有丰富的文化内涵和独特的风味。中国的饮食文化不仅包括各种美食佳肴，还包括烹饪技艺、食材选择、饮食礼仪、饮食观念等方面。

在古代时期，中国的饮食文化已经形成了一些基本特点。古人注重五味调和，即酸、甜、苦、辣、咸，追求食物的口感和味道的平衡。同时，古代人们注重饮食的节俭和养生，强调食物的药膳功效，如《黄帝内经》中记录的食疗方案。此时期的饮食文化也受到了儒家思想的影响，强调食物的仪式感和礼仪之道。

封建社会时期，中国的饮食文化逐渐丰富和发展。各个地区形成了不同的菜系，如川菜、粤菜、鲁菜等，每个菜系都有其独特的调味方法和烹饪技巧。同时，食物的制作和摆盘也开始注重美感和艺术性。在封建社会中，饮食文化也成为社会地位和身份的象征，宴席和宴会被用于展示富豪们的财富和地位。

随着现代化的发展，中国的饮食文化也发生了变化。中国人民开始接触和融入了国际饮食文化，引入了西方食物和烹饪方法。同时，现代人们也更加注重健康饮食和营养均衡，追求绿色、有机的食材和餐饮方式。此外，快餐文化的兴起也对传统饮食文化产生了一定的冲击。

总体来说，中国传统饮食文化的特点包括以下几个方面：注重口味的平衡和五味调和；追求饮食的节俭和养生；强调食物的药膳功效；注重饮食的仪式感和礼仪之道；形成了多样化的菜系和烹饪技巧；饮食被视为社会地位和身份的象征；近年来，追求健康饮食和营养均衡的趋势日益增强。这些特点凝聚了中国人民对食物的热爱、对生活品质的追求和对传统文化的传承。

（二）中国传统服饰文化

中国传统服饰的历史演变过程可以追溯到远古时期，经历了多个朝代的更替和民族文化的交融，形成了丰富多样的服饰风格。

在古代，中国的服饰文化已经形成了一些基本特点。古代人们注重服饰的材质和色彩，例如丝绸和绣花等精致的材质被广泛使用。古代服饰也受到社会等级和身份的制约，不同阶层和地位的人穿着有所区别。例如，宫廷贵族穿着华丽的龙袍和蟒衣，而普通百姓则穿着简朴的衣裳。

封建社会时期，中国的服饰文化逐渐丰富和发展。不同朝代和地区形成了各具特色的服饰风格，如汉服、唐装、清装等。服饰的款式、颜色、图案等都反映了时代的审美和社会文化。封建社会中，服饰也成为展示阶层身份和地位的重要方式。例如，官员穿着官服、士人穿着文士服饰，以显示其身份和地位。从民国时期开始，西方服饰逐渐传入中国，出现了中西结合的服饰风格。

随着现代化的发展，中国的服饰文化发生了变化。一方面，西方服饰和时尚文化的引入对传统服饰产生了一定影响，尤其是在城市和年轻人群体中。现代人们开始注重舒适性和时尚感，追求多样化的穿着风格。另一方面，传统服饰在某种程度上保留了其独特性和文化价值，例如汉服复兴运动的兴起，让传统服饰重新引起人们的关注。

总体来说，中国传统服饰文化的特点包括以下几个方面：注重材质和色彩的选择；反映社会等级和身份的差别；具有历史和文化传承的意义；在特定场合和仪式中具有仪式性；近年来，受到现代化和时尚文化的影响，注重舒适性和多样化的穿着风格。这些特点凝聚了中国人民对服饰的审美诉求、对传统文化的传承和对个人身份和归属感的追求。

（三）中国传统建筑文化

中国传统建筑的演变过程可以追溯到远古时期，商周时期，宫殿、祭祀建筑等大型建筑开始大量出现。

在古代，中国的建筑文化已经形成了一些基本特点。古代人们注重建筑的材料和结构，以木材和石材为主要材料，注重建筑的稳固和耐久。古代建筑也受到社会等级和仪式性的制约，不同阶层和用途的建筑有着明显的差异。例如，宫殿、庙宇和陵墓等宏伟建筑体现了皇权的威严和祭祀的庄重。

封建社会时期，中国的建筑文化逐渐丰富和发展。不同朝代和地区形成了各具特色的建筑风格，如古代宫殿建筑、园林建筑、寺庙建筑等。建筑的布局、结构和装饰都反映了时代的审美和文化特点。封建社会中，建筑也成为展示统治者权威和地位的象征。例如，紫禁城作为明清皇宫的代表，体现了中国传统建筑的雄伟和精细。

随着现代化的发展，西方建筑风格和现代建筑技术的引入对传统建筑产生了一定影响，尤其是在城市和新兴建筑领域。现代人们开始注重实用性、功能性和创新性，追求建筑的舒适性和环保性。同时，传统建筑在某种程度上保留了其独特性和文化价值，例如古建复兴运动的兴起，让传统建筑重新得到人们的关注。

总体来说，中国传统建筑文化的特点包括以下几个方面：注重材料和结构的选择；反映社会等级和仪式性的差异；具有历史和文化传承的意义；注重建筑的美学和艺术性；在特定场合和仪式中具有仪式性；近年来，受到现代化和环保意识的影响，注重实用性和环保性。这些特点凝聚了中国人民对建筑的审美追求、对传统文化的传承和对生活环境的关注，传承和弘扬传统建筑文化，有助于传播中华优秀传统文化，增强民族凝聚力和文化自信。同时，传统建筑文化的传承和发展也有助于现代建筑的创新和可持续发展。

三、中华优秀传统艺术文化

中华优秀传统艺术文化是指中国历史上形成和发展起来的，具有独特艺术风格和文化内涵的艺术形式。中华优秀传统艺术文化包括诸多艺术门类，如书法、绘画、音乐、舞蹈、戏曲、建筑、雕塑、民间工艺等。这些艺术形式承载了丰富的历史文化信息，反映了中华民族的精神追求和审美情趣。

（一）中国传统音乐艺术

中国传统音乐文化是中国文化的重要组成部分，具有悠久的历史和丰富的内涵。

中国古代音乐可以追溯到几千年前的商周时期，古代音乐主要是宗教、祭祀和宫廷活动中的重要元素。古代音乐以乐器演奏为主，如钟磬、箫、琴等。古代音乐的特点是庄重、肃穆，注重音律的和谐和节奏的稳定。古代音乐的目的是祈求神灵的保佑和表达人们的情感。

封建社会时期，中国音乐的发展进一步丰富多样。宫廷音乐成为重要的文化活动，皇帝和贵族们组织宴会、庆典和演出，御用乐师以及宫廷乐队为其演奏。宫廷音乐注重声乐和器乐的结合，以及舞蹈的配合。此外，民间音乐也得到了广泛发展，如民间曲艺、民歌和戏曲音乐等。不同地区和民族的音乐风格也有所不同，例如京剧音乐、民间山歌、古筝音乐等。

随着现代化的发展，音乐也有所变化。一方面，传统音乐在现代舞台上得到了广泛的传承和发展，许多古典音乐作品依然受到人们的喜爱；另一方面，现代音乐也涌现出来，吸收了西方音乐的元素和表现形式，如流行音乐、摇滚乐等。同时，电影、电视等新媒体也为音乐的传播和推广提供了新的平台。

总体来说，中国传统音乐文化的特点包括以下几个方面：注重乐器演奏和声乐表达；具有丰富的曲目和曲种；强调音律的和谐和节奏的稳定；注重传统美学和文化价值；在宗教、庆典和娱乐等场合中具有重要地位。这些特点凝聚了中国人民对音乐的热爱、对传统文化的传承和对艺术审美的追求。音乐作为一种独特的艺术形式，能够传递情感、表达思想、凝聚人心，有助于传播中华优秀传统文化，对于丰富人们的精神生活和传递文化价值起着重要的作用。

（二）中国传统戏曲艺术

中国传统戏曲艺术文化是中国文化的珍贵瑰宝，具有悠久的历史和丰富的内涵。

戏曲艺术在中国可以追溯到古代，古代戏曲形式多样，包括皮影戏、木偶戏、布袋戏等。古代戏曲在宗教仪式、祭祀和庆典等场合中扮演着重要的角色。例如，皮影戏常用于祈祷丰收、祭祀祖先等活动中。古代戏曲注重扮演者的身体表现和声音表达，通过舞蹈、音乐、唱腔等形式来传递故事和情感。

封建社会时期，戏曲艺术进一步发展，形成了著名的四大名剧，即京剧、豫剧、越剧和黄梅戏。每种戏曲剧种都有其独特的表演风格、音乐曲调和剧目选材。京剧以其夸张的表演风格、精致的戏服和复杂的化妆而著名，被誉为中国戏曲的国粹。豫剧以其豪放激昂的表演风格和讲究刚健的唱腔而闻名。越剧以其细腻婉约的表演风格和优美的唱腔而受到广泛喜爱。黄梅戏则以其柔美的唱腔和抒情的表演风格而独树一帜。

随着现代化的发展，传统戏曲在现代舞台上得到了广泛的传承和演绎，许多经典剧目仍然受到观众的喜爱。同时，现代戏曲剧种也涌现出来，如话剧、歌剧等，融合了西方戏剧的元素和表现形式。同时，电影、电视等新媒体也为戏曲的传播和推广提供了新的平台。

总体来说，中国传统戏曲艺术文化的特点包括以下几个方面：注重身体表演和音乐表达；具有丰富的剧目和剧种；强调角色扮演和情感表达；注重传统美学和文化价值；在宗教、庆典和娱乐等场合中具有重要地位。这些特点凝聚了中国人民对表演艺术的热爱、对传统文化的传承和对艺术审美的追求。戏曲艺术作为中国独特的艺术形式，承载着丰富的历史和文化内涵，对于丰富人们的精神生活和传递社会价值起着重要的作用。通过戏曲不仅看到人们多姿多彩的生活，更可以看到一个国家、一个民族的发展轨迹，感受历史文化的魅力和优良美德的传承。

（三）中国传统舞蹈艺术

中国传统舞蹈艺术是中国文化的瑰宝之一，具有悠久的历史和丰富的内涵。

中国古代舞蹈艺术可以追溯到几千年前的商周时期，古代舞蹈是宗教仪式、祭祀和庆典活动中的重要表现形式。古代舞蹈注重身体的动作和姿势，以及音乐的配合。古代舞蹈以其优美的形体、舞步的精准和舞姿的优雅而著称。古代舞蹈的目的是祈求神灵的保佑、表达人们的情感和展示社会的秩序。

封建社会时期，宫廷舞蹈成为贵族和皇室的文化活动，宫廷舞蹈注重优雅、庄重和规范。宫廷舞蹈以其独特的舞姿、精妙的舞技和华丽的舞装而闻名。此外，民间舞蹈也得到了广泛的发展，各地区和民族都有自己独特的舞蹈风格和表现形式，如蒙古舞、藏族舞、汉族舞等。民间舞蹈注重舞者的表演技巧和身体的灵活性，以及舞蹈所表达的情感和民族文化。

随着现代化的发展，传统舞蹈在现代舞台上得到了广泛的传承和发展，许多古典舞蹈作品依然受到观众的喜爱。同时，现代舞蹈也涌现出来，吸收了西方舞蹈的元素和表现形式，形成了独特的中国现代舞。现代舞蹈注重舞者的个人表达和创意，以及对当代社会、人际关系和情感的反思。

总体来说，中国传统舞蹈艺术的特点包括以下几个方面：注重舞者的动作和姿势；具有丰富的舞蹈形式和风格；强调身体的灵活性和舞蹈技巧；注重传统美学和文化价值；在宗教、庆典和娱乐等场合中具有重要地位。这些特点凝聚了中国人民对舞蹈的热爱、对传统文化的传承和对艺术审美的追求。舞蹈作为一种独特的艺术形式，能够通过身体的表达和舞姿的展示，传递情感、表达思想、传播文化，对于丰富人们的精神生活和传递社会价值起着重要的作用。

第三节

中国传统文化的价值

阿诺德·约瑟夫·汤因比（1889 年 ~ 1975 年）是整个 20 世纪最具世界性影响的西方历史学家和历史哲学家。20 世纪 70 年代初，他在接受访谈时预言，将来统一世界的大概不是西欧国家，也不是西欧化的国家，而是中国。鉴于中国当时的艰难状况，这一预言无疑是极其惊人的。那么，他为什么会作出如此预言呢？他表示，如此高度评价中国，与其说是由于中国在现代史上比较短时期中所取得的成就，毋宁说是由于认识到，在这以前两千年期间所建立的功绩和中华民族一直保持下来的美德的缘故。也就是说，汤因比是基于对绵延不绝的中国传统文化的高度礼赞，成功预言了当时正处于低谷的中国在 21 世纪的伟大复兴。中国传统文化所拥有的崇高世界历史地位，由此可见一斑。

一、中国传统文化是具有鲜明个性的文化

没有个性的人容易被人遗忘，没有个性的文化也是如此。中国传统文化之所以具有历久弥新的独特魅力，就在于它有自己的鲜明个性。

首先，中国传统文化是一种“持中贵和”的文化。虽然世界其他地区也有强调“中庸”文化的，但却仅仅停留于某个哲学家的思想层面，没有像中国传统文化那样，将“中庸之道”渗透到大众文化的基因之中。梁漱溟比较研究了中国、西方和印度文化，指出：西方文化是意欲向前的文化，注重对外在自然的征服；印度文化是意欲向后的文化，注重人生的内在解脱；中国文化则居于两者之间，“是以意欲自为、调和、持中为其根本精神的”①。因为强调“持中”，所以中国传统文化反对极端，崇尚“贵和”。“贵和”有多种表现：在人与人的关系上，是“礼之用，和为贵”；在人与自然的关系上，是“天人合一”；在文化与文化的关系上，就是兼容并收的包容性和同化力。

---

① 刘梦溪．中国现代学术经典·梁漱溟卷［M］．石家庄：河北教育出版社，1996：65.

其次，中国传统文化是“德性优先”的文化。莱布尼茨在《中国近事》一书的序言中，曾发出过这样的感慨：“然而，昔日有谁会相信，地球上还有这样一个民族存在着，它比我们这个自以为在各方面都有教养的民族过着更具有道德的公民生活呢？但从我们对中国人的了解加深以后，我们却在他们身上发现了这一点。”他还表示，“在实践哲学方面，即在人类生活及日常风俗的伦理道德和政治学说方面，我不得不汗颜地承认他们远胜于我们”①。历史也确实如此。古中华文明是以“社会人间”为追求对象的，因而形成的是“以人为本”的价值取向。这种“以人为本”的价值取向，直接决定了中国传统文化必然要以“伦理道德”为本位，将重点落在对“人之为人”的德性的光明与安止之上。②

最后，中国传统文化是“天下一家”的文化。汤因比在分析中华民族的文化遗产时提到，在漫长的中国历史长河中，中华民族逐渐培育起来的世界精神是促使中国能够成为全世界统一的地理和文化上的主轴的原因之一。这种“世界精神”就是中国传统文化“天下一家”的个性特征。中国传统伦理的独特性就在于一切社会、邦交伦理都是以家庭伦理为中心向外扩展而形成的，讲究“以天下为一家，以中国为一人”③。落到实践层面，就是以“天下”为起始，以“家庭”为基本单位，以全人类所生活的“世界”为出发点，将整个世界看作一个大家庭，在“天下一家庭”的空间中展开“家国统一”“天下一家”的政治追求。

---

① ［德］莱布尼茨．中国近事［M］．［法］梅谦立，杨保筠，译．郑州：大象出版社，2005：2.

② 徐小跃．中国传统文化与儒道佛［M］．南京：江苏人民出版社，2016：19－21.

③ 郑玄注，孔颖达疏．礼记正义［M］．上海：上海古籍出版社，2008：914.

二、中国传统文化是历史悠久且至今仍富有极强生命力的文化

“世界四大古文明”是19世纪以来被世界各地历史教科书广泛采用的一种说法。最通行的观点认为，这四大古文明是指产生于黄河流域的华夏文明、产生于两河流域的古巴比伦文明、产生于尼罗河流域的古埃及文明、产生于印度河恒河流域的古印度文明。

世界四大古文明对人类文明的发展都做出过巨大贡献，它们的伟大与辉煌无大小、高下之别，但生命力确有强弱之分。时至今日，与中国并称的其他三大文明古国巴比伦、古埃及、古印度，均已在历史的长河中或消亡、或中断，构成其文明核心的民族文化在世界文化史上逐渐淡出，并让位于其他新兴民族的文化。放眼世界四大古文明，唯有以中国传统文化为核心的华夏文明，绵延5000余年而未有中断。

近代以来，中国传统文化面临空前的巨大挑战，但仍旧保有并焕发出了极强的生机。鸦片战争后，中国逐渐从曾经的“天朝大国”沦为半殖民地半封建国家，中国传统文化也在西学东渐的大潮中遭受前所未有的冲击。有些学者因此悲观地认为，中国传统文化无法适应现代生活方式，必然会随着中国古代社会一起成为历史，成为博物馆里的陈列品。20世纪60年代，美国汉学家列文森就认为：“犹如古希腊文明，儒家文明也只具有了‘历史的意义’……当所有过去的成就都成了没有围墙的博物馆的陈列品时，每一个国家的过去也就成了其他国家的历史，这意味着非儒教化和传统感的

丧失。”①

就像历史已经昭示的那样，中国传统文化虽陷死地但经过艰难转型再次生存了下来，并以新的形态依旧影响、引导、规范着人们的思想和生活。融摄现代价值的“20 世纪新儒学”、关怀世俗生活的“人间佛教”、注重科学养生的“新道学”等，都是中国传统文化存活于现代世界的生动表征。不过，中国传统文化具有极强生命力的最突出表现还在于它与从西方传入中国的马克思主义相结合，促成了中国化马克思主义的诞生。中共中央办公厅、国务院办公厅 2017 年 1 月印发的《关于实施中华优秀传统文化传承发展工程的意见》指出，“在 5000 多年文明发展中孕育的中华优秀传统文化，积淀着中华民族最深沉的精神追求，代表着中华民族独特的精神标识，是中华民族生生不息、发展壮大的丰厚滋养，是中国特色社会主义植根的文化沃土，是当代中国发展的突出优势，对延续和发展中华文明、促进人类文明进步，发挥着重要作用。”

三、中国传统文化是拥有巨大创造力并曾创造出辉煌成就的文化

中国传统文化博大精深，“在中华民族的开化史上，有素称发达的农业和手工业，有许多伟大的思想家、科学家、发明家、政治家、军事家、文学家和艺术家，有丰富的文化典籍”②。中国古代的先民在哲学、史学、文学、艺术以及科学技术等领域都曾创造出辉煌灿烂的成就，留下丰硕的成果。

德国现代思想家卡尔·雅斯贝斯（1883 年 ~ 1969 年）认为，

---

① ［美］列文森．儒教中国及其现代命运［M］．郑大华，译．北京：中国社会科学出版社，2000：382.

② 毛泽东．毛泽东选集（第二卷）［M］．北京：人民出版社，1991：622.

公元前800年至公元前200年是人类历史上的“轴心期”，在这个时期里，哲学“几乎同时在中国、印度和西方这三个互不知晓的地区发展起来”①。在此后的长期发展过程中，中国形成了以孔孟哲学为标志的儒家哲学、以老庄哲学为标志的道家哲学、中国化了的佛教哲学，即“儒、道、释”三大派哲学，对中华文明乃至世界文明产生了巨大的、深远的影响。

“中国所能提供的古代原始资料比任何其他东方国家、也确实比大多数西方国家都要丰富。”② 连一向对中国持贬低态度的德国著名哲学家黑格尔（1770年～1831年）都不得不承认，“历史必须从中华帝国说起”，“中国‘历史作家’的层出不穷、继续不断，实在是任何民族所比不上的”③。中国史学有编年史，如《春秋》《资治通鉴》等；有纪传史，如《史记》《汉书》等“二十四史”；还有浩如烟海的典章笔记、纪事本末等，其内容之丰富、形式之多样、史家之繁多，在世界历史上都是极其罕见的。

中国古代文学是世界上历史最悠久的文学之一。“汉语与梵语、希伯来语共同享有一份殊荣，它们都拥有持续不断时间最长的文学传统之一……特别是汉语和梵文，在数千年间，覆盖了广阔的地理区域，积累了数量庞大的文学文本，它们至今仍被人研究、阅读。”④ 从中国最早的诗歌总集《诗经》，到楚辞、汉赋、唐诗、宋词、元曲、明清小说等，中国古代文学不仅种类样式繁多，而且“一代有一代之所胜”，给后世留下了大量具有永恒价值的灿

---

① ［德］卡尔·雅斯贝斯．历史的起源与目标［M］．魏楚雄，俞新天，译，北京：华夏出版社，1989：8.

② ［英］李约瑟．中国科学技术史（第一卷）［M］．北京：科学出版社，上海：上海古籍出版社，1990：74.

③ ［德］黑格尔．历史哲学［M］．王造时译．上海：上海书店出版社，2006：110.

④ ［美］孙康宜，宇文所安．剑桥中国文学史上·1375年之前［M］．北京：生活·读书·新知三联书店，2013：12.

烂文学典范。

英国著名艺术史家恩斯特·贡布里希（1909 年～2001 年）曾赞赏“伟大的中国艺术是一种精雅的艺术”，甚至认为“与中国大师相比，西方画师可能显得粗糙”，并把中国的书法和西方的音乐相媲美。[①] 对贡布里希这种说法的理解自然可以仁者见仁、智者见智。不过，中国古代艺术确实比人们通常认为的要更丰富、更辉煌：建筑、雕塑、书法、绘画、音乐、戏曲等，每门艺术都各有特色，气韵卓然。

英国科学技术史学家李约瑟（1900 年～1995 年）指出，“中国文明在科学技术史上曾起过从来没有被认识到的巨大作用。”[②] 中国不仅创造出了影响世界文明进程的造纸术、指南针、火药、印刷术，而且在天文、算术、医药等方面亦曾取得过令世界瞩目的成就，其数量有 26 项之多。为什么是 26 项呢？李约瑟自己的解释是，“因为 26 个字母都已用完了，但还有许多例子、甚至还有重要的例子可以列举”。在李约瑟看来，“中国的这些发明和发现往往远远超过同时代的欧洲，特别是在 15 世纪之前更是如此（关于这一点可以毫不费力地加以证明）”[③]。

四、中国传统文化是具有广泛世界影响力的文化

中国传统文化不仅有着悠久的纵向历史，绵延数千年而不间断，还有着广泛的横向影响，近及亚洲，远及欧洲，很多国家和地

① 范景中．附庸风雅和艺术欣赏：纪念贡布里希诞辰一百周年［M］．杭州：中国美术学院出版社，2009：17.

② ［英］李约瑟．中国科学技术史（第一卷）［M］．北京：科学出版社，上海：上海古籍出版社，1990：8.

③ ［英］李约瑟．中国科学技术史（第一卷）［M］．北京：科学出版社，上海：上海古籍出版社，1990：2.

区曾受过中国传统文化的泽被。

中国传统文化的世界影响力，表现在其对于亚洲诸国文化发展的导源作用。朝鲜是中国的邻邦之一，也是最早接受中国文化的国家。早在秦、汉以前，中国的古文献中就有了中朝文化交流的记载；秦、汉之后，中国的儒学、汉字、算学等陆续传入朝鲜，推动了整个朝鲜半岛的文化建设。日本在文化兴起之时，就受到中国传统文化的显著影响。《汉书·地理志》中就有“倭人岁时来献”的记载。东汉以后，尤其是隋唐时期，中国的政治、军事、文字、历史、宗教、哲学等内容传入日本，直接推动了日本社会和文化的长足进步。东南亚的越南、泰国、新加坡等国家，也都在不同程度上受到中国传统文化的影响，是“汉文化圈”的重要成员。

中国传统文化也以其强大的辐射力远涉中亚、欧洲，对整个世界文明历史进程的推动发挥了重要的作用。英国哲学家弗朗西斯·培根（1561 年～1626 年）在 16 世纪末就认识到，印刷术、火药、指南针这三种来自中国的发明“已经在世界范围内把事物的全部面貌和情况都改变了：第一种是在学术方面，第二种是在战事方面，第三种是在航行方面；并由此又引起难以数计的变化来”①。到了 19 世纪 60 年代，马克思更是认为这些来自中国的发明推动了西方资本主义现代化的降临：“火药、指南针、印刷术——这是预告资产阶级社会到来的三大发明。火药把骑士阶层炸得粉碎，指南针打开了世界市场并建立了殖民地，而印刷术则变成新教的工具，总的来说变成科学复兴的手段，变成对精神发展创造必要前提的最强大的杠杆。”②

中国古代文学艺术在欧洲也产生了一定影响。在艺术方面，承

---

① ［英］培根．新工具［M］．许宝骙译．北京：商务印书馆，1984：103.

② 马克思，恩格斯．马克思恩格斯文集（第 8 卷）［M］．北京：人民出版社，2009：338.

载着美术、绘画等艺术形式的丝绸、瓷器等器物经由丝绸之路传入欧洲，为西方艺术添加了一抹中国神韵；在文学方面，中国的小说、诗歌、戏曲等获得了外国学者的高度评价，如四大名著小说被译成了多种文字传播，《赵氏孤儿》等戏剧也被伏尔泰改成了法文版搬上了欧洲戏剧舞台；此外，中国的哲学亦对伏尔泰、莱布尼茨、狄德罗等欧洲诸多思想家产生了重要影响，在一定意义上促进了西方启蒙运动的兴起。

第三章

中国传统文化与文化自信

“文化立世，文化兴邦。”中华民族的伟大复兴，离不开文化的繁荣兴盛。文化是一个国家、一个民族的灵魂，是民族生存和发展的重要力量，更是一个民族赖以生存的精神支柱。如果没有人民精神世界的极大丰富，没有民族精神力量的不断增强，一个国家、一个民族就不可能屹立于世界民族之林。增强中华民族的文化自信离不开中华优秀传统文化，对中华优秀传统文化的认同是中华民族树立文化自信的根基。因而，习近平总书记指出：“文化自信，是更基础、更广泛、更深厚的自信，是更基本、更深沉、更持久的力量。”① 没有中华文化的繁荣兴盛，就没有中华民族的伟大复兴。可以说，坚定文化自信，是事关国运兴衰、事关文化安全、事关民族精神独立性的大问题；增强文化自觉和文化自信，是坚定道路自信、理论自信、制度自信的题中应有之义。新时代所讲的“文化”，包括在五千多年文明发展中孕育的中华优秀传统文化、在党和人民伟大斗争中孕育的革命文化和社会主义先进文化。其中，中华优秀传统文化是中华文化的渊源，“历史和现实都表明，一个抛弃了或

① 习近平．在中国文联十大、中国作协九大开幕式上的讲话［N］．人民日报，2016－12－1（2）．

者背叛了自己历史文化的民族，不仅不可能发展起来，而且很可能上演一场历史悲剧。”①

国无德不兴，人无德不立。中华优秀传统文化中的崇尚向善的道德情操、民惟邦本的民本思想、革故鼎新的创新思想，对于中国特色社会主义文化的形成和发展具有重要意义。习近平总书记强调，“要认真汲取中华优秀传统文化的思想精华和道德精髓，大力弘扬以爱国主义为核心的民族精神和以改革创新为核心的时代精神，深入挖掘和阐发中华优秀传统文化讲仁爱、重民本、守诚信、崇正义、尚和合、求大同的时代价值”②。在以中华优秀传统文化涵养社会主义核心价值观、涵育社会主义道德方面，除了“讲仁爱、重民本、守诚信、崇正义、尚和合、求大同”之外，党中央近年来强调较多的中华传统道德元素还有：自强不息、礼义廉耻、重义轻利、尊老爱幼、妻贤夫安、母慈子孝、兄友弟恭、邻里团结、勤俭持家、知书达礼、遵纪守法、家和万事兴、敬业乐群、仁者爱人、与人为善、民胞物与、扶危济困、乐善好施、守望相助、助人为乐、见义勇为等。中华民族的这些传统美德，体现了中华优秀传统文化向上向善的特征，能够不断激发全社会向上向善的正能量。这些传统美德具有鲜明的民族特色，具有永不褪色的时代价值，它们铭记在中国人的心灵中，融入中国人的血脉中，是支撑中华民族生生不息、薪火相传的重要精神力量，是社会主义道德建设的宝贵精神财富。

提高党的执政能力离不开中华优秀传统文化，中华优秀传统文化可以为治国理政提供有益启示。习近平总书记认为，“治理国家

---

① 习近平．在哲学社会科学工作座谈会上的讲话［N］．人民日报，2016－5－19（2）．

② 习近平．把培育和弘扬社会主义核心价值观作为凝魂聚气强基固本的基础工程［N］．人民日报，2014－2－16（1）．

和社会，今天遇到的很多事情都可以在历史上找到影子，历史上发生过的很多事情也都可以作为今天的镜鉴”①，“在漫长的历史进程中，中华民族创造了独树一帜的灿烂文化，积累了丰富的治国理政经验，其中既包括升平之世社会发展进步的成功经验，也有衰乱之世社会动荡的深刻教训。”② 关于中华优秀传统文化所蕴含的治国理政方面的理念，习近平总书记突出强调的内容主要有：天下为公、大同世界、民惟邦本、政得其民、博施众利、安民富民乐民、礼法合治、德主刑辅、为政之要莫先于得人、集思广益、群策群力、治国先治吏、清廉从政、勤勉奉公、为政以德、政者正也、居安思危、改易更化等相关思想理念。

在国际上树立中国的文化形象、推行中国的外交政策离不开中华优秀传统文化，中华优秀传统文化可以彰显中华民族以和为贵的和平性格、海纳百川的包容特质、天下一家的大国气度。中华优秀传统文化“和”的思想源远流长，早在两千多年前，中华先哲就提出了“礼之用，和为贵”的理念，就倡导“强不执弱，富不侮贫”的处世方式，就提出了“国虽大，好战必亡”的箴言。可以说，中华民族历来崇尚和平、和睦、和谐，以和为贵、和而不同、化干戈为玉帛、睦邻友邦的理念世代相传。“古代中国曾经长期是世界强国，但中国对外传播的是和平理念，输出的是丝绸、茶叶、瓷器等丰富物产”③。古往今来，中华民族之所以在世界上有地位、有影响，不是靠穷兵黩武，不是靠对外扩张，而是靠中华文化的强大感召力和吸引力，“远人不服，则修文德以来之”讲的便是这种以德服人、以文化人的和平友好外交方式。中华民族数千年的发展历程

①② 习近平．牢记历史经验历史教训历史警示 为国家治理能力现代化提供有益借鉴［N］．人民日报，2014－10－14（1）．

③ 习近平．携手追寻民族复兴之梦——在印度世界事务委员会的演讲［N］．人民日报，2014－9－19（3）．

证明："敦亲睦邻、讲信修睦、协和万邦是中国一以贯之的外交理念"①。这些思想理念直到今天依然是中国处理国际关系的基本宗旨，弘扬这些传统理念对于彰显我国维护世界和平的大国形象大有裨益。

第一节 中国传统文化与文化自信的关系

马克思主义认为文化的实质即人化，在人类改造自然、社会及其自身的过程中使物以人的方式存在着。文化不仅体现在人类的实践成果当中，而且依赖人类的实践活动不断向前推进着，从而形成具有人化的形式以及社会的形式。这种形式在长期的历史积淀，不断渗透在成员的思想深处并自发地按照这种形式生存，进而形成了成员的认同感、归属感、自豪感，成为连接全体成员长远发展的精神纽带。在建设社会主义文化强国道路上，只有不断传承和发展中国优秀传统文化，才能筑牢中华民族精神共同体，形成各民族团结一致的强大精神力量，才能真正地屹立在世界民族之林。

一、文化自信的内容

文化自信是一个国家、一个民族、一个政党对自身文化价值的充分肯定，对自身文化生命力的坚定信念。坚定文化自信是事关国运兴衰、事关文化安全、事关民族精神独立的重大问题。一个国家一个民族只有对自身文化有坚定的信心，才能获得持久的从容淡

① 习近平．携手追寻民族复兴之梦——在印度世界事务委员会的演讲［N］．人民日报，2014－9－19（3）．

定、才能焕发出新的生机活力，才能真正地屹立在世界民族之林。坚定文化自信最主要的是要守住文化的“根”。对于中国共产党来说，这个“根”就是5000多年来中华文明发展中孕育的中华优秀传统文化，以及党和人民伟大斗争孕育的革命文化与社会主义先进文化。革命文化、社会主义先进文化以马克思主义为指导，与中华优秀传统文化一脉相承，贯通中华民族的过去、当下与未来，共同垒筑了中国人民精神上的万里长城，支起了中国人民文化自信的雄伟大厦。这也是文化自信的题中应有之义。

（一）文化自信离不开中华优秀传统文化

优秀传统文化蕴含着巨大的精神力量，但是随着西方文化的不断冲击，道德水平出现了下滑现象，人们在社会上越来越追求功利，奉献精神渐行渐远，个人主义盛行。这些都对我国的传统文化带来了挑战，所以我们要重视中华优秀传统文化，要加大力度对其价值进行挖掘，让它“活”起来，继续在新时代贡献力量；要赋予优秀传统文化新的表达方式，让中华优秀传统文化在新时代的今天依旧独树一帜，更具光芒。

1. 中华优秀传统文化的内容自信

传统不是落后、保守，而是人类社会发展过程中遗留下来的最宝贵的东西，更多的是代表经典和智慧。中华优秀传统文化不仅经历了时代的变迁，更是诸多文化碰撞中唯一留存下来的精粹，是中华民族集体智慧的结晶，是经过了实践和时间检验的历史宝藏。这种历史宝藏不会随着时间的推移而改变其色彩，只会更加鲜艳。因而，中华优秀传统文化只会随着中华民族的进步而历久弥新。

中华民族能够历经千年而不衰，其根本原因就在于我国是一个“以和为贵”的国家，“和”是中华民族永恒的向往。“和”文化始终贯穿在中华优秀传统文化当中，是中华优秀传统文化最本质性的内容所在。在五千多年的中华文化发展历程中，中华民族根据不同时代、不同学派的思想观点，逐渐形成了以儒家“和”文化思想为核心，儒释道相互融合而生成的关于世界性发展的理论、规律、原则和方法的知识体系。中华优秀传统文化之所以能传承至今，就在于这种文化所具备的包容性和多样性，能够在不同文化碰撞的过程中，辨别、借鉴、吸收、融合、创新，成为中华民族世代生息的坚固根基。

中华优秀传统文化就是重在一个“和”字，其最终实现的是人与社会的和谐统一。在人与社会的关系建构的过程中，形成的“和”文化思想深深地烙印在每一个中国人的心中，并成为中华优秀传统文化的核心思想，流淌在中华优秀传统文化的血脉中。正是因为“和”文化的存在，中国才有信心在中国特色社会主义建设过程中有底气、有魄力地进行大刀阔斧的改革，才能对中国特色社会主义理论体系不断深化，挖掘中华优秀传统文化的精髓，并提炼出社会主义核心价值观，成为我国文化软实力的重要体现，从而为新时代中国特色社会主义文化建设提供强大的信心。正是在这样的文化背景下，中华民族才历经磨难变得坚强，励精图治，走在民族复兴的康庄道路上。

2. 中华优秀传统文化的价值自信

任何一种文化的存在都有其一定的价值。中华优秀传统文化是中华民族在数千年的成长历程中形成的稳定且持久的精神力量，是中华文化的精髓。博大精深的优秀传统文化是我们在世界文化激荡中站稳脚跟的根基。正确认识中华优秀传统文化的时代价值，不仅有助于优秀文化的传承和弘扬，更能有效地将优秀传统文化与社会发展有机结合，挖掘优秀传统文化的时代精华。无论是革命时期还是建设时期的文化建设，党的历代领导人都善于从优秀传统文化中寻找治国理政的方案。将传统与现代相结合是中华优秀传统文化的特色，也是它具有包容性和开放性的优秀一面。中华优秀传统文化内涵丰富、博大精深，既是我们树立和坚定文化自信的沃土，也是完善和发展新时代中国哲学的源泉所在。中国传统文化的丰富性在于它在创造的过程中不断变化、更新和获得新的价值。中国优秀的传统文化，几千年来凝聚了民族的智慧和力量，体现了国家精神，是新时期我国文化建设中蕴藏的巨大精神资源。

（1）中华优秀传统文化是涵养社会主义核心价值观的土壤。人们在研究文化、创新发展的过程中，既要保留自己的特色，又要学习借鉴其他文化的有益成果，综合地利用其他文化的优势，才能客观全面地挖掘出传统优秀文化的时代价值。在马克思主义指导下，中国共产党人与时俱进，将传统与现代相结合。在对中国先进传统文化的创新发现和改造中，社会主义核心价值观不断升华。自古以来，价值观就是一个民族或个人的灵魂所在。虽然我们在现代化的社会中精炼出社会主义核心价值观，但它并不完全是现代化的产物，而是中华优秀传统文化与中国现代化发展相结合产生的实践结果。社会主义核心价值观作为新时代我国文化的精髓，更是不断地从中华优秀传统文化当中汲取养分，结合新时代实践创造出的精神文化标识。

（2）中华优秀传统文化蕴藏着巨大的文化软实力。文化的功能之一就是给人无穷的力量。文化所具有的能动力量就是文化软实力。文化软实力是文化所具有的精神感召力、社会凝聚力、价值吸引力、思想影响力等方面的文化力量，这是一个国家综合国力和民族精神的重要表现。一个民族的文化力量决定这个民族能否存在，是其能存在多久的重要支撑。中华民族能够延续至今，就是因为我们拥有蕴含强大软实力的中华优秀传统文化。在几千年的历史实践中，我们的文化软实力以独特的思想理念和道德规范的形式影响着中华民族。如“崇仁爱、重民本、守诚信、讲辩证、尚和合、求大同”等，无论在中国的哪个朝代，这些都是人们遵循的基本道德规范。中国人民在治世过程中积累了丰富的人生哲理、价值观念、行为规范等，在漫长岁月中逐渐构建了中华传统文化的主流体系，成为中华民族的精神基因，扎根在每一个中华儿女的心中。这些优秀的文化传统锤炼了中华民族的品格，是维系中华民族繁衍发展的精神血脉和精神支柱，更是中国文化软实力的力量源泉和坚固堡垒。

（3）中华优秀传统文化是中国人民树立和坚定文化自信的坚强后盾。文化自信并不是单纯地对本民族文化的认可和盲目的自满，而是在对本民族优秀传统文化的正确认知基础上，结合时代特点和国内外形势对民族优秀传统文化具有创造性转化能力的信心。从春秋时期的百家争鸣到“罢黜百家，独尊儒术”，从新文化运动到五四运动，从“三个自信”到“四个自信”，从中国梦到构建人类命运共同体，等等，优秀传统文化在历史演变进程中因时而变、因势而变，从“古代传统”转向“与时俱进的传统”，为中华民族提供了巨大的精神力量，指引着中华民族一直向前迈进。中国传统文化中体现的哲学、人文主义和民族精神，对维护国家团结、鼓舞人民、激励斗争、促进社会发展、维护国家利益和国际和平具有重要作用。文化自信深深植根于中国传统文化，不仅需要强调文化的最高连续性，而且需要加强对文化的推陈出新，将文化传承和创新有机结合。文化自信不仅要学习本国最好的文化，也要接受外来优秀文化，将世界性的优秀文化融入中华优秀传统文化，博采众长，共同发展。

（二）文化自信离不开革命文化

在中华民族生死存亡之际革命文化兴起，革命文化成为我们党同人民群众在争取国家独立和民族解放的过程中有力的思想武器。这能够激励着人们在艰难困苦面前昂扬斗志，也鼓舞着一代又一代人始终坚持革命使命。所以在新时代的今天，文化自信的发展仍离不开革命文化，仍离不开勇于担当、敢为天下先的开拓创新精神，仍离不开甘于奉献、舍生取义的大无畏精神，仍离不开团结友爱的革命集体主义精神。这些都为文化自信的培育提供强大的精神力量，革命文化是培育文化自信的精神资源。在当今的发展过程中也要继续坚持弘扬革命精神，做一件事不能忘了我们是为了什么，又将要走向哪里，只有有了目标，并矢志不渝地坚持，才会越走越远。在百年未有之变局的新时期，我们仍离不开革命文化，离不开对革命精神的学习。

文化自信的提出，不仅反映了中国几千年深厚的文化底蕴，表示了高度的肯定和赞扬。中国对文化价值的不断追求，体现了整个国家在理想信念上的坚持和坚定。在新文化运动时代，中国优秀传统文化与中国革命斗争结合，逐渐形成了以中国优秀传统文化为中心和以革命斗争为内容的革命文化。我们知道人类历史上有许多革命，但是由它们创造的文化并不多。中国革命能够创造出伟大的革命文化，是中国共产党在革命斗争中的伟大创举，是中国革命时代的精神遗产和文化瑰宝。中国革命文化又称“红色文化”，是中华传统文化、马克思主义基本原理和地方文化相结合的优良文化。中国革命文化集中体现了中国人民的优良传统和时代品格，是推进中华民族伟大复兴的强大精神动力。

1. 中国革命文化的基本内涵

中国革命文化就是把马克思主义和中华优秀传统文化统一于人民革命实践中形成和发展起来的一种先进的历史文化形态。中国革命文化体现了中国共产党人的集体智慧和广阔视野。在辩证唯物史观的指导下，以优良传统文化底蕴为基础，中国共产党人积极吸收“革命统一体”的精神特征和价值取向，坚持“古为今用、洋为中用”的文化态度，借鉴世界优秀文明的成就，在革命斗争实践中形成具有中华民族特色的先进文化。并非所有革命都能产生革命文化，中国革命文化的形成和发展是在中国特定的历史条件下兴起的，是中国特色社会主义文化的重要组成部分。中国革命文化处于传统与现代的过渡阶段，在一定程度上，它在联系过去与未来方面起着历史性的作用，是过去与现在、历史与现实之间的联系。中国革命文化的价值不仅在于其巨大的能量，而且在于它对这一文化主题的理想和坚定信念，这是中国革命文化的特殊性。

中国革命文化是马克思主义基本原理和中国实践，革命和建设的理论实现，是维护和发展社会主义先进文化的经验总结和科学依据。在新的发展时期，我们要加强对中国革命文化的弘扬、认知和认同，从中求得“不忘初心，牢记使命”的革命精神。在与各种困难的斗争中，新时代必须逐步建立和增强文化自信，使其成为进入新时代、创造新时代奇迹的动力源泉。

我们坚信，中国革命文化在革命时代和新时代都具有重要作用。中国要站起来、富起来，要逐步走上强国之路，要有中国革命文化力量的强大支撑。中国革命文化已经成为中国人民谋幸福的精神动力，文化自信的精神源泉，和平与发展的精神导向。中国革命文化所体现出来的价值理念是中华民族坚定理想信念的真实写照。习近平总书记多次强调要“不忘初心”，始终保持中国共产党人的“革命精神”和“革命斗志”等，这就是理想信念，也是文化自信。中国革命文化内容丰富，内涵深刻，其鲜明的特征是坚持以马克思主义为指导，以共产主义为崇高理想，以集体主义为高尚的革命情操等，深刻展现了理想信念是构成中国革命文化的一大特色，并成为我国文化自信的主要内容。

2. 中国革命文化为文化自信奠定理论基础

产生于革命战争时期的革命文化，体现了中华民族追求独立、人民追求幸福的美好愿望。这种对先进传统文化的继承和升华，是社会主义先进文化形成的重要组成部分，是连接过去和未来的重要纽带。自现代以来，中国人民进行的各种革命斗争为创造中国革命文化提供了条件。面对民族危机、民族压迫和人民苦难，大批爱国者发动了一系列顽强的革命斗争。这些革命斗争虽然没有完成解放民族、争取生存的历史使命，但是，他们唤醒了中国人民自力更生的愿望，坚定了为民族复兴不断奋斗的决心和信心。革命斗争的失败也积累了第二次革命的经验教训和启示。

鸦片战争后，中国经历了内忧外患，许多有理想的中国人觉醒了，开始寻找拯救中国的方法。中国的先进知识分子不断地研究和探索，逐渐打开了中国新思想的大门，引进了两种先进文化——“科学和民主”，为中国民族文化的发展注入了新的血液。新文化运动的发展，为我国文化的发展提供了新的突破口，为中国革命文化提供了先进的理论指导。在新文化运动后期，学习和研究马克思主义的先进知识分子逐渐多起来，他们开始把苏俄改革成功的历史经验作为我国革命运动的主要实践内容。在当时思想混乱的中国，选择一条能挽救中国的道路尤为重要，而俄国十月革命给中国指出了一种可能的实践方案。在当时大多数知识分子眼中，信奉以共产主义为最崇高理想的马克思主义的社会正是中国所希望构建的理想社会。而其中有一部分先进知识分子坚定地认为，马克思主义正是中国未来发展的指路明灯，它可能会使中国的面貌焕然一新。但人们也知道，马克思主义是一种普遍的学说，如何把马克思主义的真理性价值发挥出来，唯一的做法就是把马克思主义具体化、民族化，与民族文化紧密结合起来，融为一体，才能发生化合作用。在中国革命斗争中，只有把马克思主义与中国革命实践相结合，才能形成革命斗争的武器，创造出中国革命独有的文化特征。

中国革命文化起源于五四新文化运动和中国共产党的成立，特别是中国共产党的诞生，为革命文化带来先进的领导阶级。新民主主义革命时期是中国革命文化形成的关键时期，新中国成立后的社会主义革命与建设在改革开放时期得到进一步丰富和发展。新文化运动是中国优秀传统文化与外来优秀文化的一次融合，它为中国文化的发展提供了新的方向和内容，同时加快了民族意识的觉醒，也为马克思主义思想在中国的传播提供了有利条件。当俄国十月革命爆发之后，社会主义的胜利使处于迷茫期的中国人民看到了希望。特别是中国的先进知识分子开始把俄国的命运与中国的命运联系起来。于是有了五四运动的爆发，马克思主义开始作为一种新文化被中国人民所认识、了解和接受。随着中国共产党的诞生，学习、研究和宣传马克思主义有了统一的组织和领导，而中国革命文化就是在中国共产党领导的革命运动和文化运动中逐渐形成和发展起来的。

因为文化具有一定的独立性，这种独立性突出的表现是一定的文化形态对一定社会的政治和经济具有能动的反作用，也就是说先进的文化往往是政治革命的先兆，对革命起到引领作用。所以，在中国近代的社会政治变革中，一定有文化的参与和角逐。可以说，中国革命文化是中国革命的前夜，是推进革命发展的重要力量，同时它又成为中国革命的一个重要内容，伴随着中国革命一起形成、成长和完善，直到走向成熟。在此过程中，一批先进的接受过先进文化的革命者逐渐登上历史舞台，他们在坚持中华优秀传统文化的基础之上，结合中国面临的实际问题，运用先进的理论，在实践的探索中走出了一条坚定的革命之路。中国共产党的诞生，为中国革命文化的发展指明了前进的道路。在这条道路上，中国各族人民团结奋战，它创造了各种民族精神，如五四精神、红船精神、井冈山精神、长征精神、抗战精神、延安精神、西柏坡精神等，还有新中国成立后的雷锋精神、“两弹一星”精神、载人航天精神、抗震救灾精神、抗疫精神、脱贫攻坚精神等，他们是中国革命文化的一部分。中国革命文化诞生于革命时代，依托先进文化运动和中国优秀传统文化，在革命年代发挥了重要作用。

3. 中国革命文化为文化自信提供科学依据

俄国十月革命的胜利，给中国人民坚持和发展马克思主义带来了许多启示，让中国人民看到了马克思主义所具有的一些科学性的理论品质。

（1）具有革命性。革命性是指马克思主义理论可以对现实世界进行改造和批判。马克思主义要改变现实世界，不仅要改变对世界的认识和对现实世界的认识，更重要的是要把马克思主义变成属于人民群众的武器，用来改变现实世界。

（2）具有民族性。民族性是指马克思主义是属于世界的，必须与各民族文化结合，形成民族特色，才能集聚民族力量，激发出民族精神，为民族复兴指点迷津。比如马克思主义中国化的每一个理论成果，都不是马克思主义“本本”上的现成词，都运用了马克思主义科学方法论，既有马克思主义理论智慧，又体现最贴近中国现实的民族风格。

（3）具有大众性。大众性是指马克思主义是老百姓的学说。即使是中国革命的先进分子和知识分子，也宁愿抛开自身的优越生活与中国的劳苦大众一道，投身于民族救亡运动中。他们抛头颅、洒热血，为的是绝大多数人的利益。就是因为他们的无畏付出，让中国广大人民群众看到了榜样的力量和中国革命的希望。中国革命锻造出来的革命文化鲜明地展现出“革命为了人民”的大众化特性。

（4）具有时代性。时代性意味着马克思主义是一种与时俱进的理论。它不是一条黄金法则，但它随着时代的发展不断更新其思想内容。革命时代需要马克思主义，和平时代还需要马克思主义。中国革命文化在革命时期发挥了重要作用，在和平时期也发挥了积极的导向作用，我们需要进一步把它作为提高文化信心的思想源泉和精神力量。

4. 中国革命文化为文化自信提供精神动力

文化与社会生产活动是联系在一起的，随社会生产的发展而发展。中国革命文化不仅是中国革命斗争的集中体现，也是中国革命者从事革命生产，充实革命生活的生动写照。随着革命形势的不断变化，革命文化也在改变它的形式，不断更新它的内容。对待中国革命文化与对待中国传统文化一样，一定要用科学的态度，既要尊重历史，又要面向未来；既要看到传统文化的历史性，尊重历史的事实，又要继承和发展优秀的传统文化，这是对待传统文化、提高民族自信心的必要条件。同时，要准确定位传统文化在历史上的地位，调和时代的需要，利用优秀的传统文化资源，在更大程度上为现代化服务。近代以来的文化发展是在经济全球化和文化多样性的背景下进行的。如何对待和选择古今文化和中外文化，是关系到中华文化传承和发展，关系到改革和文化创新的重要问题。在这个问题上，我们坚持马克思主义文化观，坚持具体问题具体分析的科学态度，既反对一成不变地加入中国传统文化，也反对对中国传统文化的普遍否定。我们把对传统文化的批判和传承与对外来文化的借鉴和学习结合起来，在融合中华优秀传统文化的基础上，感知我国民族文化的创新和发展，为我们树立和增强文化自信提供新视野、新思路、新内容。

中国革命文化是中国共产党在峥嵘岁月中的生活缩影，是中国共产党精神形象的真实写照。中国革命文化是中国共产党领导人民创造的精神财富，是中国传统文化的重要组成部分。与和平时期相比，中国革命已成为历史，但中国革命文化仍在延续，革命精神依然激励着不怕困难的勇士，是建设文化强国的动力源泉，是保持我们党的纯洁性和先进性的铁证和启示，尤其是我们坚定文化自信的重要因素。在新时期，我们开发中国革命文化资源，揭示中国革命文化的现代价值，发展中国革命文化，使中国革命文化的智慧与“四个自信”相融合，强调中国革命文化的精神力量，使中国革命文化成为支撑中国国家走上繁荣昌盛的道路的中坚力量。

中国革命文化在和平年代之所以还具有价值，源于它的革命精神和革新力量与当代中国人民的文化诉求和价值遵循是一致的。中国革命文化能够破除中国人民的传统观念，指引中国人民敢于直面社会，勇于攻坚克难，以“初生牛犊不怕虎”的精神去推动社会的革新。中国革命文化虽然形成于新民主主义革命时代，但文化的内容和形式在当时得到了永久的保存，文化所固有的精神特征并没有随着时间的推移而消失，而且仍然是现代中国人的文化诉求和价值观。与此相适应，它不断地向中国人民灌输“不忘从头开始、不忘勇往直前”的决心和信心。这就是为什么每当我们走进人民英雄纪念碑、红色革命基地的时候，都会有一种虔诚感，这就是中国革命文化的现代价值。中国的革命文化是历史的，也是现在的。无论是传统的还是现代的，它始终指向中国人民民族复兴的道路。

中国革命文化是在中国特殊条件下形成的特殊文化，这种特殊文化在我国社会主义建设和改革开放中得到进一步运用和深化，与中国特色社会主义伟大事业和中华民族伟大复兴紧密相连，成为增强文化自信、建设文化强国的重要组成部分。我们必须清醒地认识到，中国革命文化既有继承中国传统文化的伟大品质，又有发展和超越中国传统文化的伟大品质。中国革命文化不仅保持了先进社会主义文化价值观的高度整合，而且为社会主义先进文化在中国的发展提供了丰富的内容和坚实的基础。继承、发扬和发展中国革命文化是新时代筑牢文化自信的必备文化资源，是助推中华民族伟大复兴难得的文化象征和精神力量。

（三）文化自信离不开社会主义先进文化

文化是时代进步的动力和象征。但是，文化也有落后和先进之分。文化只有在与生产力的方向相一致并满足人民日益增长的精神需求时，才有能力和资格引领时代不断向前发展。先进的文化始终推动着人类文明的发展，通过某些意识形态系统和原则规范来引导人们的思想和行为。自成立以来，中国共产党一直代表着先进的中国文化的前进方向，坚持马克思主义与中国传统文化的融合，并建立了适应我国社会发展新要求的社会主义先进文化。到如今，社会主义先进文化已经成为我国文化建设的主要内容，成为我们坚定文化自信的基本精神来源，是撬动中国改革开放的强大动力，代表着时代进步潮流和发展要求，是指引中国走向繁荣富强的精神旗帜。文化正在不断地完善，社会主义先进文化就是中华优秀文化在当代的具体体现。社会主义先进文化是人民的文化，社会主义先进文化一直秉承着为人民服务的宗旨，以人民需要为需求，不断满足人民的精神生活需要；社会主义先进文化又是开放的文化，不断注重与其他文化的交流，我们在文化交流过程中不能盲目地排斥他国文化，而是应该积极主张文明多样性的发展。既吸收世界先进文化促进我国文化的发展，又要将我国的文化积极推向世界，让文化在不断交流过程中完善自我。社会主义先进文化就是在中西方的交流过程中扩大了文化发展的视野，不断促进了文化的繁荣，更好地满足了人们的文化需求，促进了世界文化多样性的发展。我们也将在社会主义先进文化的引领下，继续开辟新道路，创造新奇迹，为世界贡献新智慧，注入新活力。

1. 社会主义先进文化的基本内涵

社会主义先进文化是代表和领导当代中国主导地位的文化。社会主义先进文化继续继承中国传统文化的优秀品质，并结合新时代的需要，汇聚时代新元素，使中国传统文化具有鲜明的民族文化特色。社会主义先进文化是中国共产党在马克思主义领导下，根据我国社会主义初级阶段的基本国情，在建设中国特色社会主义的大环境下形成的先进文化。由于我国国情的特殊性，我们根据中国人民的实际需要，对社会主义文化体制进行了一系列改革，取得了巨大成功，形成了社会主义先进文化的主要内容。中国共产党始终走在先进文化前沿，以长远眼光深刻认识社会主义本质，大胆探索社会主义道路，走了一条资本主义以外的中国特色社会主义道路。中国特色社会主义道路是中国共产党发展社会主义先进文化的重要体现。没有社会主义先进文化的理论指导和精神动力，改革开放就可能出错。实践证明，社会主义先进文化反映了我们对和平时代文化发展和世界文化趋势的正确认识。它反映了我们建立和坚定文化信仰的文化资源和文化态度。

社会主义先进文化源于对中国优秀传统文化和革命文化的深刻认识。它起源于这两种文化，但与两者又都不相同。社会主义先进文化的一个鲜明特点是它是在和平的改革开放时代产生和发展起来的。社会主义先进文化是以中国优秀传统文化和革命文化为基础，在此基础上进行改造和升华的。领导这三种文化传承和发展的中心机关是中国共产党。新中国成立前，中国共产党带领中国人民进行艰苦的革命斗争，以革命胜利完成中华民族复兴的第一阶段，形成了中国革命文化。新中国成立后，中国共产党仍在探索和推进社会主义政治、经济、文化等一系列改革，创造出适合中国道路的先进社会主义文化。这是改革开放后我国文化建设的出发点和基础。社会主义先进文化的形成，使我们认识到文化在国家和民族发展中的重要地位。文化是政治经济的产物，也是政治经济发展的重要组成部分。社会主义先进文化作为中国共产党开拓社会主义智慧的结晶，对促进我国经济政治发展起着不可估量的作用。

社会主义先进文化就像中国共产党在社会主义研究中的智慧结晶一样，在推动我国经济和政治发展方面的作用是其他文化无法比拟的。社会主义先进文化赋予了我们文化指导，引领着建设有中国特色的社会主义的伟大事业，使我们走上了最适合自己的文化发展道路。与此同时，我们将这种文化视为文化的内容和基础。我们相信，随着中国特色社会主义实践的深入发展，这种文化的力量将加强其科学性。

与其他文化一样，社会主义先进文化是一定时期的产物。社会主义先进文化植根于中国特色社会主义的特殊实践中，根据我国现代社会发展的基本要求不断丰富其思想内涵。其时代特征非常鲜明，是中华民族集体智慧的体现，具有民族特色。以马克思主义指导思想为基础的社会主义先进文化，捍卫真理的客观性，反对封建制度的偏见，具有严格的科学性。社会主义先进文化坚持以人民为中心的发展思想，代表中国广大人民群众的意愿和利益，服务于人民大众，具有鲜明的群众性特征。社会主义先进文化揭示社会发展客观规律，能够反映社会未来的发展方向，具有一定指向性特征。社会主义先进文化对我国文化发展的统摄和引领作用，体现了我国文化发展的世界性和民族性的统一，科学性和主体性的统一，先进性和广泛性的统一，实践和理论的统一，继承性和创新性的统一，一元性和多样性的统一。

社会主义先进文化的一个鲜明特点是，它不是一成不变的，而是一直保持着对民族文化的传承与创新，时刻保持着与时俱进，批判性地吸收和利用外来文化。社会主义先进文化在我国社会领域中具有先进性的具体表现是，可以根据人民的实际需要解决社会的现实问题，达到现阶段我国文化发展的目标。它能够聚合或整合各个地区、民族和社会阶层的文化，成为社会主义核心价值观的文化涵养，起到凝聚力和离心力的作用；它能够处理和化解社会矛盾，广泛协调各种文化的发展，创造人民满意的精神文化，促进人类社会向共同利益的文化方向发展。先进文化制度决定了我国文化建设的先进性，也体现了我国文化制度的优越性。党的十九大报告再一次强调了社会主义先进文化的基本内涵，就是“面向现代化、面向世界、面向未来的社会主义文化”。当前，我国文化的发展仍然集中在先进的社会主义先进文化上，要结合国内外文化发展的有利时机，实现我国的社会主义文化繁荣昌盛。

2. 社会主义先进文化的基本特点

不同文化具有不同的特点，社会主义先进文化除了具备文化的一般特点外，还有自己的一些优势特点。首先，社会主义先进文化最根本和最突出的特点在于它的“主体性”即“人民性”。社会主义先进文化是一种可以满足普通民众精神需求的文化，它的人民性非常明显。社会主义先进文化的发展是以人的全面发展为出发点和终点的，实际上这与其他文化是不同的。反映人民的政治、经济和文化诉求，基于人民的根本利益，满足人类社会全面发展的理想和基本要求，这是社会主义先进文化的根本体现。人民群众是历史的创造者，是文化的创造者，同时享受着他们创造的文化。社会主义先进文化坚持以人民为出发点，不断满足人民群众的精神需要和审美爱好。社会主义先进文化的目的是在实践中找到人民群众的动力和文化创新和发展的源泉，通过群众的实践检验人民群众发展的有效性，并且通过文化的精神风貌和发展状态来反映人民群众的根本诉求。社会主义先进文化不仅停留在人们所需要的文化的表层，而且强调文化促进人的全面发展的综合功能。社会主义先进文化深刻地融入了党的党性原则，把“为人民服务”作为自己的发展方向，有明确的宗旨和方向，这是我们信任的基础。随着我国社会主义市场经济的蓬勃发展和壮大，社会主义先进文化将引领我国文化产业和文化事业的良性发展，促进我国文化产业和文化事业的不断完善和更新。同样，中国的文化产业和文化事业都是以人为本、服务人民的。在社会主义先进文化的引领下，我们的文化产业将生产出一大批群众喜闻乐见、群众内涵丰富的文化产品，丰富人民的精神世界。这些文化产品蕴含着中华民族的文化符号，充满正能量和丰富的精神内涵，将成为群众建立和增强文化自信的强大动力。

其次，马克思主义与优秀传统文化的有机统一所展现出来的民族性和时代性特征是社会主义先进文化的鲜明特色。社会主义先进文化是在马克思主义普遍原理指导下，基于中华民族和谐文化的优秀传统，在符合中国国情的发展中对传统文化进行的创造性转化。它的民族性体现为文化创造中的独立自主性，是根据民族自身的现实的需要把本民族的优秀传统文化提取出来并加上现代化元素，最终转变成为适合我国新时期发展的先进文化。文化在任何时候都是民族性的，这是民族独立性的重要标志。只有独立的民族文化走向世界，为世界人民所分享，才是属于全人类的。社会主义先进文化虽然是一种先进文化，但它具有强烈的民族特色和民族精神。正是因为社会主义先进文化具有一定的民族属性，才被中国人民所接受和认可，用来照亮中华民族伟大复兴的道路。社会主义先进文化既是历史的选择，是人民的选择，也是时代的选择。社会主义先进文化是社会主义现代化、改革开放过程中，适应时代发展需要的文化，它也是中国传统文化与其他国家文化在碰撞、交流与合作过程中产生的文化。不管在什么时期，文化都是民族的，它是民族独立的重要标志。

我们的经济制度和先进的政党制度的优点表明，社会主义先进文化必然是先进和进步的。因为马克思主义作为社会主义先进文化的指导思想，本身就是进步的和与时俱进的。社会主义先进文化时代的特征，将引导中国人民永远站在时代的前沿，成为人类文明进步的使者。

最后，社会主义先进文化的重要特征是批判性和包容性。任何一种先进文化都是在旧文化中创造和发展起来的，对旧文化有一定的批判吸收，表现出开放或隐蔽的批评特征。这种批评可能引发强烈的文化风暴。社会主义先进文化是在中国社会主义制度下形成和发展起来的，其批评主要是领导中国文化体制改革。它的批评不仅针对中国传统文化和外国文化，还包括对自身发展的批判。个人质疑意识的批判与转变是社会主义先进文化与其他文化的特殊区别。强大的自我批评和自我改造能力，使社会主义先进文化始终处于中国文化发展的顶端，帮助中国人民认识文化的纯洁和动荡，认清文化的优缺点，在各种文化中保持我们的文化地位，增强我们的文化自信。

社会主义先进文化的批判性决定了其强大的包容性，社会主义先进文化具有博大的胸怀，能够包容各国文化。只有包容别人，才能被别人所包容。历史多次证明，故步自封、孤芳自赏的文化是难以向前发展的，其终究会成为一种落后文化，被人们所抛弃。我们从社会主义先进文化的“三个面向”就能看出它的包容性特征。这种包容性主要体现在对世界文明成就的批判同化和创造性转化上。无论哪种优秀文化，它最终都会导致我们文化发展的新的创造性变化，成为我们文化的有益补充或与我们的文化和谐发展。

3. 社会主义先进文化引领文化自信的方向

文化自信是人们对自身文化价值的一种肯定，是对自身文化生命力持有的坚定信心，并积极承担自身文化赋予的使命和责任。近代以来，中华民族遭遇数千年未有之变局，中华文化也遭受前所未有的打击，中国人民一度对自己创造的民族文化失去信心。于是，破除文化传统，学习西方先进文化的新文化运动在中国大地上蓬勃兴起。但是盲目地引进和借用外来文化，其结果并没有改变中国落后挨打的现实。中国共产党人把西方马克思主义文化与中国传统文化相结合，从西方先进文化思想中汲取合理的部分，批判地运用中国传统文化的优秀元素，创造了一种宏伟的革命文化，鼓励中国人民实现中国革命的伟大胜利。和平时期，中国共产党人仍然坚持马克思主义的方向，形成适合中国现代社会发展的先进社会主义文化。

社会主义先进文化不仅是对中华传统文化的进一步发展和深化，而且合理吸收了世界文明的优秀成果，具有鲜明的民族性、开放包容性、与时俱进性、科学性和大众化的特色与优势。社会主义先进文化正在紧随时代脚步，不断地发展和完善，以满足人民群众对美好生活的追求，从根本上提升中国人民对当前我国文化的认同感。

社会主义先进文化融合了优秀传统文化和现代文化，蕴含着中华民族深厚的软文化力量，支撑着中华民族不断探索。在社会主义先进文化的指引下，中国人民有足够的力量建立和增强文化自信，为民族复兴注入思想和精神光芒，从而创造更加美好的生活。中国共产党始终坚持代表先进文化的领导，始终同人民群众在一起，坚定马克思主义信念，以科学理论和方法为指导，不断开拓创新社会主义先进文化，同世界人民共享文化发展成果，为文化发展开辟了一条和而不同的道路。在构建人类命运共同体的过程中，我们必须努力用中国人的智慧和力量为世界文明和文化多样性作出贡献。在探索和发展社会主义先进文化中，形成了一批具有中国特色的文化体系、文化产品和文化理念，是中国话语体系建设的有力支撑。

中国话语体系的构建必须有中国精神、中国价值、中国力量的体现和展示。有了中国话语体系，我们才有底气、有信心为全人类展示更好的社会制度，当世界人民向我们投来赞赏的目光时，我们向他们讲述生动的中国故事，他们也乐于倾听中国声音。有了中国话语体系，我们才有底气和信心打破西方对“中国崛起”的话语偏见，维护世界的长久和平与稳定，推动中华文化走向世界，促进世界各民族文化的和谐发展，为人类文明与进步贡献中国力量。

社会主义先进文化先进性的这一根本属性，就是始终顺应时代进步，不断感知自身的创新和发展。社会主义先进文化是动态的而不是静态的，是发展的而不是停滞的。每一个时代都有其相应的文化特征，每一种文化都承载着一定的文化使命。正是因为我们坚持科学的马克思主义文化观，立足于我国的客观实际，辩证地对待文化之间的纷争，合理地吸收和利用文化中的优秀元素，才能建立和确立我们的文化信任，在文化自信的道路上建设文化强国，实现民族复兴和文化复兴的伟大成就。

（四）文化自信离不开马克思主义真理的指导

马克思主义是我们立党立国的根本指导思想，是全党和全国各族人民团结奋斗的共同思想基础，是中国特色社会主义文化的灵魂，构成当代中国文化自信的“鲜明底色”。文化自信的树立离不开马克思主义真理的指导。马克思主义为正确理解和处理文化问题提供了科学的理论框架和方法论原则。在马克思主义的指导下，我们可以更好地传承和发展中华优秀传统文化，树立坚定的文化自信。具体来说，马克思主义对文化自信的指导作用主要体现在以下几个方面。

1. 文化自信离不开马克思主义唯物史观指导

众所周知，没有正确理论的指导，就很难保证正确的实践。纵观历史，如果没有马克思主义在中国的传播，就很难有中国共产党的诞生；如果没有马克思主义中国化的创造性应用，就很难取得革命事业的胜利。马克思主义认为，世界是一个相互联系的整体，社会是不断发展变化着的。因此，我们只有用发展变化的眼光来看待世界、看待社会、看待具体问题，才能真正地解决时代问题。

文化自信可以增强一个国家、一个民族的凝聚力和向心力，从而推动社会历史的发展。中国的文化自信是以人类五百年以来社会主义必然胜利与资本主义必然消亡的历史规律作合法性保障与基础，是社会意识和社会存在相互作用关系的集中反映。在马克思主义的唯物史观中，社会意识对社会存在具有能动作用，文化自信作为一种社会意识，可以通过影响人们的价值观、思维方式和行为方式，从而推动社会历史的发展。因此，从唯物史观的角度来看，一个国家、一个民族的文化自信是建立在其文化对社会历史发展所作出的贡献基础之上的。唯物史观对文化自信的建立具有重要影响。具体来说，可以从以下几个方面来理解：

认识到文化在社会发展中的作用：唯物史观强调社会存在决定社会意识，文化作为一种社会意识，对社会存在具有能动作用。这使得我们认识到文化在社会发展中的重要地位，从而更加重视文化的传承和发展，树立文化自信。

文化自信的根源：唯物史观认为社会历史的发展是由生产力的发展所决定的，而文化作为生产力发展的一个重要方面，也对社会历史的发展产生着重要影响。因此，一个国家、一个民族的文化自信是建立在其文化对社会历史发展所作出的贡献基础之上的。这种认识有助于我们深入了解文化自信的根源，从而更加坚定文化自信。

强调文化的传承与创新：唯物史观强调历史发展的连续性和阶段性，这使得我们认识到文化的传承与创新是相辅相成的。在传承中华民族优秀传统文化的基础上，我们要积极吸收和借鉴其他文化的优秀成果，推动文化的创新和发展，从而增强文化自信。

增强文化自信的包容性：唯物史观强调各种文化之间的交流、碰撞和融合，在全球化背景下，我们需要以更加开放包容的心态来面对其他文化。这种包容性有助于我们更好地吸收和借鉴其他文化的优秀成果，从而增强文化自信。

重视人民群众在文化自信建立中的作用：唯物史观强调人民群众是历史的创造者，这使得我们认识到人民群众在文化自信建立中的重要作用。我们要充分调动人民群众的积极性，让他们成为文化自信建立的主力军，从而推动文化的传承和发展。

然而，在当前全球化背景下，各种文化交流、碰撞和融合的趋势日益明显，如何在这样的背景下保持文化自信，成为了一个重要的问题。对此，唯物史观提供了一种方法论指导。唯物史观强调要从实际出发，对文化自信的培养也需要从国情、民情和文化传统出发，既要继承和弘扬优秀的传统文化，又要吸收和借鉴其他文化的优秀成果，推动文化的创新和发展。

2. 文化自信离不开马克思主义国家观指导

马克思主义强调国家是经济上占统治地位的阶级为了维护和实现自己的阶级利益而组织起来的政治统治和管理组织国家的本质是阶级专政，即一个阶级对另一个阶级的统治。国家具有共同性质和权威性等特点，国家的意志就是统治阶级强迫被统治阶级服从的意志。文化是社会意识，必然要反映统治阶级的意志，在我国无产阶级占统治地位，当今要坚定对社会主义文化的自信，努力发展具有中国特色、中国风格、中国气派的社会主义文化。社会主义文化观是指在社会主义制度下，对文化发展、文化价值和文化实践的基本看法和态度。它是中国特色社会主义文化的重要组成部分，对于推动社会主义文化繁荣发展具有重要意义。社会主义文化观主要包括以下几个方面。

坚持马克思主义为指导思想。马克思主义是社会主义文化的灵魂，是社会主义文化建设的根本指针。在社会主义文化建设中，要始终坚持马克思主义为指导思想，坚持以马克思主义立场、观点、方法来分析和解决文化问题。

坚持以人民为中心。社会主义文化建设要始终坚持以人民为中心，把满足人民日益增长的美好生活需要作为出发点和落脚点。要关注人民的文化需求，尊重人民的文化创造，让人民群众成为社会主义文化建设的主体。

坚持社会主义核心价值观。社会主义核心价值观是社会主义文化的精髓，是全体人民共同的价值追求。在社会主义文化建设中，要大力培育和践行社会主义核心价值观，使其成为全社会共同的价值准则。

总之，马克思主义国家观为社会主义文化建设的提供了重要指导原则，对于推动社会主义文化繁荣发展具有重要意义。我们要坚定文化自信，传承和弘扬中华优秀传统文化，培育和践行社会主义核心价值观，推动中国特色社会主义文化不断发展。

3. 文化自信离不开马克思主义文化观指导

马克思就“文化”的界定，提出了“扬弃”的原则。此后，马克思主义经过了列宁等革命导师的发展而得以补充，马克思主义就“文化”的界定亦得以不断完善，但是，总而言之，经典的较为公认的是对传统文化和外来文化采取批判性继承的原则，这实际上是马克思主义哲学中“扬弃”的观点在文化中的通俗体现。马克思主义作为建设社会主义先进文化的世界观和方法论基础，能够在纷然杂陈的社会文化生态中辨析先进与落后，划清积极与消极，区分主流与支流。它以科学的态度和实践的精神对封建落后思想观念进行批判，对资本主义腐朽思想观念进行批判，对各种非社会主义思潮进行批判。这一观点要求我们在树立文化自信的同时，要勇于批判和摒弃传统文化中的消极因素，积极创新和发展符合时代要求的社会主义文化。

鸦片战争以来，中国传统文化遭遇了剧烈的变革和阵痛，人们带着批判的眼光从传统文化中寻找能够解决中国问题的路径方略和价值资源，但是在很长一段时间里，人们由于不能正确地运用辩证主义方法来区分传统文化中的糟粕与精华，从而没有正确的文化发展道路，反而陷入了对传统文化的怀疑和自卑的循环当中，甚至有人提出了“全盘西化”的错误观点，让中华传统文化的瑰宝蒙上了厚重的历史尘埃。新中国成立以后，中国共产党在探索中国社会主义建设的道路过程中，进一步阐发了正确对待人类文明优秀成果的科学态度。强调对待一切民族一切国家的长处都要学，但是必须有批判地学，不能一切照抄，机械搬运，对待外国的东西也不能一概排斥和机械照搬，必须运用马克思主义态度对人类优秀文明成果，要学会“吸收”和“改造”，在此基础上构建其新的理论体系。例如以中国传统戏曲为例，传统戏曲作为中华文化的重要组成部分，具有悠久的历史和丰富的艺术内涵。然而，在现代社会中，戏曲艺术面临着观众流失、形式陈旧等问题。针对这些问题，我们需要对戏曲文化进行批判性分析，挖掘其中存在的问题和矛盾。

首先，可以从戏曲的内容和表现形式上进行批判。传统戏曲往往以历史故事和民间传说为主要题材，但在现代社会中，观众对于戏曲题材的需求发生了变化。我们需要对戏曲的内容进行创新，将现代社会关注的题材融入戏曲中，使其更加贴近现实生活。

其次，可以对戏曲的表现形式进行批判。传统戏曲的表现形式较为单一，舞台布景、服装、化妆等方面都存在一定的局限性。通过对这些方面的批判，我们可以推动戏曲艺术的创新，引入现代舞台技术，丰富舞台表现力，使戏曲艺术更加生动、有趣。

通过文化批判，我们不仅可以发现问题，还可以激发对文化创新的需求和动力。在批判的基础上，我们对戏曲艺术进行创新，使其更加符合现代社会的需求和价值观。这种批判和创新的过程，有助于我们建立文化自信，传承和发展中华优秀传统文化。

4. 文化自信离不开马克思主义民族观指导

马克思主义认为，文化具有民族性、阶级性、继承性、开放性的特征。不同国家、地区和民族的文化，是在一定的自然地理环境、社会政治制度、经济发展水平和历史传统等条件下形成的，是民族存在的主要表现形式。民族性是我们了解和认识不同文化的最直接、最显著的特征。在民族性基础上马克思主义主张世界文化的多样性和平等交流，强调任何一种文化，在自身的发展演进以及开放和交流过程中，都不断接受和吸纳人类社会一切文明成果。文化的创造生成过程就是开放与交流的过程，文化的发展更是开放和交流的结果。文化在开放和交流过程中相互借鉴吸收，达到自身的完善。这一观点要求我们在树立文化自信的同时，要积极与其他国家和民族进行文化交流与合作，吸收和借鉴世界优秀文化成果，推动中华文化的发展和繁荣。

马克思主义民族观对文化自信建立的影响主要体现在以下几个方面：

提高文化自觉：世界文化观使人们更加意识到各种文化的存在和价值，从而提高对自身文化的自觉。通过对世界文化的了解和认识，人们可以更加深入地理解和认识自己的文化，从而增强对文化的自信。

增强文化包容性：世界文化观强调尊重和包容各种文化，这有助于增强人们对自身文化的包容性。通过接触和了解其他文化，人们可以更加宽容和理解不同的文化现象，从而增强对自身文化的自信。

促进文化交流和互鉴：世界文化观倡导文化交流和互鉴，这有助于推动各种文化的创新和发展。通过与其他文化的交流和互鉴，人们可以从其他文化中汲取灵感和养分，从而推动自身文化的创新和发展，进一步增强文化自信。

培养全球视野：世界文化观使人们具备全球视野，能够从全球角度看待各种文化现象。这种全球视野有助于人们更好地认识和理解自己的文化在世界文化中的地位和价值，从而增强对文化的自信。

提升文化软实力：世界文化观有助于提升一个国家或地区的文化软实力。通过与其他文化的交流和互鉴，一个国家或地区可以展示其独特的文化魅力和价值，从而提升其在国际社会中的地位和影响力，进一步增强文化自信。

综上所述，马克思主义真理为我们树立文化自信提供了科学的理论指导。在马克思主义的指导下，我们能够更好地传承和发展中华优秀传统文化，坚定文化自信，推动中华文化繁荣发展。

二、文化自信与其他“三个自信”

坚定文化自信。文化自信是对本民族文化的自尊、自信、自强。在社会主义文化建设中，要坚定对中华优秀传统文化、革命文化、社会主义先进文化的自信，传承和弘扬中华优秀传统文化，推动中华优秀传统文化创造性转化和创新性发展。

（一）“四个自信”的提出过程

“四个自信”的提出过程可以追溯至2012年党的十八大期间。当时，人们常提的是“三个自信”，即道路自信、理论自信和制度自信。这三个自信与中国特色社会主义紧密相连，体现了对中国特色社会主义道路、理论和制度的坚定信念和自豪。

然而，随着时代的发展和国家实力的增强，人们逐渐认识到文化自信的重要性。因此，在后来的表述中，“三个自信”逐渐演变成了“四个自信”，即增加了“文化自信”。这一变化不仅是对国家文化软实力的肯定，也显示了对中华文化传统和价值观的自信心。

到2016年，习近平总书记在庆祝中国共产党成立95周年大会上首次提出了“四个自信”的重要论断，即“中国特色社会主义道路自信、理论自信、制度自信、文化自信”。这四个自信共同构成了中国特色社会主义的全方位自信体系，体现了中国共产党和中国人民对本国发展进步和民族优秀传统的充分肯定与自豪。

（二）文化自信是更基础、更广泛、更深厚的自信

文化自信不仅为其他“三个自信”提供重要的精神和信仰力量，而且对中国特色社会主义的发展具有强基固本、凝魂聚力的基础性作用。

1. 文化自信的基础性地位

文化自信被认为是更基础的自信，主要体现在以下几个方面：

文化是国家和民族的根基。文化是一个国家和民族的历史积淀，是民族精神、民族性格和民族凝聚力的源泉。一个国家和民族如果失去了文化自信，就会失去自己的根基，失去民族凝聚力和向心力。

文化是引领时代发展的旗帜。文化具有引领社会风尚、凝聚社会共识的作用。坚定文化自信，有利于弘扬社会主义核心价值观，推动社会风气向上向善，为社会发展提供正确的价值导向。

文化是国家和民族走向世界的桥梁。文化自信有助于传播和推广中华优秀传统文化、革命文化和社会主义先进文化，提升国际影响力，增强国家软实力，为实现中华民族伟大复兴的中国梦提供有力支撑。

文化自信与其他自信相互促进。文化自信与道路自信、理论自信和制度自信相互联系、相互促进。坚定文化自信，有利于坚定我

们对中国特色社会主义道路、理论和制度的信念，为实现中华民族伟大复兴的中国梦提供全面保障。

综上所述，文化自信是更基础的自信，因为文化是国家和民族的根基，是引领时代发展的旗帜，是国家和民族走向世界的桥梁，与其他自信相互促进。坚定文化自信，对于推动中国特色社会主义事业的发展具有重要意义。

2. 文化自信的存在形式

文化自信的存在形式主要体现在以下几个方面：

对优秀传统文化的传承与创新：坚定文化自信，要传承和创新中华优秀传统文化。这包括对传统文学、艺术、哲学、道德等领域的研究、挖掘和推广，以及将传统文化与现代社会生活相结合，使其焕发新的生机和活力。

对革命文化的弘扬：坚定文化自信，要对革命文化进行传承和弘扬。这包括对革命历史、革命英雄、革命精神的研究和宣传，以及对革命文化资源的保护和利用，使其成为社会主义文化建设的重要资源。

对社会主义先进文化的培育和发展：坚定文化自信，要积极推动社会主义先进文化的培育和发展。这包括对社会主义核心价值观的宣传和践行，对社会主义文艺、科学、教育、卫生等领域的繁荣和发展，以及对社会主义意识形态的巩固和创新。

对文化交流与传播的积极态度：坚定文化自信，要积极与其他国家和民族进行文化交流与传播，吸收借鉴世界优秀文化成果，同时将中华优秀传统文化、革命文化、社会主义先进文化传播到世界各地，提升国际影响力。

对文化事业和文化产业的支持与推动：坚定文化自信，要加大对文化事业和文化产业的支持力度，推动文化产业发展，提高文化软实力，为社会主义文化繁荣发展提供有力保障。

3. 文化自信的影响力

文化自信的影响力主要体现在以下几个方面：

对内凝聚力。文化自信正是凝聚和引领一个国家、一个民族胜利前行的强大精神力量。文化自信是一个民族、一个国家、一个政党对自身文化理想、文化价值的高度信心，对自身文化生命力、文化创造力的高度信心。文化自信可以增强民族凝聚力和认同感，使全国人民更加坚定地认同和传承中华优秀传统文化、革命文化、社会主义先进文化，从而增强民族凝聚力和向心力。坚定文化自信是为了实现文化自强，也就是要增强我国文化软实力，建设社会主义文化强国。

对外传播力。文化自信有助于提升国际影响力，使中华文化更好地走出去，与其他国家和民族进行文化交流、交融、互鉴，提升国际社会对中华文化的认知和认同。这就要坚守中华文化立场，提炼展示中华文明的精神标识和文化精髓，加快构建中国话语体系和中国叙事体系，讲好中国故事、传播好中国声音，展现可信、可爱、可敬的中国形象。加强国际传播能力建设，全面提升国际传播效能，形成同我国综合国力和国际地位相匹配的国际话语权。深化文明交流互鉴，推动中华文化更好走向世界。

引领时代发展。新时代是一个需要文化自信并且能够铸就文化自信的时代。坚定文化自信就要坚持以马克思主义为指导，高扬革命理想、弘扬民族精神、发展先进文化，领导中国人民在精神上从被动转为主动，激发文化工作者的创造力，推动文化创新，为社会主义文化建设注入新的活力，推动社会主义文化繁荣发展，从而引领社会风尚，凝聚社会共识，弘扬社会主义核心价值观，为社会发展提供正确的价值导向，推动社会风气向上向善。

综上所述，文化自信具有广泛的影响力，它不仅能增强民族凝聚力、提升国际影响力，还能引领时代发展、促进文化创新和产业发展，以及增强国家软实力。坚定文化自信，对于推动中国特色社会主义事业的发展具有重要意义。

4. 四个自信的关系

第一，道路自信是根本，决定命运和前途。道路自信是指一个国家、民族或个人在面对各种挑战和困难时，对自身所选择的发展道路具有坚定的信心和信念。道路自信源于对自身文化、历史、国情等方面的深刻理解和自信，以及对未来发展目标的明确把握。道路自信与中华优秀传统文化之间存在着密切的联系。中华优秀传统文化是道路自信的重要来源，为国家和民族的发展道路提供了深厚的文化底蕴。

第二，理论自信，特指在我国，对当前中国特色社会主义理论体系的自信，起着思想引领和行动指南的巨大作用。“主义”就如同一面旗帜，只有树立起这面旗帜，人们才会有明确的所趋所赴。因此，我们在改革开放的过程中必须充分重视理论的价值，不断提升我们的理论自信与战略定力。但是，一种理论在一个国家中的接受程度往往取决于其是否能够有效解决紧迫问题、满足现实需要。显然，我们的理论自信是有来源的：它源于经典作家基本理论的科学性与当代性，源于在马克思主义指引下我们逐步实现了“站起来”“富起来”以及“强起来”的巨大飞跃。只有始终坚定对马克思主义的充分自信，中华民族才能拥有定力、立稳根基，才能行稳致远、走向复兴。这是百年党史的一条重要经验。中国特色社会主义的成就，彰显了马克思主义的科学性；文化自信的提升、文化使命的实现，得益于我们对马克思主义的坚定理论自信与不断创新。因此，理论自信与文化自信之间存在着紧密的关联。理论自信和文化自信相互支撑，相互影响。理论自信是建立在对自身理论成果的认同和自信基础上的，而这些理论成果往往融入了民族文化的精髓；同样，文化自信也离不开理论的指导和支撑。理论自信和文化自信在国家和民族的发展过程中是共同发展的。一方面，理论的发展和创新会推动文化的传承和发展；另一方面，文化的传承和发展也会为理论创新提供丰富的素材和灵感。理论自信和文化自信在一定程度上是互相促进的。理论自信可以增强民族文化的吸引力和影响力，从而增强文化自信；而文化自信也会进一步激发人们对理论探索的热情和信心，增强理论自信。理论自信和文化自信在国际舞台上共同发挥作用，提升国家和民族的国际地位。理论自信可以使其他国家更加认可和尊重本国的理论成果，而文化自信则有助于传播和推广民族文化的魅力，提升国际影响力。我们党之所以能够在百年征程中历经艰难、无往不胜，其重要原因就是我们始终能够不断推进理论创新，从而坚定理论自信，进而用来正确指导社会实践。这是我们党和国家任何时候都不能放弃的。

第三，制度自信，彰显了我们党和人民对中国特色社会主义制度的生命力、优越性的充分肯定。制度自信是指一个国家、民族或个人对自身所建立和发展的政治、经济、文化、社会等方面的制度具有坚定的信心和信念。制度自信源于对自身国情、历史、文化等方面的深刻理解和自信，以及对未来发展目标的明确把握。制度自信对于国家和民族的发展具有重要意义，能够激发民众的凝聚力和创造力，推动国家不断向前发展。

一种制度能否获得公信力、展现生命力，就在于它是否能够在推动经济社会发展、满足人民现实需要等方面发挥实效。只有如此，人们才会有获得感和认同感，这种制度才会有强大的向心力与凝聚力。任何一种社会制度的孕育、建立甚至博弈，都有某种文化作为其强大的依托，都体现着一定的理想追求和价值目标。正是某种文化追求和价值观念决定了这种制度的底色与性质。从这个角度来看，制度就是一个社会的核心价值观（其决定了文化的性质和发展方向）的鲜明体现与具体样态。一旦其中的价值观的支撑和滋养缺位，制度的建立和发挥就成为无本之木，当然也就无从谈起实现国家治理体系和治理能力现代化这一改革总目标。毋庸置疑，既然中国特色社会主义源于我们的历史积淀、文化传统，那么我们的制度的建立和完善就必须遵循“内生演化”的逻辑，而不能脱离文化实际去幻想所谓的“飞来峰”。

第四，文化自信是其他“三个自信”的题中之义。马克思主义与中国化马克思主义理论体系，作为中国共产党的思想与智慧源泉，带领中国广大人民群众走上了社会主义的康庄大道，制定了各项制度和法律规章。一以贯之地贯穿与体现在道路、理论、制度之中的是马克思主义和中国化马克思主义的立场、观点、方法以及核心价值观与社会理想。而这些因素正是社会主义文化的内核与精髓所在。所以对道路、理论和制度的自信，本身就是文化自信，或者说，文化自信始终渗透和贯穿于其他“三个自信”之中。其一，道路自信是党和人民对选择社会主义作为国家根本发展路径的自信。中国人民在考虑社会实际的基础上选择了马克思主义与中国共产党，选择了马克思主义的科学与革命体系，选择了新民主主义革命、社会主义革命和建设的道路。因为马克思主义理论是文化的主导性意识形态，所以，这个选择，相对于文化来讲，也就是历史和人民选择了马克思主义文化观，选择了建立在这一文化观基础上的文化道路。中国社会在建设进程中所取得的巨大成功，就是中国道路的巨大成功，就是中国人民道路自信的底气所在。文化自信当然也是道路自信的题中之义。其二，马克思主义理论体系和中国化马克思主义理论体系本身就是文化的重要组成部分，是内核，是精髓。理论化、科学化的马克思主义与中国化马克思主义理论体系本身就是典型的哲学社会科学文化形式。其三，由马克思主义指导建立的中国特色社会主义制度体系和法律体系，体现和贯穿着马克思主义理论的思想理念、道德追求、理想信念等文化精髓。优良的制度产生于相应的观念，制度的有效落实则更需要观念的推动。因此，贯穿于制度体系的内在文化力量，才是社会主义制度优势能够彰显、社会主义社会不断前进的根源。例如人民代表大会制度就体现了“人民群众是历史的创造者”的唯物史观哲学原理和“人人平等”的道德诉求以及“自由人的联合体”的社会理想，这些理念正是社会主义文化所内蕴的核心理念与原则。进而可以说，这些制度在一定程度上向我们展示了社会主义制度自身的优越性。我们在坚定对这一制度信心的基础上，采用先进的理念和思想不断完善这一制度，才能保证社会主义事业各种体制机制的成功运行。

2014 年 3 月 7 日，习近平总书记参加贵州团审议政府工作报告时提出，一个国家综合实力最核心的还是文化软实力，这事关精气神的凝聚，我们要坚定理论自信、道路自信、制度自信，最根本的还要加一个文化自信。这是习近平总书记首次明确将文化自信与理论自信、道路自信、制度自信联系在一起阐述，并从凝聚民族精气神的力量之源上，强调文化自信的深远影响。

这一系列论断的提出，既十分清晰地勾勒出文化自信与道路自信、理论自信、制度自信之间的密切关联，也突出强调了文化自信的作用。“题中应有之义”“基础”“本质”“说到底”等一系列字眼，事实上已经把要在“三个自信”之后提出文化自信的缘由和意义说得非常透彻、十分明白了，而“更基本、更深沉、更持久的力量”则把文化在精神层面上的涵养、支撑和引领的作用进一步凸显出来。把文化自信上升到“基础”的战略高度，深化到“本质”的内在层面，用“更基本、更深沉、更持久的力量”来阐释文化自信作为“三个自信”精神力量之源的作用，从五千多年中华文明的历史渊源、历史积淀和历史根基上强调文化自信对于道路选择、理论创新、制度确立的影响，使文化自信的意义得到充分彰显，从而也使文化自信作为“第四个自信”的地位得以明确。

文化自信在“四个自信”有机整体中的地位重要，也使人们懂得中国人增强文化自信，应该从中华优秀传统文化、革命文化和社会主义先进文化中汲取精神力量。从本质上讲，我们必须从历史和趋势的高度，联系中国文化的过去、现在和未来，赋予中国特色社会主义更深刻的历史渊源和文化底蕴，明确中国特色社会主义植根于中国文化的沃土，体现中国人民的意志，适应中国和时代的发展进步。这一探索是中国共产党和中国人民在坚持中华文化立场、延续民族文化血脉中发展起来的。它吸收了中华文化的丰富营养，继承了中华民族优秀的文化基因和独特的文化传统，具有鲜明的中国特色，焕发出勃勃生机。

此后，在 2016 年 11 月 30 日召开的中国文联十大、中国作协九大开幕式上，习近平总书记强调，文运同国运相牵，文脉同国脉相连，文化是一个国家、一个民族的灵魂。历史和现实都表明，一个抛弃了或者背叛了自己历史文化的民族，不仅不可能发展起来，而且很可能上演一段段历史悲剧。文化自信，是更基础、更广泛、更深厚的自信，是更基本、更深沉、更持久的力量。坚定文化自信，是事关国运兴衰、事关文化安全、事关民族精神独立性的大问题。习近平总书记将两个“三个更”连用，进一步从精神血脉和思想灵魂上阐明文化立国、兴国、强国的战略意义，明确了增强文化自信不仅仅是建设和文化发展的问题，同时也是一个长期的计划，要继承民族的基因和历史，延续民族的血脉和命运。此外，他还强调，只有增强文化自信，才能保证国家和民族的思想自信。只有自力更生，才能为中国特色社会主义理论和制度提供强大的精神支撑。

习近平总书记通过一系列的论断将文化自信作为中国特色社会主义的精神支撑的地位和作用阐明得十分透彻，与时俱进地将其纳入“四个自信”有机统一的科学整体中，使我们更加清晰地认识到，文化自信与道路自信、理论自信、制度自信之间的相互依存、相互影响、相得益彰的逻辑关系，从而明确中国特色社会主义是融道路、理论、制度、文化于一体的伟大实践，中国特色社会主义文化是中国特色社会主义道路、中国特色社会主义理论体系、中国特色社会主义制度的精神根基，提供着丰厚的精神滋养，发挥着强有力的精神支撑作用。

从“文化自信，是更基础、更广泛、更深厚的自信”到“文化自信是更基本、更深沉、更持久的力量”，是从作用阐释到地位明确的提升，是合乎理论逻辑的演进。从阐明文化作用到强调文化自信意义，从“三个自信”拓展到“四个自信”，是合乎实践逻辑的延伸。中国特色社会主义“特”在其独特规定性上，不仅体现在道路、理论体系和制度上，也体现在文明渊源和文化底蕴上。今天，我们所坚持和发展的中国特色社会主义，说到底是在中华文明大道上不断开拓马克思主义中国化的新境界，致力于创造中华文明新辉煌，绝不是跟在西方文明后面亦步亦趋，更不是“去中国化”“去民族化”地融入西方文明。在当代中国，坚持和发展中国特色社会主义，必须从独特的文明渊源和文化传统审视开创、坚持和发展中国特色社会主义的历史逻辑，把中华民族的过去、现在和未来一体贯通起来，从中华文化积淀的最深层精神追求中理解中华民族自立于世界民族之林、自主掌握命运和选择道路的战略定力。

三、新时代更加需要文化自信

文化自信对于我们坚持社会主义核心价值体系有着非常重要的意义，对于中华民族伟大复兴有着不可替代的重要作用。在现实生活中，人们对于文化自信的理解有时过于“高大上”，认为只有身居庙堂或象牙塔内的人才需要文化自信，而埋头于汲汲营生的普通百姓不需要文化自信。这样的认识显然是低估了中华优秀传统文化和文化自信对于广大民众的价值作用，也是非常不正确的。举个例子来说，在中国，无论是一线城市还是二三线城市，甚至只是一个小小的县城，我们只要随便在街上转一圈，总能碰上几个“洋味”十足的小区名、酒店名或者是店铺名，如“香榭丽小区”“曼哈顿洋房”“爱琴海购物广场”等，甚至你还会看到街边理发店的师傅也会起个“迈克”或者“托尼”的洋名……我们对国外的地名这么熟悉，以至于有外国友人曾对此评论说，他们到中国看到这么多带“洋名”的建筑，感到似乎来到的不是中国，而是欧洲的某个国家。我们会发现，在这样的崇洋文化的渲染下，老百姓们很难从骨子里真正建立起对自己本土文化的自信。真正的文化自信根植于五千年来的中华文明，来自中华民族传承的共同记忆和一代代延续下来的社会心理。因此，它绝不是离老百姓的日常生活非常遥远的东西，绝不是来自庙堂和象牙塔的阳春白雪，而一定有着普遍而广泛的群众基础。这个基础存在于、渗透在普通人的衣食住行中，是一点一滴的文化感染、文化传承和文化创新，是人们通过真切感受到“外国的月亮并不比中国的月亮更圆”而建立起来的自信。

文化自信不仅对于我们国家坚持社会主义核心价值体系极其重要，而且对于传播中华优秀传统文化也有着不可忽视的重要价值。可以说，互联网时代中华优秀传统文化传播的关键就在于文化自信，原因主要有以下几点。

（一）文化自信是中华优秀传统文化得到传播的前提

文化自信即是在心理上建立起的，对中华优秀传统文化的认同。没有这样的文化认同作为前提，可想而知文化传播这一行为就不可能产生。文化认同如此重要，还因为对于人类而言，社会性是人类与动物相区别的关键属性，而在社会性的养成和传递中，最为重要的就是文化认同和传承。可以说，文化认同就是我们的身份认同，是我们作为社会性的人类的身份认同，是对“我们从哪里来?”“我们要到哪里去?”“我们的人生有什么的意义?”这些人生在世必然会问到的基本问题的解答。没有社会性的动物是不会思考这些问题的，只有具有社会性的人才会对这些问题进行思考和解答，并且在文化中将其一以贯之地加以体现并一代代地传递下去。确定了自己的文化身份，就等于确定了在人类社会中的身份，只有这一点得到确认，才有可能出现文化传播的行为。

（二）文化自信是中华优秀传统文化得到广泛传播的最佳推动力

我们都知道，对于一些事物，如果我们不热爱它，那么我们就不会去主动关注它，更遑论主动去传播它。对中华优秀传统文化有自信，意味着我们对它有着深切的热爱、完整的理解和深刻的认同，因为理解、认同所以更加热爱。在这样的情况下，我们自然而然就会用很大的热情去传播它。比如，很多热爱中华武术的国外友人从世界各地不远万里来到少林寺学习中华武术后，往往会回到自己的国家开设武馆或者从事与武术相关的事业。他们都是因为真心热爱中华武术才会这样做。也正是因为热爱他们都成为中华武术的传播者，也成为中华文化的传播者。

（三）文化自信是中华优秀传统文化在文化冲突中可以得到持久传播的保证

当今世界，文化冲突已经成为一个屡见不鲜的现象。英国学者亨廷顿早在20世纪就借《文明的冲突与世界秩序的重建》提出了“世界变小，文化的接触会产生摩擦”的观点，认为未来世界的冲突很大程度上是文化/文明的冲突。① 既然文化/文明的冲突不可避免，那么当中华优秀传统文化与来自其他国家的文化发生冲突的时候，我们选择站在哪一边就会成为一个问题。当然，站队的问题不只是表面上看起来那么简单。严格来说，是站在中华优秀传统文化这边，还是站在其他国家的文化那一边，就意味着我们选择了什么样的价值观。从这个角度说，文化自信其实是对我们绵延五千年的中华优秀传统文化所承载的价值体系的自信。而倘若我们没有文化自信，那么当我们面对文化冲突时所做出的选择无非就是“缴械投降”，全然投入别的国家的文化之中。

（四）文化自信是中华优秀传统文化构建网络精神家园的基础

尼葛洛庞蒂在《数字化生存》一书中描述了这样一个数字化时代的景象：“我们经由电脑网络相连时，民族国家的许多价值观将会改变，让位于大大小小的电子社区的价值观。”② 在数字化时代，人和人之间的关系会更加小社群化，会存在大大小小的不同社群，人们各自持有不同的价值观。这些价值观不可避免地会存在冲突，因此必须要有一种可以涵容各种不同价值观在内的，以和谐包容为主题的，出于对人的终极关怀，以全人类的共同发展和福祉为目标的文化来统一、调和。中华优秀传统文化正是这样一种文化，其中有“大同社会”的崇高理想，在对待不同的思想观念时有“和而不同”“求同存异”的包容境界，还有在解决人与人、团体与团体之间的各种矛盾和冲突时“叩其两端而执其中”的中庸精神……这

① ［美］塞缪尔·亨廷顿．文明的冲突与世界秩序的重建（第3版）［M］．北京：新华出版社，2002：3.

② ［美］尼古拉·尼葛洛庞蒂．数字化生存［M］．海口：海南出版社，1997：16.

些深藏在中华优秀传统文化中的价值观和思维方式深深地影响了中国人，让中华民族历经上下五千年仍然挺立于世界民族之林，让中华文明成为世界四大文明中唯一一个延续至今的文明。在比任何时候都更加需要人类团结的数字时代，中华优秀传统文化中这些有利于人类团结的价值观和思维方式，能够帮助我们从人类文明的更高层次调和不同群体之间的价值观冲突，能够从以社会为导向的人文精神出发，以人为本，使人和人之间的关系更加和谐、紧密，而不是随着技术的发展而变得越来越疏远。

第二节

中国传统文化自信构建的理论和现实意义

中华民族有博大精深、源远流长的优秀传统文化，这是中国特色社会主义文化自信的底蕴和底气所在。只有夯实中国特色社会主义的文化根基，继承和延续中华优秀传统文化的精神命脉，才能真正筑牢中华民族命运共同体，续写时代新篇章。中国共产党由无到有，党员数量由少到多，历经了百年沧桑。回顾中国共产党奋斗史，始终不断以新思维引领新文化，又以充分的文化自信唤起民族觉醒。为了更好地坚持独具中国特色的文化自信，党的十八大以来，习近平总书记对于如何继承和弘扬中国优秀传统文化进行多次论述，并提出了弘扬中华优秀传统文化的方向和原则，这鲜明地表达了中国共产党对中华优秀传统文化的传承和弘扬的决心、愿望。新时代夺取中国特色社会主义的伟大胜利，必须不忘本来、坚守本根，以文化人、以文育人，才能真正地保持民族精神独立性，屹立在世界民族之林。

一、中华优秀传统文化自信构建的理论意义

（一）丰富和发展了马克思主义文化理论

“马克思主义中国化”的理论最早是由毛泽东提出的。在此之后，中国共产党人便将马克思主义的普遍理论与中国的自身情况进行科学判定又不断改革，在理论与现实的无数次碰撞中逐渐建构了中国特色社会主义体系。每一代马克思主义的实践者都应当为马克思主义注入时代血液，使马克思主义不断丰富，习近平文化思想就此应时而生，这是马克思主义与中国实际珠联璧合而产生的又一极具中国特色的正确理论成果。

全世界范围内，中国是对马克思主义思想最为推崇的国家之一，与其他社会主义国家相比，地大物博且幅员辽阔是中国区别于他国的最本质特征。建党至今我们始终奉行走马克思主义道路，时至今日一如既往从未发生丝毫改变，可以直言不讳地说，我们是马克思主义最忠实的守护者。建党百年来，中国领域的人文变化在物换星移中可谓翻天覆地，我国若想在新时代的文化建设领域取得更大的成就，那么坚持马克思主义理论是必由之路。习近平文化思想就是在中国化的马克思主义中孕育出来的，中国化的马克思主义又是由中国历史文化创造性地转化而来的，习近平总书记提出的文化自信可以让我们在这纷繁复杂的花花世界里以辩证的态度赢得文化建设的丰硕果实。自文化自信正式亮相，全党对文化自信指导文化建设坚定了信心，并在马克思主义的理论指导下思索中国文化建设的方向问题，促进马克思主义文化理论在中国现今社会的新发展，使得马克思主义在文化方向上更加深入、更加接地气。马克思主义文化理论思想具有科学性和人民性，只有群众支持的理论思想才是

基础稳固的科学思想，坚定习近平文化思想可以带动全国人民真正体会社会主义中国的道路是从实践到理论逐渐摸索的，是由科学的理论体系进化而来的，是一条切实可行的康庄大道。习近平文化思想是马克思主义最切合中国实际的文化论断，该思想随着实践的发展而创新，并开拓了新时代中国文化发展的新道路，使得人民大众有底气去建设社会主义文化，在更广泛的空间发展社会主义新文化，显示了新时代中国共产党人的最新智慧成果，为我国建设社会主义文化强国提供了切实、有效、可行的理论依据，更丰富了马克思主义文化理论。

（二）为马克思主义中国化提供精神支撑

马克思主义中国化，是指马克思主义在与中国具体实际相结合的过程中，不断形成具有中国特色的理论成果，进而指导中国的革命、建设和改革发展的过程。文化自信作为中国特色社会主义理论体系的重要组成部分，为马克思主义中国化提供了精神支撑。

坚定文化自信，有利于巩固马克思主义的指导地位。中国共产党始终坚持以马克思主义为指导，而坚定文化自信，有助于巩固马克思主义在意识形态领域的主导地位，确保中国特色社会主义事业始终沿着正确的方向前进。

坚定文化自信，有利于传承和弘扬中华优秀传统文化。中华优秀传统文化是中华民族的精神命脉，是中华民族生生不息、发展壮大的丰厚滋养。坚定文化自信，就是要传承和弘扬中华优秀传统文化，使其与马克思主义相结合，为马克思主义中国化提供丰富的文化资源。

坚定文化自信，有利于吸收和借鉴世界优秀文化成果。坚定文化自信并不意味着封闭保守，而是要以博大的胸怀和开放的心态，吸收和借鉴世界优秀文化成果，为马克思主义中国化提供丰富的文化滋养。

坚定文化自信，有利于激发全民族文化创新创造活力。坚定文化自信，可以激发全民族文化创新创造活力，推动中华优秀传统文化创造性转化和创新性发展，为马克思主义中国化提供源源不断的创新动力。

坚定文化自信，有利于增强中国特色社会主义事业的凝聚力和向心力。坚定文化自信，可以增强全党全国各族人民对中国特色社会主义事业的认同感和归属感，为马克思主义中国化提供强大的精神支撑。

综上所述，坚定文化自信，对于推动马克思主义中国化具有重要意义。我们要深入学习贯彻习近平新时代中国特色社会主义思想，坚定文化自信，为实现中华民族伟大复兴的中国梦提供强大的精神力量。

（三）拓展了中国特色社会主义文化理论

党的十七大首次提出了文化强国的目标，在新时代我党更给予文化建设前所未有的重视，并明确提出了坚持四个自信的原则，在党的十九大中将“文化自信”与道路自信、理论自信、制度自信一道写入党章，这是党对文化自信的最高礼遇。在党的十九大报告中，习近平总书记高屋建瓴地指出了中国特色社会主义文化建设的指导思想、坚守的立场、服务的对象以及发展的方法。不仅提出了社会主义文化发展的新理念和新内容，同时也进一步丰富了和发展了中国共产党人的文化思想，夯实了中国特色社会主义文化理论。习近平新时代中国特色社会主义文化思想主要具有三个特征：一是继续沿用先前的社会主义文化政治立场——坚持马克思主义为理论指导，二是明确了文化导向——社会主义核心价值观，三是强调了实现中华民族伟大复兴的方法——文化建设。这三个特征有着深远的政治含义，文化与政治相融会，文化与人民相协调，文化与政治互为发展。这就要求中国特色社会主义具有强大的文化基础，文化自信作为文化建设的精神指引在这期间将起到重大的作用。

我们一方面要满足人民对美好生活的需要，另一方面要大踏步向着文化强国行列迈进。迈进文化强国的行列需要文化内容的广博，这体现在需要有牢固的理论基础。首先，文化自信本身就是站在无数马克思主义的经典著作上的，而经过多年与中国实际的结合又有了许多“人化”的调整，所以文化自信的提出就源于前人的文化基础。其次，文化自信是中国共产党人在经过岁月的蹉跎后，在无数次文化建设的实践与调整中获得的最新文化指引，这种指引植根于实践又饱含对未来的憧憬。文化自信的指引是新时代中国特色社会主义文化建设的重大理论基础，夯实了中国特色社会主义文化理论。

二、中华优秀传统文化自信构建的现实意义

（一）有助于抵御非马克思主义文化思潮侵袭

我们坚持，中国文化的自信离不开马克思主义。只有坚持发展马克思主义，才能保持文化的本质，永远保持其生命力。马克思主义是国家的灵魂，是党的建设的基础，是中国特色社会主义事业重生的引擎。只有坚持马克思主义的基本信念，我们才能对自己充满信心，在更新的道路上继续前行。不了解马克思主义的基本原理，就不可能了解具有中国文化特色的社会主义理论知识体系。习近平总书记强调：在我们的工作中，要高度重视和纠正马克思主义边缘化现象，坚定理论文化信念。我们党的斗争必须以马克思主义理论为基础，动摇了马克思主义的领导地位，也将破坏马克思主义生存

的最根本的理论基石。要加强马克思主义发展理论基础教育，引导全社会特别是党员学习和真正运用马克思主义，凝聚民族思想感情、凝聚民族力量。今天，中国继承了五千多年的中华优秀传统文化。从历史的角度看，中国特色社会主义的发展对于抵抗西方资本主义国家具有重要意义。全国各族人民要不断探索弘扬优秀传统文化，用优秀传统文化培育文化自信。马克思主义理论是新时代中国文化建设的思想，习近平总书记对马克思主义理论的精髓进行了深刻解读，确立了马克思主义文化自信理论，并有效地加以识别。

（二）有助于中华儿女树立文化自信

中华人民共和国成立 70 多年来，中国共产党带领中国人民艰苦奋斗，稳步崛起。我们要充分发挥文学艺术的潜移默化作用，强调社会主义核心价值观和具有世界意义的中华文化精神，展示体现中国的发展进步和美好生活的文化成果，进一步增强中华文化的影响力。对于中华民族来说，文化自信的基因源自中华优秀传统文化。习近平总书记强调，文化是一个民族的精神家园，树立文化自信直接关系到国力建设。实现中国梦，既要大力加强文化建设，又要提高中国特色社会主义文化意识，对美丽的传统文化充满信心。在五千多年的历史发展中，大多数爱国者充分展现和传播了爱国主义和民族精神。必须说，中华民族之所以能取得今天的辉煌成就，是因为对民族文化精神的坚定信心。在如今国际经济形势瞬息万变的背景下，要振兴中华，不仅需要保持优秀的民族传统文化精神，更重要的是对民族文化要有信心。中华文明延续了五千多年，代代相传，今天依然在世界文化之林中熠熠生辉。例如，《流浪地球》是中国第一部真正意义上的科幻电影，值得中国人骄傲，但中国人真正需要记住的是它背后的文化自信。首先，弘扬民族感情，弘扬中国价值观。漫游地球工程展现了中国古代不屈不挠的精神。摆脱了逃离地球的思想，继承了愚公移山、精卫填海等传统文化精神来保卫自己的家园。其次，宣传人类命运共同体思想，反映了一个大国的责任。人类建立了以中国为代表的全人类联合政府，抵制灾害，宣传人类未来共同体的社会理念，极大地提高了国人的自信和爱国的热情。这部电影进一步促进了中国文化的发展。

（三）有助于提升中国文化软实力

文化理论的自信是一种创造性的精神力量。首先，中华民族文化旅游产业遍及全球，凝聚了中华民族的智慧。近年来，许多中国影视作品在国外放映，许多优秀作品吸引了众多外国朋友。这些产品具有中华民族文化发展的元素，能体现中国人民的智慧。它们主要体现了中国经济和文化对国际市场的信心。

其次，中国文化已经得到西方朋友的认可，所以有必要推广中国文化。在中国，人们开始意识到在生活中弘扬中华优秀传统文化的重要性，这普遍体现在建筑设计风格、生活学习习惯、文化娱乐、服装设计等方面。随着经济建设和社会主义教育的联网，国际学生在中国随处可见。中国的孔子学院也作为“一带一路”倡议的一部分出现在西方国家和地区。

最后，中国文化旅游产业的快速发展极大地促进了产业结构的转型和现代化。素质文化教育研究领域从传统的社会主义经济信息化管理模式向创新型经济模式和服务型经济体系转变，取得了显著成效。中国文化在国外的竞争力稳步提升，文化产品在国际舞台上的影响力明显增强。长期以来，文化软实力与中华民族的发展与独立自主的和平外交政策息息相关。近年来，文化软实力全面、多层次、立体推进中国特色文化强国外交，为我国社会主义文化营造了良好的外部市场环境。提升文化软实力对塑造中国形象、发展对外经济文化交流、增强国际话语权具有积极作用。今天，中国的“一带一路”倡议呼吁人们将民族文化与世界其他地区联系起来，与其他国家合作，架起人类文化与命运的桥梁，推动世界和人类的发展。在经济全球化背景下，文化呈现多元化趋势。新兴和发展中国家的快速增长将日益改变国际力量对比，中国将把文化理论应用到国际贸易实践中，中华民族必须提高国际实力，话语权进一步增强了文化软实力。我国文化旅游产业对国际市场具有非常重要的影响，为世界和平与发展作出了新的重要贡献。艺术工作者要让国外加深对中国文化的了解，增加对中华传统文化的欣赏。中国客观公正地承认中国在西方社会的国家形象，为了艺术创作的蓬勃发展，我们将中国整体的国家形象进行了调节，将汉字恰当地植入了强大的媒体中。中国电影的形象改变了过去西方人对中国的虚幻和客观印象。比如，《战狼 2》创造了国产电影的票房奇迹，16 天票房突破 40 亿元。这部电影传达了爱国主义情感，呼吁和平的理念赢得了观众的心。这部电影的成功体现了我国文化软实力的提升，并且以一种微妙的方式得到了西方人的认可。

（四）为世界文化的良好发展提供中国方案

文化自信是指一个国家、一个民族对自身文化的坚定信念和高度认同，体现了一个国家和民族的文化自觉和文化担当。在当今全球化的背景下，文化自信为世界文化的良好发展提供了中国方案，主要体现在以下几个方面。

（1）倡导文化多样性。中国始终坚持文化多样性原则，尊重各国文化传统和特色，反对文化霸权主义和文化冲突论。我们坚信，各种文化都有其独特的价值和魅力，应该相互尊重、相互学习、取长补短，共同推动世界文化的繁荣发展。

（2）推动文化交流互鉴。坚定文化自信并不意味着封闭保守，而是要以开放包容的心态，积极开展文化交流互鉴。中国愿意与世界各国分享自己的文化成果，同时也愿意学习借鉴世界各国的优秀文化成果，共同推动世界文化的创新和发展。

（3）促进文化与经济、政治的协调发展。中国认为，文化是一个国家和民族的软实力，是经济社会发展的重要支撑。我们要在推动经济发展的同时，注重文化建设，使文化成为推动经济社会全面发展的强大动力。

（4）弘扬中华优秀传统文化。坚定文化自信，就是要传承和弘扬中华优秀传统文化，使其与现代社会相结合，为世界文化的多样性作出贡献。中华优秀传统文化蕴含着丰富的哲学思想、道德观念和人文精神，可以为世界文化的良好发展提供有益借鉴。

（5）构建人类命运共同体。中国提出构建人类命运共同体的理念，强调各国要携手合作，共同应对全球性挑战。在这一背景下，各国应加强文化交流互鉴，推动世界文化的繁荣发展，为构建人类命运共同体提供精神支撑。

现阶段，中华优秀传统文化对于民族复兴、国际秩序的约束、世界和平和人类命运共同体的发展都具有十分重要的意义。一直以来，中华民族传统文化强调讲仁义、守诚信、求大同，在文化创新中贯彻落实人类命运共同体的观念，坚持“一带一路”倡议的实施，开发和宣传我国的文化名片，提高我国在国际舞台上的话语权。文明的中国向世界展现的并非霸权主义，而是“和谐世界”“和平发展”“合作共赢”的逻辑和生动实践。在世界抗击新冠疫情的2020年，中国为世界其他国家提供了物质和人力上的资助，以盼世界更早地迎来新的和平安定的发展。中国是世界上最大的发展中国家，拥有14亿多国民，社会主义现代化规划的完成能够推动世界历史整体进步与繁荣。另外，对于坚持和谐世界理念，弘扬国际关系中的民主、和睦、协作、共赢精神，构建人类命运共同体有着十分重要的价值。

国家之间文化差异的形成是由多方面的因素造成的。因为国家之间没有长期的交流和融合，一些国家处于孤立状态，在这种情况下，需要不断地融合和交流来缩小民族文化之间的差距，促进文化繁荣和文明的发展。各国之间的文明交流不仅要满足本国经济发展的实际需要，更要注重合作，取长补短。每个国家都必须对文化发展及其文化个性保持长期的自信态度。信仰对人类非常重要，对社会文化的发展非常重要。在文化领域，我们也必须认识到社会文化的差异。只有认识到我们与其他国家之间的差异，我们才能找到解决这些问题的方法。当今世界正在发生什么？我们国家应该怎么做？对于这个问题的解决，习近平总书记提出了中国方案：采取措施，构建人类共同发展的未来共同体，实现互利共赢的合作。我们可以与世界各国人民合作，共同解决人类历史和文化产业发展的问题。总之，文化自信是一种精神力量。增强文化自信，要继承中华传统文化的优秀基因，发扬红色革命精神，培育和践行社会主义核心价值观。

第三节

中国传统文化培育文化自信的实现路径

当代中国文化自信的底气，既来自我们传统文化博大精深的丰富性与和而不同的包容性和创造精神，也来自体现自强不息民族精神的红色文化的革命性、社会主义文化的先进性和导向性。在当代，如果不重视红色文化和社会主义先进文化作为中华文化重要构成这一现实，就很难全面理解当代中华文化的底气由何而来。传统文化给与我们文化自信的底气和基础，中华优秀传统文化的内在生命力优势，中华民族传统文化中蕴含的最基本的精神基因：第一，自强不息的向上精神基因；第二，厚德载物的向善精神基因；第三，爱国主义的精神基因。从这三个方面进行展开论述，从而提出中国传统文化位于文化主体、客体的相互统一。

一、加强文化主体的自信意识，发挥引领作用

文化既是人类主体创造性的外化，是人以其自身方式解释世界、改造世界的“人化”，又是以业已形成的“特定生活关系”反之影响人、塑造人、凝聚人的“化人”，但是究其本质就是人化，是人的类本质活动的对象化或对象的人化。因为，人是文化发展的主体，一切文化现象、文化成果都为人所创造、为人所接受，在人的现实实践中生动体现。要坚定文化自信，就要文化主体对自身文化与价值的深度认同，是对自身文化生命力、文化感召力和文化影响力的高度自豪与坚定信仰，才能形成文化主体对自身文化强大凝聚力、强大创造力、强大竞争力和强大传播力的坚定指向与不懈追求，最终形成文化自强。

（一）文化自信的主体

文化自信主体是指在文化自信这一概念中，具有主观能动性和实践能力，能够对文化进行批判性认识、比较性反思，并在此基础上形成文化认同和自信的个人或集体。理解文化自信主体，可以从以下几个方面入手。

国家层面：文化自信主体主要表现为国家和民族对自身文化的认同、传承和创新。国家和民族通过对自己文化的深入了解和认同，对辩证唯物主义和历史唯物主义进行广泛深入的学习教育，逐步凝聚起文化自信的共识，从而激发全民族文化创造活力，提高国家文化软实力，从而创造出增强文化自信的物质基础和制度基础。

个人层面：文化自信主体表现为个人对自身文化的认同和自信。个人通过对本国、本民族或特定区域文化的知识、价值观、信仰体系、符号等方面的深入了解和认识，从而呈现一种发自内心的承认和坚信心态。从而积极参与文化的沉浸、传播、对话与创新。积极参与文化传承和创新，为国家文化事业和文化产业的发展作出贡献。

文化认同：文化自信主体具有主观能动性，能够主动地认识、理解和反思自身文化，以及与其他文化的交流与互动。这种主观能动性体现在对文化的传承、创新和发展过程中，人们形成了文化认同、价值认同与国家认同，从而它能够让人民对本民族本国家的发展理念形成深度认同，成为文化的历史、传统、价值等方面较为一致的具有深厚文化思想底蕴的共同体。这种自信体现在对自身文化的肯定、尊重和自豪感上，以及在与其他文化交流、互动过程中，能够保持自身文化的独特性和优势。文化认同是文化自信的基础。

实践能力：文化能够塑造一个民族的精神气质和文化特征，也能够塑造一个群体的共同思想旨趣与精神追求，同时文化也能够创造新的文明形态和社会形态，以及新的文化精神和文化成果。文化自信主体对所拥有的各种形态文化的充分肯定，才能在文化发展中产生强大的生命力和创造力的实践能力，以及与其他文化的交流、交融和互鉴。才能增强民族凝聚力和推动文化产业发展，创造出异彩纷呈的文化成果。文化主体的实践能力主要体现在文化创新、文化交流、文化传承等方面。

（二）文化自信主体对传统文化的顶层推动

在当代中国，通过“走入人心”推动传统文化创新性发展可以从以下几个方面着手。

一是通过理想信念建设。理想信念属于“深层型文化”的核心和灵魂，是指导人们进行文化选择和价值判断的深层依据，是决定人们思想和行为的精神支柱。同时，理想信念承载着中华文化的精华，蕴含着文化中最为深层次的内容，凝结着最为深刻的精神传统与价值追求。经过创造性转化的传统文化资源，必然在当代中国人的理想塑造和信念培育的过程之中彰显其时代性特征，为传统文化的创新发展提供动力。比如中华传统文化中“大同”世界的理想追求，在当代中国人民追求全面建成小康社会的承诺中、追求“中国梦”的理想中、推进“共享发展”的实践中、打造人类命运共同体的倡导中，不断被赋予新的时代内涵，从而融入当代中国人的精神世界之中。

二是通过价值理念培育。价值观自信是文化自信的砥柱与硬核。习近平总书记指出，核心价值观承载着一个民族、一个国家的精神追求，是最持久、最深层的力量。社会主义核心价值观是当代中国价值观念的高度概括和精练表达，必须在继续凝练社会主义核心价值观的过程中重新检视中华传统文化。破解当代中国人面临的精神困境和价值观迷茫，迫切需要重建与中国特色社会主义现代化建设相拱卫、与当代中国人的精神需求相适应、与中国五年多年的传统文化相承续的价值体系。社会主义核心价值体系只有与中华传统的价值体系进行对接，从而成为涵养社会主义核心价值观的源泉，才能成为有“根”的东西。在这一过程中，综合审视中华传统文化的时代精神，发掘其对提升当代人精神境界的积极因素，以之凝聚实现社会主义现代化的力量，从而重新建立中国人的精神秩序，探寻现代中国人安身立命之本或寻求失落的意义世界。党的十九届四中全会也明确了“坚持以社会主义核心价值观引领文化建设制度”的基本文化创制原则。

三是通过道德伦理建设。道德作为文化形态和文化发展的一种重要力量，不仅能为社会发展提供秩序治理的应然取向和精神动力，也能为公民个体提供价值准则和精神归属。中华传统文化是以人伦关系为本位的，形成了中华民族特有的“文化习性”或者“深层结构”，这种“习性”或“结构”作为一种不以人的主观意志为转移的客观存在，内在地决定了民族制度和文化秩序。因此，中国文化被认为是特别重视伦理道德的文化价值取向的，使得中国人总是习惯于用道德的眼光和标准审视和评判一切，注重通过内心的自觉来“克己复礼”。因此，传统文化资源通过各种渠道的涵养，必须融入当代中国人对人伦价值、精神境界、国民性格、风俗习惯、心理素质、价值观念、理想人格的追求之中，才能真正建立属于中国人的精神家园。如何运用好中华传统文化资源中富于整合和教化的力量，是当代中国知识分子义不容辞的时代使命。

增强文化自信，要在党的领导下，以哲学社会科学工作者和宣传思想工作者为主力军，积极构建和发展完善中国特色哲学社会科学的学科体系、学术体系、话语体系；以马克思主义的立场、观点和方法系统挖掘和解读中华民族五千多年的文明历史，转化思想精华；系统整理和制度化弘扬传统文化并积极与当今时代精神相融合；在改革开放的实践中同步凝练与积极创新社会主义先进文化。宣传舆论工作在做好党的大政方针宣讲宣传工作的同时，要积极宣传优秀传统文化；文艺工作者要坚持以人民为中心，加强文艺对中华优秀传统文化内涵及文化精神的传播和渲染，唱响社会主义先进文化主旋律，理直气壮弘扬正能量，等等。要充分利用当前“富起来”的良好经济条件，加强公共文化服务基础设施建设，扩充资源储备，切实实现全国城乡全覆盖；在满足人民基本文化需要、保障人民文化权益基础上，努力通过政策引导、经济扶持等手段，提高那些文化科技基础最薄弱、最落后的广大地区的经济水平和人民的知识水平，因为只有在物质生活和精神生活双重获得感、幸福感提升的基础上，人们的文化自信才能持久坚定。就改革推进文化产业而言，最主要的就是要在党的领导和政府主导下，处理好政府和市场“两只手”的关系：如果政府的“手”伸得短且力道弱，市场经济强烈的趋利本能就会在文化产业中占主导，文化产业的方向就会“跑偏”，“载道”功能就会出故障；但政府的“手”伸得过长且力道过强，就会伤害到文化市场的生机活力和文化产业主体的积极性。这两者之间要建立起合理高效的平衡，实现社会效益和经济效益的完美统一。

二、增强文化自信的客体实践，发挥主力作用

（一）文化自信客体

文化自信客体是指在文化自信这一概念中，被文化自信主体所认识、理解和反思的对象，即文化自信主体所面对的文化现象、文化价值、文化传统等。在不同的语境下，文化自信客体可以是个人、群体或国家的文化现象、文化价值、文化传统等。

理解文化自信客体，可以从以下几个方面入手。

文化现象：文化现象是文化发展中带有典型和标志作用的事情，是群众在共同需要、共同心理的基础上所形成的和不断给予陶冶的结果。它往往是思想观念及其物化形式的综合，不但具有外在的特色，而且含有观念的特色。文化现象是人们对现象的感受上升到理性概括的认识产物。人类的文化现象，从很早以前就有了。比如人们的饮食习惯、穿着习惯、表达方式等，都可称为一种文化现象。文化现象多种多样，它从一定程度上反映了人们某段时期的智力程度、生存方式、生活习惯等，如文学、艺术、音乐、舞蹈、电影、电视等。文化自信客体包括各种文化现象，这些文化现象反映了人类在各个领域创造的成果，是文化自信客体的重要组成部分。

文化价值：文化价值是一种关系，它包含两个方面的规定性：一方面存在着能够满足一种文化需要的客体。另一方面存在着某种具有文化需要的主体，当一定的主体发现了能够满足自己文化需要的对象，并通过某种方式占有这种对象时，就出现了文化价值关系。文化价值是社会产物，不能把文化价值仅仅理解为满足个体文化需求的事物属性。人不仅是文化价值的需求者，而且是文化价值的承担者。文化价值任何时候都是为人服务的，人类不需要的东西不具有文化价值。同时，文化价值又是由人创造出来的。不管是人的文化需要，还是满足这种需要的文化产品，都只能在人的社会实践中形成。人们创造文化需要和文化产品的能力，本身也是文化价值，而且是最本质的文化价值。构成文化价值的有道德、伦理、信仰、价值观等。文化自信的客体包括文化价值，这些文化价值是人类在长期历史发展过程中形成的，对人类社会的发展具有重要影响。

文化传统：文化传统是文明演化而汇集成的一种反映民族特质和风貌的文化，是各民族历史上各种思想文化、观念形态的总体表现。其内容当为历代存在过的种种物质的、制度的和精神的文化实体和文化意识。它是对应于当代文化和外来文化的一种统称。世界各国、各民族都有自己的传统文化。构成文化传统的有历史、知识、信仰、艺术、法律、道德、风俗传统技艺等，文化自信客体还包括文化传统。这些文化传统是人类在历史发展过程中形成的，具有独特性和传承性。

文化交流：文化交流指的是发生于两个或者多个具有文化源差异显著的关系之间的交流。文化交流是世界文化进步的一个重要条件，也是推动文化全球化和多样性的内在要求。文化交流包括人员的往来，物产的移植，衣食住行、婚丧嫁娶等风俗习惯的相互影响，思想、宗教、文学、艺术等的传播。文化交流促进人们互通有无，增进文化发展与丰富。文化自信客体还包括文化交流，即不同文化之间的交流、互动、交融和互鉴。通过文化交流，可以促进文化的发展和创新，增强文化自信。

（二）文化自信客体的实践推动

事实胜于雄辩，实践最有权威。文化自信，必须坚持以人民为中心，在“落细落小落实”上下功夫。人民群众既是历史创造的主体，同时又是历史成果的获得者，中国共产党带领人民群众进行社会主义伟大建设，既是为了人民，也要依靠人民。增强人民文化自信，才能形成磅礴的中国力量。在实践中培育文化自信，就是要坚持“以人民为中心”，引导人们在自己的生产生活实践中不断增强文化自信。只有大力推动社会主义经济建设，在满足人民日益增长的物质生活需要的同时，为其他各项社会主义事业创造雄厚的物质基础，才能有助于各项社会主义事业抓住时代机遇，获得长足发展。这样才能切实增强人民对国家、对民族的认同与热爱，增强人民的文化自信、文化定力。这就要求在党的领导下，加快推进国家治理体系和治理能力现代化，不断增强国家综合实力；这就要求各层次、各领域、各行业、各部门都要守好阵地，做好本职工作，并在党的领导下，通力合作、密切协同，深化改革、奋力开拓，不断把社会主义事业全方位推上新高度，不断开拓新境界；这就要求全体社会成员从我做起、从现在做起，践行理想信念、践行社会主义核心价值观，在生产生活实践中展现文化自信和价值观自信。唯其如此，才能积累起雄厚的物质财富的资本，为精神财富的创造积累、为文化自信筑起牢固的“地基”。

三、主客体协同发力，加强交流互鉴，走向世界

中华优秀传统文化如何在清晰的自我理解和自我阐释的基础上

“走向世界”？

第一，中华优秀传统文化“走向世界”不是强行进行文化灌输，而是基于“和而不同”的交流对话。在中国思想史上，“和而不同”的文化立场贯穿于文明交流融合的整个过程，是中国文化数千年绵延至今而没有中断的基因密码。“和而不同”有一个现实的基础和理论的预设，就是文化是多样的，文明是多彩的。即各个文明都是平等、独立而自成体系的，多彩多样的文明共同构成了世界文明共同体。只有以相互平等为前提、以相互尊重为基础的文明交流，才可能实现人类文明的创新性发展。即便古代中国在对待文化的态度上一再强调“和而不同”，用平等和尊重的态度对待差异，但是，由于交通和地理因素的限制，纵观整个中华文化历史发展的脉络，虽然存在着少数时期的外族文化大融合和与海外异国的文化沟通，但总体来说，我国传统文化的成长和发展一直处在一个相对密闭的封建社会环境中。经历了春秋战国诸子百家文化的大争鸣，走过了汉唐盛世文化的多元和包容，到了清朝，由于“闭关锁国”政策的提出，使得传统文化和外界的交流被严重阻隔，在西方工业革命如火如荼进行着的同时，腐朽的清朝统治者仍然沉醉在天朝大国的陈年旧梦中，这一问题导致近代中国文化发展的缓慢和影响力的式微，导致一系列类似于文化自卑现象的发生。对于当代中国文化而言，试图用儒家文明的价值理念去代替其他的文明理念几乎是不可能的。面对当今的世界，我们今天只能在交流互鉴中展示中国文化的独特魅力，让不同文化在自觉自愿的基础上自主选择。

第二，中华优秀传统文化“走向世界”不是表层的文化交流，而是深层次的价值观交流。这种价值观交流既是内在文化理念的深层次对话，又是价值理念的隐形博弈，只有在对话与博弈的辩证统一中才能真正将中华文化推向世界。在这个意义上，中华优秀传统文化在走向世界的过程中就会焕发出新的生命力，很有可能激发出新的价值意蕴；同时，世界不同文化也会在中华文化当中得到启示，从而产生新的文化。比如，“己所不欲，勿施于人”的恕道之所以能被世界绝大多数人所服膺和认同，并成为写入联合国总部大楼的“黄金道德法则”，必然经历了复杂的交流互鉴的过程。首先，通过对“己所不欲，勿施于人”抽象精神的提炼、前提界限的澄清和思想内容的转化，使其成为融入时代精神的思想资源。其次，经过创造性转化的“己所不欲，勿施于人”还需要在中西文化差异的背景下“再度转译”，成为西方人可以理解的意义存在，在这个意义上的“己所不欲，勿施于人”才是真正与西方文化交锋的意义存在。在这一过程中，“己所不欲，勿施于人”实际上已经与西方文化产生了深度的交锋、碰撞和融合，而成为一种具有更强的生命活力、具备更强的空间适应性的文化存在。这种新的文化存在还会反馈回中国文化母体之中，并产生新的文化影响力。这样一来，“己所不欲，勿施于人”在新一轮的转化创新中重新走进当代中国人的日常生活，走入当代中国人的精神世界，并最终融入当代中国的文化体系之中。

第四章

中国传统文化传承发展的历史进程与机遇挑战

传承与发展中华传统文化是中华民族的精神支柱，是国家文化软实力的重要组成部分。我们应采取有效措施，传承和发展中华传统文化，让中华传统文化在现代社会中焕发新的生机和活力。同时，我们也应该积极参与国际文化交流，让世界了解和认识中华传统文化的价值，共同推动人类文明的进步。

文化是不断传承的过程。文化虽然是由生产力和生产关系决定的，但彼此间并不是完全复制重合的。这表现为，文化与经济前进的步伐有时不太一致。这是因为，文化具有强大的传承性，从而是可以单独存在的，不一定必须紧紧跟随经济发展。一定的文化观念一旦形成，就会或多或少内化在人的心里，外化为民族文化的传统，成为一种不可低估的文化历史惯性。

无论是什么年代的思想文化，都离不开前人所创造的观念。人们总是在“直接碰到的、既定的、从过去承继下来的条件下创造”，这是因为我们的生活会受到整个文化环境的影响，总是通过口口相传、书籍文字等形式，从我们祖先那里学习哲学、艺术、技艺，在学习的基础上融入自身的思考，从而让传统的东西有新的展现形式。如今的文化环境是未来探究追寻新文化的基础。没有文化的延续，就没有更高层次的飞跃。毛泽东说：“我们必须尊重自己的历史，绝不能割断历史。”习近平总书记也说：“不忘历史才能开辟未来，善于继承才能善于创新。”这虽然是针对中国情况来说的，但同时也反映了人类文化发展的共同历史规律。

文化是不断发展的，不仅包括既定的文化成果，也包括创造文化的动态活动过程，它不是僵死的、凝固的，而是具有活的灵魂的生命体。文化虽然具有一定的稳定性和传承性，但也会根据人们在不同时代实践活动的改变而不断进行补充和创新发展。这种创新从内部来看，是生产力进步和社会发展的结果。正如马克思主义唯物史观所说：“物质生活的生产方式制约着整个社会生活、政治生活和精神生活的过程。”当经济发展方式在一个社会发生改变，社会历史向前发展时，社会的个体成员会以新的方式面对自己所生活的环境。传统很少是完美的，从而那些传承并依赖传统的人就会结合自身时代发展的特征以及群众的精神文化需要对传统文化进行补充和完善，文化传统就会发生转化和创新。但这种转化创新发展通常以渐进的方式发生在文化传统各个组成部分的内部。

从文化创新发展的外部条件来看，一是由于文化的沟通交往；二是由于文化的冲突、对撞。文化的沟通交往，一方面指一种文化之中不一样的文化之间的来往，即使在同一文化传统中，也会因地域的不同出现区别。通过不同地域、民族文化的比较交流会影响这种文化的形成发展。如中华优秀传统文化不仅是汉民族一个民族创造的，而是与其他各民族广泛比较交流而最终形成的。另一方面指不同文化传统之间的比较与交流，也就是国际上不同文化传统之间的比较与交流。不同文化传统之间的交流引起的文化变迁有增添、融合、涵化、综合这几种结果。但对其他文化的吸收借鉴是有选择的，只有适应本地自然与人文环境、能与本民族文化相契合的文化要素，才有可能被选择吸收。

文化的摩擦、矛盾既可能发生在一种民族文化中，也有可能发生在两种文化之间。而这种矛盾冲突会打破旧的文化结构，使文化在吐故纳新的基础上进行新的整合，甚至会在外来冲击下发生文化的突变。一般来说，能够有力打破原有文化结构的是代表着先进生产力、符合时代特征的先进文化。但是，面对外来的先进文化，不能照搬照抄，必须保持本民族文化的主体性，否则就会丧失民族生存的根基。

文化具有一定的稳定性和传承性。稳定是其重要特征，但稳定不意味着静止、停滞，否则一种文化对现在和未来的影响便无从产生。文化的稳定性与可塑性、流动性、创新性是辩证统一的。一种文化或在内部动力推动下发生缓慢变化或在与外部环境的交流冲击下发生突变，但无论是渐变还是突变，文化总是在创造中不断前进，是一个形成传统和不断向新的传统转化的过程。而我国古代思想本身就是一种文化，具有文化动态存在、不断创新发展的特点。因而，中国传统文化的弘扬我们不仅要传承古代优秀的思想，还要在实践活动中创新发展，才能使其不断更新，从而永远朝气蓬勃。

第一节

中国传统文化传承发展的历史进程

20 世纪 80 年代是中国实行改革开放政策的初期，这一时期的社会变革对中国的传统文化传承与发展产生了重要影响。20 世纪 80 年代，中国开始实施改革开放政策，使得中国与世界的交流日益增多，为中国传统文化的传承与发展提供了更广阔的舞台和良好的政策环境。随着经济社会的发展，人民生活水平不断提高，人们对精神文化的需求也日益增长，越来越多的人接受到良好的教育，为传统文化的传承与发展提供了人才支持。

20 世纪 80 年代，改革开放后的中国兴起了一股“文化热”，中西文化再一次发生碰撞，“现代化”的概念流行，西方的自然科学方法例如信息论、控制论、系统论也开始被中国知识分子引入到人文社会科学研究领域，可以说，20 世纪 80 年代这股“文化热”主要表现为“西学热”，其中甚至不乏“全盘西化”的声音。与对西方文化的肯定相伴随的是对传统文化的否定，西方文化被认为是先进的、现代的，而中国文化则被判定为落后的、非现代化的。在这股反传统的文化气氛中，另一股追寻中华文化根脉、守护传统文化的思潮也在兴起。例如，由著名中国哲学史学家冯友兰先生与北京大学哲学系张岱年、朱伯昆和汤一介等对传统文化有深入研究的学者共同发起成立了中国文化书院，他们以同情的、肯定的态度研究、传承传统文化，即使在进行中西文化比较研究的过程中，他们也总是试图遵循中国文化自身的逻辑，而不再简单地采用西方话语体系。在这一时期，海外新儒家学说也被逐步介绍到中国。随着传统文化的热度不断上升，20 世纪 90 年代初，“国学热”兴起，又经过近二十年的发展，进入新时代之后，中华优秀传统文化被正式提升到实现中华民族伟大复兴的战略高度，全社会对中华传统文化的认识全面深化。习近平总书记在弘扬和传承中华优秀传统文化方面提出的一系列新思想、新观点、新论断，可以看作是这一时期中国社会对中华优秀传统文化深化认识的集中表达。如何处理好继承与创新的关系，使中华优秀传统文化成为实现中华民族伟大复兴的精神力量，如何推动中华优秀传统文化实现创造性转化和创新性发展成为新时代中国文化发展的重要议题。

一、中华传统文化的复兴与反思

从 1992 年到 2012 年，中华传统文化的复兴以“国学热”的形式呈现出来。“国学”实际上是一个为人熟知但又有歧义的概念。这个词在近代才开始使用，因使用者对中国固有之学术文化的态度不同，对这个词汇的理解也就不同，“在近代，国学曾被界定为中学、旧学、国故学、国文、孔学、六艺之学、汉学、支那学、国粹、国渣等”（《辞海》）。当时，有学者将国学与中华学术前途和民族命运联系在一起，认为应该弘扬；也有学者将国学与尊孔复古、封建糟粕联系在一起，因而主张摒弃。至于“国学”具体包含哪些内容更是众说纷纭。鉴于这种情况，当时即有学者指出：“此二字虽日日腾于人口，而究之其确诂何若，则几乎无人能言之。”借陈独秀的话来说国学“本来是含混糊涂不成一个名词”①。从清末到 20 世纪 40 年代，中国社会曾出现过一股“国学热”，尤其是在 1920 ~ 1930 年，还曾达到过一个高潮，因提倡国学者的政治立场较为复杂，所以他们提倡国学的目的以及由此发挥的社会作用不同，有人借此痛诋西学，有人借此抵制马克思主义和社会主义，有人致力于整理国故，有人试图挖掘传统精神为抗战服务，有人则借此为蒋介石的独裁统治服务，还有人曾借此为日本的殖民统治服务。可以说，从清末便开始出现的“国学”无论是从内涵还是从具体开展的各类活动来看，都可谓鱼龙混杂。而20 世纪 90 年代初我国兴起的“国学热”也即本节要论述的重点，尽管用到的仍然是“国学”一词，但是其意蕴与近代史上的“国学”并无关联，20 世纪 90 年代初所兴起的“国学热”中的“国学”，尽管发展过程中也有乱象，但政府、学界以及社会有识之士所倡导的“国学”，其初衷是复兴传统文化中的能够激励中华民族前进的优秀内容。从这一意义上来讲，与近十年我国所倡导的“中华优秀传统文化”的内涵基本一致。

---

① 陈独秀，任建树．陈独秀著作选编（第三卷）［M］．上海：上海人民出版社，2009：102.

（一）国内“国学热”兴起

从1992年到2012年党的十八大召开之前，传统文化升温的现象主要可以归为以下几类。

其一，大学纷纷开设与传统文化相关的教学科研机构。例如，自1992年北京大学成立中国传统文化研究中心（1993年改为国学研究院）之后，中国人民大学在2005年5月成立了国学院，并逐步建立了完整的学生培养体系，招收本科生、硕士生和博士生；湖南大学在2005年7月成立了岳麓书院国学研究基地；首都师范大学在2007年成立了国学传播中心；上海财经大学在2009年3月成立了国学研究所；华中科技大学在2009年4月成立了国学研究院；清华大学在2009年11月成立了国学院，等等。大学生学习传统文化的热情随之高涨，许多和传统文化有关的学生社团在各大学也陆续成立。[①]

其二，民间办学机构推崇传统文化。随着传统文化的复苏，中国古典文献受到重视，社会上出现了一股“读经”热潮，尤以民间办学机构最为活跃。他们多以周末兴趣班的形式招生，其名字多冠以“国学班”“经典班”“经典学堂”等，教育目标以训练儿童的记忆力、专注力，培养儿童儒雅风度以及尊师爱亲的美好品德为主，受到家长和学生的追捧。除了周末开设的读经班之外，这一时期甚至还出现了不少全日制国学教育机构，被人们称之为现代“私塾”，这些私塾在教材选择和学习方式上基本延续了中国古代传统私塾的做法，教学过程也刻意追求古典情调，例如塾师穿儒士长衫、室内悬挂孔子画像等。这些全日制“私塾”因为与义务教育相

① 李璠．弘扬中华优秀传统文化与中国社会发展研究［M］．北京：北京工业大学出版社，2023.

抵触，后来受到了限制。

其三，传统节日回归百姓生活。从2004年开始，便有人大代表提出将部分中国传统节日纳入国家法定节假日的建议，建议案的主体在2007年底被国务院采纳，2008年，我国政府正式将清明节、端午节、中秋节设为国家法定假日。这不仅是休假安排的调整，更意味着传统节日所负载的中国传统价值观念得到了全社会的认可，以休假的方式落实到了百姓的生活中，实际上发挥了在中国民众中普及、推广、强化传统价值理念的作用。

其四，各类纪念中国历史文化名人的庆典纷纷举办。以“祭孔”为例，2005年9月28日，以曲阜孔庙为中心，全球十多个城市的孔庙所在地联合祭孔，首次实现了“世界文庙同祭孔”的盛典，央视新闻频道为此做专题直播。从2008年开始，山东曲阜恢复春季祭孔，这是解放后首次恢复传统的春祭。祭孔活动由民间组织走向政府主导，规模不断升格，引起了社会各界人士的普遍关注。

其五，媒体聚集传统文化。报纸、杂志、电台、电视台纷纷开办“国学”“儒学”等相关的专栏，邀请专家学者来讲述国学意蕴、古典名著、历史趣闻等。例如，这一时期《光明日报》推出的“国学版”、中央电视台开设的“百家讲坛”等都引起过很大反响。除传统媒体之外，新媒体也迅速跟进，当时的大型门户网站、搜索引擎、博客、手机短信等也纷纷加入传播传统文化的行列。

其六，传统文化主题开放活动受到大众热捧。人民群众在那一时期对传统文化的热情从以下三个公开报道的事例即可见一斑。事例一：2006年初，为了满足广大市民学习传统文化的需求，长春市图书馆与吉林省孔子学会、长春文庙等单位联合推出了“城市热读——国学大讲堂”系列讲座，吸引了吉林省内外的大批听众，为了不局限于长春文庙及图书馆等课堂，“国学大讲堂”还办到了长春市多所中小学校、部队、社区甚至监狱，反响热烈，用活动主办方的话来讲就是“效果超出预期，需求超出想象”。事例二：易中天、于丹等讲授传统文化的学者受到民众的大力追捧，这种追捧丝毫不亚于对影视明星的追捧。据东方网报道，2007 年，易中天在上海签名售书，凌晨四五点钟即有市民排队等候，他的《品三国》七个小时内签售了 7500 余册。据人民网报道，于丹在中关村图书大厦举行签售活动，从下午两点到晚上十点，共签售了 1 万多册书。事例三：在图书市场，国学类书籍经常被立于畅销书之列，据《齐鲁晚报》报道，国学经典在 2009 年 8 月的山东省潍坊市图书文化节上成为最受欢迎的图书种类，参展国学书籍达到 120 多种，一些合订本的《四书五经》《唐诗宋词》《易经批注》等，早上刚开门不到一个小时就卖出了二三十套。当然，热潮中也有乱象，当时颇被人诟病之处主要有三点。其一，抱着娱乐心态对待传统文化，有些人借着国学热潮出风头，做秀、恶搞，试图用传统文化做遮羞布，来达到吸引眼球、迎合低级趣味的低劣目的。其二，以功利态度利用传统文化，将传统文化作为牟利的工具。例如有些人哗众取宠、不扎扎实实地挖掘传统文化培养优秀道德、提高精神修养、净化社会风气的正面价值，却曲解文本，企图在传统思想中挖掘出所谓的升官发财之道或所谓“女德”等封建糟粕来满足部分人的需求，进而谋得利益；有些人打着研究《周易》的旗号算命、卜卦、看风水，实际则是宣扬封建迷信；有些人利用群众对传统文化的热情，举办一些低劣的国学班、出版一些错漏百出的国学读物，尤其在青少年教育方面，一些打着传统文化旗号的民办教育机构高额收费、教学内容芜杂，甚至采用不恰当的教育手段造成恶果的事件也屡见不鲜。其三，在学术研究领域，有些学者过分拔高儒学的现代价值，非理性地认为儒学以及传统文化可以解决现代中国社会中的一切问题，存在文化心态偏狭等问题。①

对上述以“国学热”的形式表现出的传统文化复兴的诸多现象，当时即引发了全社会的广泛讨论。抛却报纸、网络上不计其数的杂文、短评不谈，单就学术研究来看，仅据中国知网期刊数据库统计，从1995年到2012年，直接以“国学热”或“儒学热”作篇名的学术论文有近300篇，在其他相关主题的学术论文中涉及这一话题的更是丰富。从这一角度也可以看出传统文化在这一时期的热度。

（二）国外中华传统文化的发展变化

中华优秀传统文化是中华民族的“根”与“魂”，是中华民族最深沉的精神追求，也是中国特色社会主义植根的文化沃土。中国共产党第十九次全国代表大会以来，习近平总书记多次在重要会议上强调要“坚定文化自信，推动社会主义文化繁荣兴盛”。这不仅是对中华优秀传统文化的继承与弘扬，更是对世界文明发展的推动。从中国改革开放以来中华优秀传统文化在国外的发展历程来看，主要分为以下三个阶段。

1. 融入期

改革开放后，中国开始全面融入经济全球化的进程，在世界范围内积极拓展对外贸易和国际交往。

一方面，中国引进西方先进技术、设备、人才等资源，促进了中国经济的发展；另一方面，中国在引进西方先进技术和人才的同时，也引进了西方先进的管理制度、思想观念等文化成果，促进了中国社会的快速发展。在这个过程中，西方发达国家的价值观念、

① 刘恋．文化自信视域下中华优秀传统文化的传承与发展［M］．长沙：湖南师范大学出版社，2022.

生活方式等文化成果也逐渐融入中国社会之中。

在20世纪80年代中期至90年代中后期，随着改革开放的深入发展，中华优秀传统文化开始被越来越多地吸收、借鉴和传播。这一时期主要是将西方先进文化成果与中国传统文化相结合，向世界展示中华优秀传统文化的独特魅力和时代价值。例如，在这一时期，美国就多次举办过《孔子》纪录片展映活动；英国举办过“中国文化周”等活动。并且随着中国经济实力的不断增强，国际社会对中国的认识逐步深化。

2. 影响期

这一阶段，中国与其他国家在经济上的交流合作日益频繁，中国对国外的经济影响越来越大。随着中国与世界各国的交往日益增多，中国文化开始“走出去”。这一阶段，“孔子学院”在世界各国纷纷设立，孔子学院成为世界了解中国的重要窗口。截至2015年，孔子学院已在世界110多个国家和地区建立了472所孔子学院和1113个中小学孔子课堂，共计招收学生40多万人，先后有50多万名外国学生在这里学习汉语和中华文化。此外，中国传统文化的输出还体现在教育方面。1992年北京外国语大学成立了首家孔子学院——法国巴黎“中法语言文化中心”。2015年教育部首次公布了中国海外办学机构和项目名单，共有25个国家和地区的75所高校。

3. 创新期

进入21世纪以来，随着全球化的加速推进和互联网的普及，中华优秀传统文化的传播方式更加多元化。除了传统的书籍、展览、演出等形式外，还涌现出了网络直播、社交媒体、在线课程等新型传播方式。这些方式使得中华优秀传统文化的传播范围更加广泛，影响力也显著提升。在这一阶段，中国功夫、茶艺、书法等传统艺术形式在全球范围内受到追捧，成为中华文化传播的重要载体。

2017 年 5 月，习近平总书记在北京国家会议中心出席“一带一路”国际合作高峰论坛开幕式并发表重要讲话。他强调：“要继承和弘扬中华优秀传统文化，加强中外文明交流互鉴。要讲好中国故事、传播好中国声音，展现真实、立体、全面的中国。”

（三）中华传统文化复兴的原因

从 1992 年到 2012 年，传统文化的复兴以“国学热”的形式呈现出来，全社会给予了传统文化较多的肯定评价，并将其提高到了中华文化长远发展、重建中华民族共有精神家园、振奋民族精神的高度。这一时期，“持续升温的‘国学热’，具有民间发动、学院响应、媒体助阵、官方谨慎认可并力图用社会主义核心价值体系积极引导的特点”。在“国学”诸种组成要素中，“儒学”受到的关注最高。之所以这一时期以儒学为主体的传统文化会受到人们的重视，既与传统文化的自身特质有关，也与中国社会变革与发展有关，是内因和外因综合作用的结果，是历史的必然。

从内因来看，传统文化的复兴要归功于传统文化本身包含着历久弥新的特质。以儒学为例，儒学作为中国封建社会的意识形态，因为长期与封建制度同生共长，封建社会的毒素被一层层地堆积在儒学身上，掩盖了儒学本来具有的思想上的光辉，而意识形态的色彩却逐渐增强，最终在人们心目中几乎成了封建制度的象征和代言人。在漫长的封建社会，由于儒学一直处于历史舞台的中心位置，所以在封建社会解体的过程中，儒学首当其冲受到激烈批判，这种批判既有来自于儒家内部的反省，更多更强烈的则是来自外部力量的冲击，时代的发展使儒学作为“显学”的时代一去不复返了。但是，自孔子以来，已经走过了两千五百多年发展历程的儒学并不仅仅是历代政治制度的附属品，作为传统文化的主干，它上承夏商周文明之精华，下开两千年中国思想之正统，作为一个历经千年而不衰的学说，它虽然因为长期被封建统治者所利用而不可避免地带有维护封建统治、腐朽落后的因素，但它并不单纯是封建社会意识形态和历代政治制度的附属品，它更积淀了中华民族几千年来的历史经验和优良传统，包含着中华民族对社会人生的深刻认识，是中华民族的文化创造和智慧结晶，是一种具有社会行为规范作用和道德感召力的文化力量，它对社会人生一系列根本问题的回答，有许多内容可以超越家国同构的社会和农业经济，而具有影响现代和未来的超历史的生命力和恒常价值。它的影响遍及中国社会生活的各个领域，存在于中华民族的文化心理结构中，塑造着中华民族的性格，其优秀部分构成了中华民族精神的培养基，为中华民族提供了价值参考和精神支撑，成为中华民族生命力、创造力和凝聚力之所在，缔造了中华民族的灵魂。面对新的时代机遇，儒学中那些契合现代社会的思想智慧就有可能重新绽放出光芒。

从外因来说，以儒学为主体的传统文化的升温得益于中国社会发展的需要。具体来讲，主要与如下几个因素有关。

其一，文化身份认同的需要促使中国人重视以儒学为代表的中华传统文化。在改革开放的时代背景下，中国的对外交往越来越频繁，走出国门的中国人越来越多。首先，从国家层面来看，改革开放以来我国的综合国力迅速提高，被公认已经迈入了大国行列。但是“大国”不仅需要强大的经济、政治、军事实力，同时也需要强大的文化实力与之相匹配。中国必须建设有自身特色的先进文化，确认自己的文化身份才能有能力和气度应对西方文化的挑战，才能在国际交往中与世界其他文明游刃有余地对话，这样才能进一步增强我国的国际影响力。然而，建设有中国特色的先进文化不是无源之水、无本之木，它不仅仅要以马克思主义为指导，不仅仅要吸收世界先进文明成果，而且要重视我们中华民族自身几千年来积淀下来的文化资源，有中国特色的东西正需要从传统思想文化中去挖掘。其次，从个体层面来看，面对异域文化，中国人迫切需要找到自己的精神归属，才能更从容地进行对外交往。我国综合国力和世界影响力的增强，大大增进了中华民族的自信心，伴随着民族自信心的提升，民族意识也进一步觉醒。中国人之所以是中国人，不仅仅因为有黄皮肤、黑眼睛，更重要的是因为有中国人的思维方式、中国人的价值取向和处世特点，这才是中华民族真正的基因。蕴含这种基因的载体就是以儒学为代表的中国传统思想文化。但是，近代以来，一直到20世纪80年代末，批判否定传统文化的思潮一直是思想领域的主流，种种因素造成传统文化在中国社会断裂的时间太长了，这样一种精神文化状态使得走向世界的中国人在一定程度上陷入无精神家园可以归依的尴尬境地。在国际文化交流中，中国人的文化身份是什么，特色是什么？类似于这样的问题，人们发现还是需要到儒学中、到传统文化中去寻找，以儒学为代表的中国传统思想文化是中国人走向世界的文化凭借。这是当时以儒学为代表的传统文化升温的一个重要原因。

其二，“全盘西化”问题的暴露促使中国人重新回望中华传统文化，以寻根的形式探索中国的发展道路。就国内形势来看，在反思文革教训、探索中国发展道路的问题上，国内思想领域形成了西化派、儒学派、马克思主义派，尤其是西化派十分活跃，他们认为只有彻底告别过去，在经济、政治、文化等方面全面西化才是唯一出路，西化派不仅否定儒学，也否定马克思主义，这一思潮发展的恶果便是资产阶级自由化的泛滥。这促使中国社会开始反思精神领域全盘西化的危害，并尝试回到坚守马克思主义基本立场、尝试应用传统文化优秀元素的发展路向上来。就国际形势来看，基督教文化圈的资本主义世界自身问题不断暴露，在经济领域、精神与道德领域危机不断，与此同时，儒家文化圈的一些国家和地区发展局面却比较好，比如这一时期出现的“亚洲四小龙”便呈蒸蒸日上之势，儒家文化在这些国家和地区起到了对人的精神世界进行理性校航的积极作用，一系列对比提醒人们，儒家文化并非像原来大家所预想的那样是现代化的绊脚石，相反，它可以和现代文明协调发展并为现代文明提供助力。上述国内外形势的变化为全面客观评价传统文化提供了有益土壤。

其三，市场经济的负面影响，促使人们向以儒学为代表的传统思想文化去寻找医治现实困境的药方。1992 年，党的十四大提出建立社会主义市场经济体制。市场经济是一把双刃剑，它在促进物质财富增长的同时也带来一系列的社会问题，市场机制崇尚竞争、注重效率，商品交换讲究等价原则，市场行为追求的是经济利益并力图使这种利益最大化。这些价值取向对于经济发展来说无可厚非，但“经济”不是孤立的，它在社会中产生和发展，需要社会中的人去实现，市场经济中的人不仅是“经济人”，也是“社会人”，也就是说，市场经济中的人除了有经济生活的追求以外，也有精神生活的追求，人与人之间的关系，除了有经济关系以外，还有亲情、友情、爱情等其他人际关系。当市场经济的原则入侵到心灵领域和人际关系之中时，因为经济原则与这些领域并不匹配，所以它就有可能给处于其中的人带来困惑、焦虑、紧张、压抑等不良情绪，进而影响整个社会的有效运转。例如，市场崇尚竞争，讲究效率，但如果“竞争”被过度地扩大到人际交往中去，就有可能导致人际关系紧张，身心疲惫。又如，等价交换原则适合商品交换，但却不一定适合社会生活的其他领域，一个人在工作中、生活中、人际交往中的许多付出，受到条件所限，往往得不到立竿见影的对等回报，这时如果总想着等价交换，就极可能陷入心理失衡，对社会和人生感到灰心失望。此外，如果过分注重经济利益而不加节制，就有可能沦为拜金主义，凡事利字当头，带来的必然是人情的冷漠、公心的丧失和社会道德的滑坡。而儒学对和谐的重视、对人伦亲情的重视、对群体利益的重视以及重义轻利等价值理念恰好可以对市场经济的诸多原则起到理性校航的作用。中国人逐渐意识到传统文化中有医治现实困境的药方，古代哲人的谆谆教导具有平衡人的心理、和谐人际关系、安定社会秩序的功效，于是，以儒学为代表的传统文化受到重视也就成了顺理成章的事情了。

其四，以儒学为代表的传统文化所包含的诸多价值理念与中国共产党的执政方针相契合。弘扬中华民族精神、树立社会主义荣辱观、实践科学发展观、建设社会主义和谐社会、建构社会主义核心价值体系、建设中华民族共有精神家园等，是 21 世纪初党和政府大力倡导的价值取向和执政方针。在以儒学为代表的中华传统文化中，蕴涵着丰富的社会和谐思想、道德价值、人文理性以及民本理想，从中我们可以找到与国家大政方针的很多契合点，这些契合点在一定程度上构成了中国共产党执政理念的思想渊源。在这种情况下，可以说，中华优秀传统文化找到了发挥自身优势的平台。也正因为优秀传统文化与党的执政方针的深度契合，党和政府对传统文化的重视程度也就不断提高，例如，2006 年《国家“十一五”时期文化发展规划纲要》、2007 年党的十七大报告等都把传统文化的传承和保护放到了突出位置，明确提出要“加强中华优秀传统文化教育，运用现代科技手段开发利用民族文化丰厚资源”，官方主流媒体比如《人民日报》、《光明日报》、中央电视台等加大了对传统思想文化的宣传力度，各地纪念历史文化名人的各类庆典也大多得到了政府的支持，中小学教科书中有关传统文化的内容也有增多的趋势。以儒学为代表的中华传统文化在当时能够得到大力传播，并在社会上产生广泛影响，在很大程度上得益于党和政府的认可和扶持。

其五，学者、电视、网络等对传统文化的普及，拉近了民众与传统文化的距离，推动了传统文化深入人心。2000 年之后，借助于电视、网络等媒介手段，传统文化采取了多种老百姓喜闻乐见的形式进行传播，在这种传播中，许多研究传统文化的学者纷纷走出书斋，或以各类讲座，或以通俗读物的形式向社会介绍传统思想文化，涌现出一批学术明星。尽管当时社会上对此也有批判、鄙薄的声音，有的反对态度还相当激烈，认为其玷污了学术的严肃性，斥其为“文化被娱乐”“学术走秀”等。但是，不可否认的是，这种通俗化的传播方式确实起到了在社会大众中普及传统文化的作用，增进了社会大众对传统文化的认同。致力于传统文化普及化的学者以及电视、网络等现代化的传播手段是帮助传统文化走出书斋、走入民间的桥梁，这些因素毫无疑问是当时儒学热、传统文化热的一个重要推动力。

总之，20 世纪末 21 世纪初，中国把目光重新投向传统文化尤其是儒家思想，是对现实问题的批判和矫正，具有很强的现实针对性。通过“国学热”，中国人开始重视中华传统文化，认识到了中国在走向现代化的道路上，不可能彻底背离自身的文化传统。在这股热潮的推动下，中华传统文化以新的面貌、带着新的历史使命重新进入中国的社会生活中。这股热潮以及这股热潮中暴露出的问题，为中国人更加深入地理解中华传统文化，更加客观理性地评估中华传统文化的现代价值，更好地处理中华传统文化与中国特色社会主义之间的关系奠定了基础。

二、新时代对传统文化的传承发展

2012 年党的十八大之后，中国特色社会主义进入新时代，中国社会对中华传统文化的认同再上新台阶。“国学”的提法被弱化，取而代之的是性质更为确切、更具认同度、更富凝聚力的“中华优秀传统文化”。中华优秀传统文化凝聚着中华民族普遍认同和广泛接受的道德规范、思想品格和价值取向，作为中华传统文化的精华部分，从性质上来看，是指那些在中华民族发展历程中，经过实践检验和历史选择被积淀下来，在历史上发挥过积极作用，迄今仍然具有传承价值，能够提升新时代中华民族思想觉悟、道德水平、文明素养，能够助力中华民族更好地走向未来的文化。党的十八大之后，中华优秀传统文化在党中央的推动下，被大力倡导。

2018 年 12 月，中共中央办公厅印发了《关于实施中华优秀传统文化传承发展工程的意见》，明确提出了“弘扬以爱国主义为核心的民族精神和以改革创新为核心的时代精神”“弘扬以伟大建党精神为源头的中国共产党人精神谱系”等 12 项重点任务。

2019 年 9 月，中共中央办公厅、国务院办公厅印发了《关于实施中华优秀传统文化传承发展工程的意见》。《意见》提出：“要推动中华优秀传统文化创造性转化、创新性发展，以时代精神激活中华优秀传统文化生命力”；“要充分挖掘和运用我国古代丰富的哲学思想、人文精神、道德规范等，结合新的时代条件和实践要求进行创造性转化、创新性发展”；“要推动社会主义核心价值观融入法治建设和社会治理，把社会主义核心价值观要求融入法治建设和社会治理”。

中国特色社会主义进入新时代之后，中华优秀传统文化迎来了近百年来最好的发展机遇，2021 年，习近平总书记在庆祝建党 100 周年“七一”讲话中提出“坚持把马克思主义基本原理同中国具体实际相结合、同中华优秀传统文化相结合”① 的重要论断，十九届六中全会通过的《中共中央关于党的百年奋斗重大成就和历史经

---

① 习近平．在庆祝中国共产党成立 100 周年大会上的讲话［N］．求是，2021 - 7 - 1（3）．

验的决议》再一次强调了“两个结合”对创立习近平新时代中国特色社会主义思想的重大意义。“两个结合”的重要论断既为继续推进马克思主义中国化指明了方向，也为推动中华优秀传统文化实现创造性转化和创新性发展指明了方向。事实已经证明，将来还会证明，中华优秀传统文化在实现中华民族伟大复兴的进程中将会发挥出越来越重要的作用，将会伴随着中国社会的发展而历久弥新。

三、新时代下中华传统文化传承发展的当代价值

在这个大发展、大变革、大调整的时代，以马克思主义为指导，继承和弘扬中华优秀传统文化中富有价值的哲学思想、人文精神、教化思想、道德理念，与马克思主义相融合相衔接、与现实实践和时代要求相结合，就是当今时代必然的选择。创造性转化，就是为“那些至今仍有借鉴价值的内涵和陈旧的表现”“赋予其新的时代内涵和现代表达形式”；创新性发展，就是“对中华优秀传统文化的内涵加以补充、拓展、完善”。当然，这种“转化”和“发展”，都必须参照当今时代的新特点、新要求，从唯物史观出发，从中国人民当下的伟大实践出发，这就为发扬光大中华优秀传统文化提供了根本指引。

（一）中国传统文化的传承发展，有助于保持中华民族的意识形态和精神独立性

中华民族的民族意识是指中华民族在历史发展过程中形成的对本民族的认同、归属感、尊严感和使命感。这种民族意识体现在对中华民族的历史、文化、语言、传统等方面的认同，以及对中华民族的繁荣、发展和民族团结的关注和追求。中国传统文化的传承发展是保持中华民族的意识形态和精神独立性的重要途径。作为中华

民族的瑰宝，中国传统文化蕴含着丰富的智慧和价值观念，深深植根于中华民族的历史和文化土壤之中。传承和发展中国传统文化不仅有助于继承中华民族的文化基因，更能够保持中华民族在全球化时代的意识形态和精神独立性。

首先，中国传统文化是中华民族的思想基石和道德底线。中国传统文化凝聚了中华民族丰富的思想精华和道德观念，如儒家思想的仁爱之道、道家思想的自然和谐、佛家思想的慈悲智慧等。这些思想和价值观念贯穿于中华民族的日常生活和社会行为中，形成了中华民族独特的意识形态和道德准则。传承和发展中国传统文化能够使中华民族在面对多元文化冲击时保持自己的文化认同，并在价值观念上保持独立性。

其次，中国传统文化是中华民族的文化自信与创新源泉。传统文化的传承和发展不仅在于对传统知识和技艺的保留，更重要的是在不断地创新与发展中焕发出新的活力。中国传统文化具有开放包容的特点，能够吸纳外来文化的优秀成果，同时又能够赋予其中国特色。通过对传统文化的深入研究和创新实践，中华民族可以凭借自身的智慧和创造力，为世界文化的发展做出独特的贡献。这种文化自信和创新精神有助于保持中华民族在全球舞台上的意识形态和精神独立性。

最后，中国传统文化是中华民族的文化根基和民族凝聚力。传承和发展中国传统文化有助于强化中华民族的文化认同和凝聚力。中国传统文化是中华民族的文化根基，是中华民族的精神家园。通过传承和弘扬传统文化，中华民族能够找到自己的文化归属感和身份认同，从而增强民族凝聚力和向心力。在面对外部文化冲击和全球化的挑战时，中华民族可以通过传统文化的力量，保持自己的文化独立性和自信心，更好地应对各种挑战和困境。我们在意识形态和精神文化方面始终保持“独立性”。对于这一点，习近平总书记的论述中讲得很清楚，强调中华优秀传统文化始终是我们在世界各民族文化相互激荡中的立脚点。中华民族要在未来历史长河中继续行稳致远，必须培“根”固“本”，使中华民族保持自己的文化底色。但同时要保持开放的心态，虚心向其他文化学习，在学习过程中不能机械地照搬照抄，而应结合时代条件，在汲取其他民族文化长处的同时变革创新中华优秀传统文化，把中华优秀传统文化发扬光大。

（二）中国传统文化的传承发展，有利于提高民族素质和国家治理

中国传统文化的传承发展对提高民族素质和国家治理具有重要意义。作为中华民族的瑰宝，中国传统文化蕴含着丰富的智慧和价值观念，它在塑造人们的道德品质、思维方式和行为准则方面起着重要作用。传承和发展中国传统文化不仅有助于提高民族素质，也可以为国家治理提供有益借鉴。

首先，传承中国传统文化有助于提高民族素质。中国传统文化强调儒家思想的仁爱之道、道家思想的自然和谐、佛家思想的慈悲智慧等，这些思想和价值观念贯穿于中华民族的日常生活和社会行为中。传承中国传统文化可以培养人们的道德品质，提高他们的道德修养和社会责任感。儒家思想的重视仁爱和孝道，教育人们在人际关系中关心他人、尊重长辈。道家思想的注重自然和谐，教导人们与大自然和谐相处、尊重生态环境。佛家思想的慈悲智慧，培养人们的慈悲心肠和宽容心态。通过传承中国传统文化，可以提高人们的道德素质，增强社会公德和个人品德，形成和谐、有爱心的社会风气。

其次，传承中国传统文化有助于提升国家治理水平。中国传统文化中的思想和理念，为国家治理提供了重要的借鉴和指导。例

如，儒家思想强调仁爱和孝道，弘扬礼义廉耻的观念，这为国家建设提供了行为准则和道德规范。传承和发展儒家思想可以培养忠诚、公正、廉洁的政府官员，提高政府的廉政建设和服务水平。道家思想注重自然和谐、无为而治，对推动环境保护和可持续发展具有积极意义。佛家思想的慈悲智慧强调利他精神和人间解脱，为国家治理提供了关怀弱势群体、促进社会公平正义的思路。通过传承中国传统文化，可以借鉴其中的智慧和理念，提升国家治理的能力和水平。

最后，传承中国传统文化有助于加强民族凝聚力和国家认同。中国传统文化是中华民族的文化根基，是中华民族的精神家园。通过传承和弘扬传统文化，可以增强中华民族的文化认同和凝聚力。民族凝聚力是国家稳定和发展的重要保障，而传承中国传统文化可以激发中华民族的文化自信心，增强民族自豪感和归属感。同时，传承中国传统文化也可以加强中华民族与其他民族的交流与融合，促进文化多样性的共享与发展。

（三）中国优秀传统文化的传承发展，有利于助推文化强国建设

作为中华民族的瑰宝，中国优秀传统文化蕴含着丰富的智慧和价值观念，代表着中华民族的精神追求和独特魅力。传承和发展中国优秀传统文化不仅能够提升国家的文化软实力，也可以推动文化产业的繁荣和创新，助力中国成为文化强国。

首先，传承中国优秀传统文化有利于提升国家的文化软实力。中国的传统文化是世界上独一无二的宝贵财富，具有深厚的历史底蕴和独特的审美价值。通过传承和弘扬中国优秀传统文化，可以展示中华民族的文化自信和自主精神，增强国家的文化吸引力和影响力。中国的传统文化包括诗词、书画、戏曲、音乐、舞蹈等多种艺术形式，它们不仅是中华民族的文化瑰宝，也是向世界展示中国文

化的重要窗口。传承中国优秀传统文化，可以推动中华文化在国际舞台上的传播和认可，提升国家的文化软实力。

其次，传承中国优秀传统文化有利于推动文化产业的繁荣和创新。中国优秀传统文化蕴含着丰富的艺术表达和创造力，可以为文化产业提供源源不断的创意和灵感。传承中国优秀传统文化，可以激发创作者的创造力，推动文化产品的研发和创新。例如，中国传统戏曲艺术是中国文化的重要组成部分，通过传承和创新，可以将戏曲艺术与现代科技相结合，开发出更具吸引力和市场竞争力的文化产品。此外，传承中国优秀传统文化还可以促进文化创意产业的发展，推动文化产品的国际化输出，为国家经济的转型升级提供新的支撑。

最后，传承中国优秀传统文化有利于培养国民的文化自觉和文化自信。中国优秀传统文化是中华民族的精神家园，是中华民族的文化根基。通过传承和发展中国优秀传统文化，可以培养国民的文化自觉和文化自信，增强中华民族的凝聚力和认同感。中国的传统文化强调儒家思想的仁爱之道、道家思想的自然和谐、佛家思想的慈悲智慧等，这些思想和价值观念贯穿于中华民族的日常生活和社会行为中。通过传承中国优秀传统文化，可以引导国民树立正确的价值观念，增强文化自觉和文化自信，推动全社会形成积极向上、和谐稳定的文化氛围。

（四）中国优秀传统文化的传承发展，有利于促进中华文化的对外传播

中国优秀传统文化作为世界文化瑰宝之一，具有深厚的历史底蕴、独特的审美价值和智慧内涵。传承和发展中国优秀传统文化可以有效地展示中华民族的文化自信和独特魅力，推动中华文化在国际社会的传播与认知。

首先，传承中国优秀传统文化有利于提高中华文化的国际影响力。中国优秀传统文化以其独特的审美观念、智慧思想和艺术形式，吸引着世界各国的关注和兴趣。通过传承和发展中国优秀传统文化，可以向国际社会展示中华文化的博大精深和多元魅力，增强中华文化在世界范围内的认知度和影响力。例如，中国传统绘画、音乐、舞蹈、戏曲等艺术形式，以其独特的风格和审美特点，吸引着世界各地的艺术爱好者和文化学者前来学习和研究。通过传承中国优秀传统文化，可以推动中华文化的国际传播，加强与其他国家和地区的文化交流与合作。

其次，传承中国优秀传统文化有利于增进民族认同感和文化自信心。中国优秀传统文化是中华民族的独特文化符号和精神纽带，是中华民族的文化基因。通过传承和发展中国优秀传统文化，可以激发中华民族的民族自豪感和文化认同感，增强中华民族的凝聚力和自信心。中华文化的传播不仅是向外传播，更是通过内部的传承和弘扬，让中华民族深入理解和感知自己的文化根源，从而更加自觉地传播、弘扬和捍卫中华文化的价值观和精神追求。

最后，传承中国优秀传统文化有利于构建人类命运共同体。中国优秀传统文化以其人文关怀、和谐共生的思想和价值观念，为构建人类命运共同体提供了重要的智慧和参考。通过传承和发展中国优秀传统文化，可以将中华文化与世界各国的文化交流相结合，共同探讨人类共同面临的问题和挑战，推动不同文化间的对话与融合。中华文化的对外传播不仅是向外展示中华民族的风土人情和传统文化，更是通过与其他文化的对话和交流，寻求共同发展、共同繁荣的道路。

（五）中国优秀传统文化的传承发展，有利于世界和平与发展

中国作为一个拥有悠久历史和丰富文化遗产的国家，其传统文

化在世界范围内具有广泛的影响力。

首先，中国优秀传统文化的传承发展有助于促进文化交流与理解，进而促进世界和平。中国传统文化蕴含着深厚的哲学思想、艺术表达和道德准则，通过积极推动中国传统文化的传播与交流，可以增进各国之间的相互了解与尊重，消除文化隔阂，促进文化多样性与平等对话，有助于增进人民之间的友谊，减少误解与冲突，为世界和平的建设创造了有利条件。

其次，中国优秀传统文化的传承发展有助于塑造积极向上的价值观。中国传统文化强调和谐、仁爱、诚信等价值观念，这些价值观念与世界各国的普遍价值追求相契合，具有普世性的意义。通过传承和弘扬这些价值观，可以引导人们树立正确的生活态度和价值取向，促进社会和谐与稳定。

最后，中国优秀传统文化的传承发展有助于培养人文关怀和社会责任意识。中国传统文化注重人与自然、人与社会的和谐相处，强调个体与集体的关系，提倡尊重他人、关爱社会。在全球化进程加速的今天，中国传统文化的人文关怀价值可以为世界各国提供参考，引导人们更加注重社会公益、生态环境保护和可持续发展。

当前和平与发展是时代的主题，习近平总书记指出，我们的传统文化中爱好和平的思想今天依然是中国处理国际关系的基本理念。在中华文化与其他民族文化的交流交往历史上，中华优秀传统文化以其“和”与“合”等理念作为目标原则处理和协调社会关系、国与国的关系等，取得了巨大成功，使得中华文化不断辐射传播，形成了包括日本、朝鲜、韩国、越南、新加坡等国在内的“中国文化圈”或叫作“儒家文化圈”，中华传统文化曾深深影响了这些国家的历史进程。今天，中国在建设社会主义现代化强国过程中，仍然坚持走和平崛起之路，努力避免“修昔底德陷阱”，并且中国也希望世界各国都走和平发展道路。当代人类也面临着发展不平衡性更加突出、贫富差距不断扩大、物欲追求日益贪婪、个人主义甚嚣尘上、社会诚信消减消失、伦理道德失常失范、生态环境污染恶化等许多共同难题，而中华优秀传统文化中的和平基因为解决当代人类生存与发展难题提供中国智慧和中国方案。

第二节 中国传统文化传承发展面临的机遇

当今世界不可阻挡的发展趋势是多极化和全球化。在全球化这柄双刃剑面前，各国各民族的文化都要承受狂风暴雨般的洗礼，在排斥与接纳、保守与融入、消解与重塑中做出抉择。中华优秀传统文化的继承与发展虽然也面临着巨大的压力和挑战，但它开放包容、兼容并蓄、自我进化的文化自信性格特征决定了它完全有能力在继承自己优秀文化基因的基础上，衍生出一种有别于当今西方国家文化体系的东方文化体系。这种文化体系的建立将给未来的人类带来新的选择和更加和谐、舒适、平衡的感受。

一、强大国势为中华优秀传统文化复兴奠定了物质基础

众所周知，在中国共产党的坚强领导下，经过 70 多年的艰辛奋斗、砥砺前行，中华民族已经跨越了从站起来到富起来的历程，正向强起来的方向大步迈进，取得了令世人瞩目的成就。强大的国势为中华优秀传统文化的复兴奠定了重要的物质基础。国势强大主要包括经济实力的增强、科技水平的提高、教育体系的完善以及文化产业的发展等方面。这些因素共同促进了中华优秀传统文化的传承和发展。

首先，经济实力的增强为中华优秀传统文化的复兴提供了重要

的物质保障。随着中国经济的快速崛起，人民生活水平的提高，越来越多的人有了更多的时间和资源来关注、学习和传承中国传统文化。经济的繁荣使得文化产业得到了更多的支持和投入，促进了文化市场的发展和文化产品的创作。同时，经济实力的增强也为文化机构的建设和文化活动的举办提供了更大的资金支持，为中华优秀传统文化的传播和推广提供了有力的保障。

其次，科技水平的提高为中华优秀传统文化的复兴提供了新的可能性。现代科技的发展使得文化传播和交流更加便捷和广泛。互联网、社交媒体、移动通信等科技手段的普及，极大地拓宽了传播渠道，让更多的人了解和接触中华传统文化。同时，现代科技的应用也为文化研究和保护提供了更多的工具和手段，使得中华优秀传统文化的研究和传承更加科学和系统化。

教育体系的完善也对中华优秀传统文化的复兴起到了重要作用。随着教育体制的改革和发展，中华传统文化的教育得到了更多的重视和关注。学校课程的改革和加强，将中华传统文化融入教育内容中，让更多的学生接触和学习中国优秀传统文化。同时，各级教育机构也加强了对中华传统文化教师的培养和引进，提升了教师队伍的专业素养和教学水平，为中华优秀传统文化的传承和发展提供了有力的支持。

最后，文化产业的发展为中华优秀传统文化的复兴提供了良好的环境。文化产业的兴起为传统文化的创新和传播提供了广阔的平台。文化产业的发展不仅促进了中华传统文化的创新，也为传统文化的商业化运作和市场化推广提供了机会。同时，文化产业的繁荣也吸引了更多的人从事文化创意工作，推动了中华优秀传统文化的传承和发展。

二、新时代人们对中华文化复兴的社会责任感显著增强

新时代，经济上的融合、生活方式上的趋同，势必会带来民族文化或文明之间的博弈、碰撞和冲突，所以新时代文化认同危机也十分明显。对中国来说，互联网使各种外来文化不断涌入，冲击着中国人千百年来传统的思维方式和生活方式，冲击着中国人早已习惯的待人接物的方式，更重要的是冲击着中国人的文化信仰。这种冲击虽一度使一些人在纷繁的文化万花筒中迷失方向，但最终唤醒了人们对中华优秀传统文化的深入思考和深刻解读，让人们开始在文化的交流冲突中寻求自身的文化定位，探寻本民族文化的复兴之路。基于对中华优秀传统文化与现实关系的思考，中华优秀传统文化复兴的重要问题——传统文化的传承与创新，已成为当代中国人思考的核心。新时代对中华优秀传统文化的存续和发展所产生的种种冲击，不仅没有让我们对坚守并且传承中华优秀传统文化产生怀疑，反而成为一种基于文化识别需要和文化定位需要的、努力实现中华优秀传统文化复兴的内在动力。正是在这种动力的作用下，中国人对自身传统文化的态度发生了很大的转变，不少人从忽视走向重视，从不置可否到主动学习，从泛泛而谈到深入研究，从而为中华优秀传统文化的现代化复兴打下了坚实的民众基础。近年来，中央电视台策划并播出的《中国诗词大会》《经典咏流传》等节目广受欢迎就是很好的例证。在这类优秀文化作品的传播过程中，中华优秀传统文化也充分显示了自己的再生能力，显示了自己能够与时俱进又保持独特魅力和民族性的能力，也增强了新时代人们对中华文化复兴的社会责任感和历史使命感。

三、互联网的发展为传播中华优秀传统文化构造了一个全新场域

在新时代，传播技术的发展、传播工具的普及以及移动社交媒介的迅速崛起，极大地改变了人们接触、搜集、交换和传播信息的模式，为中国传统文化的传播提供了广阔的平台。

第一，互联网技术的快速发展使得传统文化的传播更加便捷。通过互联网，人们可以轻松地获取大量的传统文化资料、文献和作品。无论是古代经典文献还是传统艺术表演，都可以通过网络进行数字化传播，使得传统文化的知识和信息得以广泛传播。同时，互联网还提供了互动和参与的平台，人们可以通过社交媒体、博客等方式进行讨论和分享，促进了传统文化的交流和传承。

第二，数字化媒体的出现使得传统文化的呈现方式更加多样化。传统文化在数字化时代可以通过图像、音频、视频等多种媒体形式进行展示。例如，通过在线视频平台可以观看传统音乐、舞蹈和戏曲表演，通过电子书可以阅读传统文献和经典著作。这样的多媒体呈现方式不仅提升了传统文化的可视化和可听性，也增加了年轻人对传统文化的兴趣和接触渠道。

第三，社交媒体的兴起为传统文化的传播提供了更广泛的受众。通过微博、微信、抖音等社交媒体平台，人们可以分享自己对传统文化的理解和体验，与他人进行交流和互动。这种互动的传播方式不仅可以将传统文化推向更广泛的人群，也使得年轻一代更容易接触和参与传统文化的传承。

第四，数字化时代的在线教育平台为传统文化的学习和教育提供了便利。通过在线课程、网络研讨会等形式，人们可以随时随地学习传统文化知识和技艺。这种灵活的学习方式打破了时间和空间

的限制，使得传统文化的学习更加便捷和普及化。在线教育还为传统文化的教育提供了全新的模式，例如通过虚拟实境技术可以模拟传统文化的体验和互动。

四、国际文化交流与合作为中国传统文化的传承提供了广阔的平台

文化是鲜活、有生命的。它就像一棵不断成长的大树，只有在不断兼容并蓄、吐故纳新的过程中，才能保持持久的活力。同样，文化也只有通过传播交流，才能拥有相当的影响力。因此，经济发展不能闭关锁国，文化的复兴同样不能故步自封。我们需要把国外的先进文化带进来，同时也要让中华优秀传统文化走出去。

国际文化交流为传统文化的传播提供了全球化的舞台。通过与其他国家的文化机构、艺术家和学者的交流与合作，中国传统文化得以更广泛地传播到世界各地。例如，通过举办文化展览、艺术交流活动和国际文化节等形式，中国传统文化的独特魅力得以展现，向外界传递出中国的文化自信和价值观。这种全球化的传播使得传统文化获得了更广泛的认可和欣赏，同时也为传统文化的传承提供了更多的学习和交流机会。

国际文化交流为传统文化的保护和修复提供了经济支持。随着全球旅游业的蓬勃发展，中国传统文化成为了吸引国际游客的重要资源之一。许多国家和地区的游客来到中国，希望能够亲身体验和了解传统文化的内涵。这为传统文化的传承者提供了更多展示自己才华和技艺的机会，同时也为文化遗产的保护和修复提供了经济支持。例如，一些古建筑的修复和文物的保护工作可以通过国际文化交流项目的资助得以实施，从而保护和传承传统文化的重要遗产。

国际文化交流促进了传统文化与其他文化的对话和融合。在与其他国家的文化交流中，中国传统文化与其他文化进行了深入的对话和交流，促进了文化多样性的发展。这种对话和融合不仅丰富了传统文化的内涵和表达方式，也为传统文化的创新和发展提供了新的思路和方向。例如，中国传统音乐与西方音乐的融合，传统戏曲与现代舞蹈的结合，都展示了传统文化与现代艺术的交融，创造出了新的艺术形式。

国际文化交流也为传统文化的研究和学术交流提供了重要平台。通过与国际学界的学者进行交流与合作，可以拓宽传统文化研究的视野，借鉴其他国家的研究方法和理论框架，推动传统文化研究的深入和发展。同时，国际学术交流也为传统文化的教育和培训提供了重要机会，通过国际学术会议、研讨会等形式，学者们可以分享研究成果、交流学术观点，推动传统文化的学术研究和传承工作。

五、构建人类命运共同体理念为中华优秀传统文化的传承发展带来了新机遇

随着全球化的加速推进，各国之间的交流与合作越来越紧密，构建人类命运共同体成为国际社会共同关注的话题。在这个过程中，中华优秀传统文化以其独特的价值观念和丰富的文化内涵，为人类命运共同体的构建提供了有力的支持。

中华优秀传统文化为人类命运共同体提供了共同的价值观。中华优秀传统文化是中华民族的精神支柱，蕴含着丰富的道德观念、伦理观念、人文精神等。这些观念不仅具有鲜明的民族特色，而且具有“普世价值”，可以为世界各国人民提供共同的价值观。例如，中华文化的“仁爱”“诚信”“友善”等理念，既体现了人与人之

间的和谐相处，又强调了国家与国家之间的诚信合作。这些价值观念有助于增进各国人民之间的相互理解与信任，为构建人类命运共同体提供共同的道德基础。

中华优秀传统文化为人类命运共同体提供了丰富的文化资源。中华优秀传统文化具有悠久的历史底蕴和丰富的文化内涵，包括文学、艺术、哲学、科技、教育等诸多领域。这些文化资源为世界各国人民提供了丰富的文化体验，有助于增进各国人民之间的文化交流与互动。例如，中国古典文学、书法、绘画、音乐、舞蹈等艺术形式，都是人类文化宝库中的瑰宝，可以激发世界各国人民的创造力和想象力，为构建人类命运共同体提供源源不断的文化动力。

中华优秀传统文化为人类命运共同体提供了和谐的发展模式。中华优秀传统文化强调人与自然的和谐共处，倡导可持续发展。这种发展模式不仅符合自然界生态规律，而且具有“普世价值”，可以为世界各国人民提供一种可持续发展的道路。例如，儒家文化强调“天人合一”，提倡人与自然和谐共处；道家文化倡导无为而治，强调自然规律和道德伦理；墨家文化则主张兼爱非攻，强调和平共处。这些思想可以为世界各国人民提供一种可持续发展的指导思想，为构建人类命运共同体提供有力的支撑。

中华优秀传统文化为人类命运共同体提供了智慧。中华优秀传统文化蕴含着丰富的智慧，可以为世界各国人民提供解决问题的智慧。例如，儒家文化强调“修身齐家治国平天下”，提倡通过个人修养来影响家庭、国家和世界；道家文化则主张“无为而治”，强调在治理国家和社会时应顺应自然规律，不刻意追求功利；墨家文化倡导“兼爱非攻”，强调在处理国际问题时应注重和平与互信。这些智慧可以为世界各国人民提供解决问题的智慧，为构建人类命运共同体提供有力的支持。

第三节

中国传统文化传承发展面临的挑战

马克思主义认为，任何作为显性形态的思想文化成果都是特定时代经济状况和政治条件的生动反映，都不可避免地具有社会历史的局限性。传统文化是我们民族的精神支柱、民族身份认同以及文化精髓的体现，表征着中国人民的发展智慧、实践智慧和创新智慧。然而，任何思想文化成果都要随着时代不断丰富发展的，在传承与创新中逐步丰富、逐步完善。我们应保持对传统文化的尊重和敬畏，同时对传统文化进行研究和挖掘，以更好地传承和发扬。

在传统文化传承与创新之间，我们需要找到一个平衡点。一方面，我们需要尊重和传承传统文化，使其在现代社会中得到更好的传承和发扬；另一方面，我们还需要在创新传统文化中保持对传统文化的尊重和传承，使其更好地适应现代社会的需求和发展。为了实现这一平衡，我们需要在传承传统文化的同时，不断地进行创新。创新可以使我们更好地适应现代社会的需求和发展，同时，创新传统文化也有助于更好地传承和发扬传统文化。然而，在创新过程中，我们不能忽视对传统文化的尊重和传承，否则，我们可能会失去传统文化的本质和精髓。

伴随着全球化程度的加深、现代经济的发展和网络传播的便捷与高效，新时代中华优秀传统文化传承与创新主要面临着以下几个方面的挑战：一是文化糟粕对中华优秀传统文化传承与创新造成极大冲击；二是繁杂的互联网信息挤占中华优秀传统文化的传播空间；三是西方文化的渗透对中华优秀传统文化传承与创新带来严峻挑战。

一、文化糟粕对中华传统文化传承创新造成极大冲击

作为我国五千年文明史的一部分，中华传统文化在历史长河中形成了独特的价值观、思想体系和审美情趣。新时代，中华优秀传统文化本应借助网络迅捷、便利的特点得到更好的传播，但是中华优秀传统文化的精神富矿并没有因为网络的发展得到整体充分的展示，也没有很好地整合网络文化的表现形式，大量低俗乃至恶俗的文化糟粕在互联网上死灰复燃，一些宣扬“重男轻女”“男尊女卑”“命运天定”等信息大行其道，对传播中华优秀传统文化形成强力冲击。具体表现在以下几个方面。

封建礼教思想。封建礼教思想虽然摒弃已久，但它对人类思想的残害余毒依旧延续至今，封建礼教思想的“三纲五常”“君权、神权、族权、夫权”，它主要彰显了特权思想，即政治、经济上不平等，血缘关系上不平等，尤其是封建礼教拥有严重的男尊女卑思想，经济地位的不平等以及女性缺乏独立的经济权利，导致了妇女社会地位低下。这种以牺牲女性生存发展权利为代价，来维护“男尊女卑”的错误观念，在中国历史遭到进步人士的激烈批判，新中国成立以后，提倡男女平等、鼓励女性通过与男性一起参与劳动以及社会建设等一系列举措落地后，女性的地位和权益得到了进一步保障，“男尊女卑”理念呈逐步退出历史舞台的趋势。现代社会，男女分工界限日益模糊，“自由”“平等”理念已深入人心，男女平等问题也逐步解决而不断前进。然而在这一现实背景下，却有一批借复兴传统文化之名，以“三从四德从娃娃抓起”“男性一家之主”的观念推广，去复辟“男尊女卑”理念无疑是倒行逆施，不利于传统文化的传承与创新。

封建迷信思想。封建迷信活动是指在封建社会中，人们因为对

神秘力量的信仰而进行的各种活动。主要包括祭祀活动、巫术活动、风水活动、鬼神信仰等。在封建社会中，由于人们的认识能力有限，人类对自然灾异的无知和敬畏产生的迷信状态。祭祀活动是封建迷信活动中最为普遍的一种。在封建社会中，人们相信神灵可以保佑他们的家庭和社区，因此会定期举行祭祀活动，这些活动通常包括祭祀祖先、神明和其他神灵，以求得保佑和平安。巫术活动是指人们通过咒语、符咒、占卜等方式来寻求神秘力量的帮助。在封建社会中，巫术活动非常普遍，人们相信巫术可以解决各种问题，如治病、驱邪、求子等。风水活动是指人们通过布置家居、修建建筑等方式来改变环境的气场，以达到吉祥如意的目的。鬼神信仰，是指人们相信鬼怪神仙可以保佑他们的家庭和社区，因此会定期举行求财、求子、求婚、求平安的祭祀活动。封建迷信是指一些带有宗教、神秘或超自然元素的文化糟粕，虽然在当今已经退出历史舞台。但是在现代社会仍有某些借着复兴传统文化的契机，看相、算命、卜卦、抽签、拆字、圆梦、降仙、看风水等大量复兴，更成为精英文化生活中的“雅好”。这不仅在一定程度上让神汉、巫婆、算命先生、风水先生等宣传封建迷信思想的人大行其道，这不仅严重干扰了社会主义物质文明和精神文明建设，而且使传统文化中部分封建迷信内容，被部分学者、群众误认为是国宝而“发扬光大”，对传统文化的传承带来了严重的负面影响。

“形式主义”思想。任何事物都有自己的内容和形式，事物是内容和形式的统一体。当形式不能表达内容应有意义的时候，即形式与内容相分离，就产生了“形式主义”“青天大老爷”“人情世故”这传统文化遗留下的三大死结，如古代迎娶的礼仪，回礼、订婚宴、送客、礼车、拜天地、进洞房等这些都是传统文化的精华，但是在实际生活中，大多取其形而忘其神，甚至，连“形”常常都敷衍了事，甚至出现某些庸俗不堪、伤人害命的“婚闹”形式，这不仅歪曲了我们传统的礼仪和文化，更是败坏了社会风气和道德。这不仅没有推动传统文化的现代化发展，而且冲击了社会主义先进文化的建设。

二、繁杂的互联网信息挤占中华传统文化的传播空间

互联网的出现以及由此衍生并广泛使用的各种新媒体技术，让我们看到了一些普遍存在的现象。一是人们对互联网的依赖程度越来越高，每天随时进入网页、浏览新闻、使用互联网平台已成为人们的日常所需；二是新媒体技术的快速发展让世界范围内的信息传递与共享得以实现，使得广大网民选择、获取或接收海量信息内容变得更加便捷和自由。因此，互联网的普及和与之相伴生的新媒体技术的广泛应用，不仅让各种信息得到了实时传播，而且实现了人们的广泛参与，增加了人们表达意见和传递信息的渠道，给人们带来了全新的文化体验。网络信息以网络科学技术为基础，以电脑、智能手机等各种现代信息工具为载体，在网络空间形成了繁杂多样的文化活动、文化方式、文化产品和文化观念。它们是现实社会文化的展示和延伸，但也使得网民们真伪难识、善恶难辨。很显然，大量的有用无用的信息充斥于网络空间，势必会造成对中华优秀传统文化传播空间的挤占。如果不能把中华优秀传统文化的精髓注入网络信息的传递当中，不能以网络信息表达方式去传播中华优秀传统文化，不能根据新时代的文化表达特征将中华优秀传统文化转化为大众更容易读懂、理解、乐见、融会贯通的信息结构，繁杂的互联网信息将会大量消解人们与中华优秀传统文化接触的机会，中华优秀传统文化的主流地位将被削弱，人们对中华优秀传统文化的情感认同会日渐淡化，进而缩小中华优秀传统文化的生存空间。

三、西方文化的渗透对中华传统文化传承创新带来严峻挑战

随着全球化的日益加深和西方工业文明的发展，形形色色的外来异质文化对中华优秀传统文化产生的影响和冲击愈加深刻。从意识形态方面看，外来文化特别是西方文化一直对中华优秀传统文化形成围攻之势，挤压、排挤、歪曲、丑化中华优秀传统文化的言论及行为不绝于耳，这对传统文化的创新与传承都带来了严重的挑战。

首先，我们需要认识到西方文化对中华传统文化全方位的冲击。在当今我国提出“和而不同”“休戚与共”的命运共同体的构建，一方面，为中西方文化融合提供了全新的历史机遇，推进了我国传统文化能够“走出去”，展示中华文化风采和魅力。但是另一方面，也给我国传承和创新传统文化带来了重大挑战，遭到西方国家对我国的文化围堵。甚至在经济、科技、艺术、教育等各个领域掀起了一场文化“软实力”竞争的激战，西方利用各个渠道和媒体炮制出来各种版本的“中国威胁论”，把中国描述为文化冲突的挑起者，甚至剑指中国优秀传统文化，把中国文化糟粕说成是优秀传统文化，在各民族种族国家中产生了不良的影响。这无疑给中华传统文化的传承与创新带来了巨大的压力，影响了中国传统文化的“走出去”步伐。

其次，西方文化的渗透对中华传统文化价值观传承与创新的冲击。在全球“文化热战”越演越烈的背景下，一些文化霸权主义、文化殖民主义对我国传统文化的传承和发展也产生了严重的冲击。一方面，西方文化以其虚伪性、欺骗性、隐蔽性在世界各国广泛传播，造成一些国家特别是落后国家接受其价值观念和意识形态，而对于中华民族的“以和为贵”“天下太平”持有防御和抵抗态度，

这在一定程度上影响了对中华传统文化接受和认同；另一方面，世界文化交流的频繁，新的文化思潮和文化产业的不断涌现。中西方一些国家凭借其背后的经济实力支撑和信息技术强势，抢占文化传播空间，强力推行西方价值观和所谓的“民主、自由”的社会制度，企图引导世界文化的主流，对中华优秀传统文化传播形成挤压、诋毁和围攻。这无疑会让中华传统文化中的价值观受到时代的冲击，使其创新和传承中带来严峻的挑战。

最后，西方文化的渗透对中华传统文化产业创新与传承的冲击。在全球化背景下，文化“软实力”是国家影响力的重要组成部分，文化产业是国家文化“软实力”的重要组成部分，也是文化繁荣的核心指标之一，也是提升国家文化“软实力”的重要手段。我国文化产业起步比较晚，国内外文化市场发展不充分、整体竞争力比较弱，特别是传统文化的文化产品相对供应不足，甚至丧失了一定的特色和辨识度，部分受到西方开放的生活方式和社会风气的影响，使我国部分文化产业在娱乐产业也在模仿西方快餐式的文化产业，甚至一些文化企业、文化部门对待传统文化的传承与创新不够重视，也不推出相关文化产品。这些状况，无疑都不利于挖掘我国传统文化资源，进行文化产业的传承与创新。

第五章

中国传统文化传承发展的基本要义

中华民族是一个具有悠久历史和灿烂文化的民族，在历史发展进程中创造了内涵丰富、特色鲜明的中华优秀传统文化。对中华优秀传统文化进行传承和发展，是增强民族文化自信的需要，也是推动社会主义文化繁荣兴盛的必然要求。正确认识和处理传承与发展的关系，是我们推进中华优秀传统文化传承与发展的关键。

文化虽然是由生产力和生产关系决定的，但彼此间并不是完全复制重合的。这表现为，文化与经济前进的步伐有时不太一致。这是因为，文化具有强大的传承性，从而是可以单独存在的，不一定必须紧紧跟随经济发展。一定的文化观念一旦形成，就会或多或少内化在人的心里，外化为民族文化的传统，成为一种不可低估的文化历史惯性。

无论是什么年代的思想文化，都离不开前人所创造的观念。人们总是在“直接碰到的、既定的、从过去承继下来的条件下创造”，这是因为我们的生活会受到整个文化环境的影响，总是通过口口相传、书籍文字等形式，从我们祖先那里学习哲学、艺术、技艺，在学习的基础上融入自身的思考，从而让传统的东西有新的展现形式。如今的文化环境是未来探究追寻新文化的基础。没有文化的延续，就没有更高层次的飞跃。

文化不仅包括既定的文化成果，也包括创造文化的动态活动过程，它不是僵死的、凝固的，而是具有活的灵魂的生命体。文化虽然具有一定的稳定性和传承性，但也会根据人们在不同时代实践活动的改变而不断进行补充和创新发展。这种创新从内部来看，是生产力进步和社会发展的结果。当经济发展方式在一个社会发生改变，社会历史向前发展时，社会的个体成员会以新的方式面对自己所生活的环境。传统很少是完美的，从而那些传承并依赖传统的人就会结合自身时代发展的特征以及群众的精神文化需要对传统文化进行补充和完善，文化传统就会发生转化和创新。但这种转化创新发展通常以渐进的方式发生在文化传统各个组成部分的内部。

从文化创新发展的外部条件来看，一是由于文化的沟通交往；二是由于文化的冲突、对撞。文化的沟通交往，一方面指一种文化之中不一样的文化之间的来往，即使在同一文化传统中，也会因地域的不同出现区别。通过不同地域、民族文化的比较交流会影响这种文化的形成发展。如中华优秀传统文化不仅是汉民族一个民族创造的，而是与其他各民族广泛比较交流而最终形成的。另一方面指不同文化传统之间的比较与交流，也就是国际上不同文化传统之间的比较与交流。不同文化传统之间的交流引起的文化变迁有增添、融合、涵化、综合这几种结果。但对其他文化的吸收借鉴是有选择的，只有适应本地自然与人文环境、能与本民族文化相契合的文化要素，才有可能被选择吸收。

文化的摩擦、矛盾既可能发生在一种民族文化中，也有可能发生在两种文化之间。而这种矛盾冲突会打破旧的文化结构，使文化在吐故纳新的基础上进行新的整合，甚至会在外来冲击下发生文化的突变。一般来说，能够有力打破原有文化结构的是代表着先进生产力、符合时代特征的先进文化。但是，面对外来的先进文化，不能照搬照抄，必须保持本民族文化的主体性，否则就会丧失民族生存的根基。

文化具有一定的稳定性和传承性。稳定是其重要特征，但稳定不意味着静止、停滞，否则一种文化对现在和未来的影响便无从产生。文化的稳定性与可塑性、流动性、创新性是辩证统一的。一种文化或在内部动力推动下发生缓慢变化或在与外部环境的交流冲击下发生突变，但无论是渐变还是突变，文化总是在创造中不断前进，是一个形成传统和不断向新的传统转化的过程。而我国古代思想本身就是一种文化，具有文化动态存在、不断创新发展的特点。因而，中国传统文化的弘扬我们不仅要传承古代优秀的思想，还要在实践活动中创新发展，才能使其不断更新，从而永远朝气蓬勃。

习近平总书记关于中华优秀传统文化的论述中多次明确表述了弘扬中华优秀传统文化的原则立场，即坚持马克思主义立场、原则和方法为指导，秉承“扬弃”的态度。对于优秀传统文化要深入分析、研究，在继承传统的优秀文化基础上使其得以创新发展和传承。

第一节　中国传统文化传承发展的基本内容

中国传统文化是中华民族的宝贵遗产，具有深厚的历史积淀和独特的文化特色。传承和发展中国传统文化是我们时代的重要使命。中国传统文化传承发展的基本内容涵盖了思想观念、价值体系、道德伦理、艺术形式等多个方面。在习近平新时代中国特色社会主义思想的指引下，我们要深入学习和领会中国传统文化和内涵，注重融合创新。

一、中国优秀传统文化传承发展的基本内容

中国传统文化是中华民族五千年文明历史的结晶，承载着中华民族的精神追求和文化传承。在传承发展的过程中，思想文化内容起着至关重要的作用。这一内容主要包括儒家思想、道家思想、佛教思想、墨家思想、法家思想等，这些思想构成了中国传统文化的核心。

（一）思想文化内容

儒家思想是中国传统文化的基石。儒家思想强调“仁、义、礼、智、信”五个方面，倡导人与人之间的和谐相处，追求社会秩序的稳定。儒家思想对中国社会的政治、教育、文化等方面产生了深远的影响，成为中国人处理人际关系、规范社会行为的重要依据。在现代社会，儒家思想仍然具有重要的现实意义，可以为构建和谐社会、促进人与人之间的相互理解与尊重提供有益的指导。

道家思想强调道法自然、无为而治，主张人们要顺应自然规律，追求内心的宁静与和谐。道家思想对中国人的人生观、价值观产生了深远的影响，成为中国人在面对人生困境、心灵挣扎时的精神寄托。在现代社会，道家思想仍然具有很高的价值，可以为人们提供一种面对现实压力、保持内心平衡的智慧和力量。

佛教思想强调因果报应、六度万行，主张人们要通过修行、积德行善来消除业障、追求内心的解脱。佛教思想对中国人的人生观、价值观产生了深远的影响，成为中国人在面对生死、痛苦时的精神寄托。在现代社会，佛教思想仍然具有很高的价值，可以为人们提供一种面对生死、痛苦时的智慧和力量。

墨家思想强调兼爱、非攻、尚贤、节俭等，主张人们要平等对

待他人，反对战争与暴力，倡导贤能政治和节俭生活。墨家思想对中国人的人生观、价值观产生了深远的影响，成为中国人在面对社会问题、人际关系时的指导思想。在现代社会，墨家思想仍然具有很高的价值，可以为人们提供一种面对社会问题、人际关系时的智慧和力量。

法家思想强调法治、权谋、变法等，主张人们要遵守法律、讲究权谋，善于变革、追求进步。法家思想对中国人的人生观、价值观产生了深远的影响，成为中国人在面对社会问题、政治变革时的指导思想。在现代社会，法家思想仍然具有很高的价值，可以为人们提供一种面对社会问题、政治变革时的智慧和力量。

中国传统文化的思想文化内容丰富多彩，为中华民族的精神追求和文化传承提供了坚实的基础。在传承发展的过程中，我们应该继续弘扬这些优秀的思想文化，为构建和谐社会、实现中华民族伟大复兴的中国梦提供有力的精神支撑。

（二）物质文化内容

中国传统文化中的物质文化包含了建筑与艺术、音乐与舞蹈、服饰与礼仪、饮食与烹饪、文房四宝、文物与博物馆等多个方面的内容。中国传统建筑如宫殿、寺庙、园林等，体现了中国古代人民对天地自然和社会秩序的认识。传统绘画、雕塑、陶瓷、篆刻等艺术形式也是中国传统文化的重要组成部分。传统音乐以古琴、笛子、二胡等乐器为代表，传达了中国人民的情感和审美情趣。传统舞蹈如京剧、昆曲、民间舞蹈等承载着丰富的文化内涵和历史记忆。中国传统服饰体现了中国古代人民的审美观念和社会地位，如汉服、旗袍等。传统礼仪包括了婚嫁、丧葬、宴会等方面的行为规范和仪式。中国传统饮食文化以其独特的烹饪方法和食材搭配而闻名，如八大菜系、茶文化、酒文化等。文房四宝代表了中国古代文人的书写工具，也象征着文化的传承和智慧的积累。中国的文物是宝贵的历史遗产，包括古代文物、器物、书画、陶瓷等。博物馆作为文化传承和保护的场所，展示了丰富多样的中国传统文化物质遗产。通过对这些物质文化的保护、研究和传承，我们能够更好地理解和传达中国传统文化的价值观、思想观念和审美追求。这些物质文化不仅是中国传统文化的重要组成部分，也是中华优秀传统文化在当代的传承和发展的重要基础。

（三）艺术文化内容

艺术文化作为传统文化的重要组成部分，承载了丰富的历史底蕴，展现了中华民族独特的审美情趣。艺术文化，顾名思义，是指以艺术表现形式为主要内容的文化现象。在中国传统文化中，艺术文化是传统文化的重要组成部分，其内容丰富多样，涵盖文学、音乐、舞蹈、绘画、雕塑、建筑等多个领域。这些艺术形式不仅具有很高的审美价值，而且具有丰富的教育、娱乐和社交功能，对传承民族精神、增强民族凝聚力和创造力具有重要意义。

文学艺术是中华民族优秀传统文化的基石。诗歌、散文、小说等各种文学形式，展示了中华民族独特的思想观念、审美情趣和民族精神。例如，唐诗的豪放、宋词的婉约、元曲的豪放不羁，以及明清小说的丰富多样，都反映了不同时期的历史变迁。这些文学作品通过文字，将中华民族的优秀文化传承至今，成为中华民族独特的精神财富。

音乐舞蹈艺术是中国传统文化的载体。中国传统音乐是中华民族音乐文化的代表，其历史悠久，具有独特的韵味和魅力。中国传统音乐以五声音阶为基础，为宫、商、角、徵、羽。音乐舞蹈具有强烈的表现力和感染力，能够表达人们内心深处的情感。如古琴、古筝等传统乐器，以及民间舞蹈、宫廷舞蹈等，都是中华民族音乐舞蹈艺术的瑰宝，展示了中华民族独特的审美观念。

绘画雕塑艺术是中国传统文化的又一重要组成部分。绘画、雕塑作品通过中国传统视觉绘画和雕塑艺术的形式，将中华民族独特的艺术风格表现得淋漓尽致。中国传统绘画以表现自然风光、人物、动物等为主，具有较高的艺术价值。绘画的表现手法多样，包括线条、墨色、设色等方面，如《清明上河图》《千里江山图》《洛神赋图》等，具有较高的艺术价值。中国传统雕塑作品，既体现了中华民族的建筑技艺，也展示了中华民族独特的审美观念和文化表现底蕴。

此外，音乐舞蹈、绘画雕塑等艺术形式在中华民族传统文化中具有举足轻重的地位。音乐舞蹈以表现人类生活中的各种情感和情境为主，具有较高的艺术价值。绘画雕塑作品通过中国传统视觉绘画和雕塑艺术的形式，将中华民族独特的艺术风格表现得淋漓尽致。这些艺术形式不仅具有很高的审美价值，而且具有丰富的教育、娱乐和社交功能，对传承民族精神、增强民族凝聚力和创造力具有重要意义。

二、中国传统文化传承发展的基本思想

中国传统文化是中国古圣先贤几千年经验、智慧的结晶，流淌着向善的道德情操、民惟邦本的民本、家国同构爱国主义、革故鼎新的创新精神，这是中华民族生生不息、长盛不衰的文化基因，这些文化基因是我们在世界文化激荡中站稳脚跟的坚实根基。只有深入了解这些传统文化基因，才能阐释好、传承好中华优秀传统文化，深化对中华传统优秀文化的认知，才能增强传承发展中国优秀传统文化的自信与自觉，更好延续文化基因，凝聚民族精神，展现文化魅力，才能更有效地推动中华优秀传统文化创造性转化、创新

性发展，更有力地推进中国特色社会主义文化建设，建设中华民族现代文明。

（一）向善品质

中国传统文化中的向善品质是中国人民在长期历史的积淀中形成的重要价值观和道德准则。这些品质体现了中国人民对于人际关系、社会秩序和个人修养的追求，对于社会和个体的和谐发展具有重要意义。

首先，中国传统文化强调仁爱和人情关怀。仁爱是指对他人的关爱和关心，强调人与人之间的亲情、友情、师生之间的师生情等。中国传统文化中的孝道就是一种特殊的仁爱表现，强调对父母的孝顺和敬重。仁爱的思想鼓励人们互相帮助、关爱弱者，以及在社会关系中保持和谐与善意。

其次，中国传统文化注重正直和诚信。正直是指坚守道义、遵循良知、秉持真理的品质。中国古代的圣人如孔子、孟子等都强调了诚实守信的重要性。中国传统文化中的诚信观念强调言行一致、言出必行，注重信用和信任的建立。正直和诚信的品质使人们能够树立正确的价值观，维护社会的公平正义和诚信环境。

再次，中国传统文化强调和谐与和睦。和谐是中国人民追求社会稳定和个人幸福的重要目标。中国古代的哲学家强调“天人合一”的思想，认为人与自然、人与人之间应该保持和谐的关系。和睦是指人与人之间的友好关系和相互理解。中国传统文化中的儒家思想强调人际关系的和睦与和谐，通过尊重、理解和宽容来维护社会的稳定和个人的幸福。

最后，中国传统文化注重智慧与谦逊。智慧是指人们通过学习、思考和经验的积累，逐渐提升自己的认知能力和智慧水平。中国传统文化中的儒家思想强调“修身齐家治国平天下”，通过修养自身来实现智慧的追求。而谦逊则是指人们对待自己和他人的态度，不自负、不傲慢，虚怀若谷地接纳他人的意见和批评。智慧与谦逊的品质使人们能够保持谦虚的态度，不断学习和进步。

这些向善品质是中国传统文化的核心价值观，它们在中国人民的日常生活和社会交往中发挥着重要的作用。通过积极弘扬和传承这些品质，对“礼”“孝”“善”融入时代精神加以阐发，不仅丰富了社会主义道德建设的内涵，而且丰富了社会主义精神文明建设的内容，实现继承传统与弘扬时代精神的有机统一。

（二）民本思想

民本思想是中国传统文化中极其重要的思想资源，它发端于商周交替之时。古代民本思想经历了从重天敬鬼到敬德保民再从重民轻天到民贵君轻这样发展历程。自国家产生之后，中国进入了新的发展阶段，社会性质也从原始社会转入阶级社会，表现为后来的奴隶社会，封建社会，以及中央集权的专制社会等。民本思想在国家政治制度、法律、道德、教育等方面都有所体现，强调以民为本，以国家利益和民众利益为重，实现国家富强和人民幸福。

民本思想的基本内涵就是重视民众、顺从民意、获得民心，把民看成是保持国家权力的根基，维护好民之利益，思想上要做到重视民众，行动上要做到爱民、保民、富民、教民，这样才能使民众安居乐业、国家才能兴旺发达，阶级统治才能得到巩固。传统文化中的民本思想主要包括以下几点。

爱民贵民：强调民众的重要性，认为民众是国家的基础，而天命只是辅助统治的手段。传统文化中的“民惟邦本，本固邦宁”“天生之民，非为君也；天之为君，以为民也”“君者，舟也；庶人者，水也。水则载舟，水则覆舟”这些思想都强调民众的价值和地位，就是要统治者要重视民众，应该为民服务，而不是以君主为中心，不能随意欺负民众、愚弄民众，否则就被民众推翻统治，因为民众才是国家之根本。

重民富民：主要指让民众的基本温饱生活得到满足，这样人民就不会起来反抗统治阶级，从而保证社会安定发展。传统文化中的“裕民”“惠民”“足食”“富而后教”“因民之所利而利之”“百姓足，君孰与不足；百姓不足，君孰与足”等思想等都强调了统治者对民众吃饱穿暖、安居乐业的重视。因而历代封建统治者，一直关注着农村、农事、农民，倡导重农主义思想。

信民教民：民众衣食得到满足后，还要对民众进行教化，使民众有信仰天下才能大治。传统文化中的“自古皆有死、民无信”“善政不如善教之得民也。善政，民畏之；善教，民爱之。善政得民财，善教得民心”，因而主张通过发展家庭和社会教化，如家规家训、乡规民约、政治法治来教育社会民众，从而提供民众对封建统治秩序的认同和支持，保证国家的稳定法治。

中国传统文化中的民本思想，体现了以民为中心的重要思想。虽然具有时代和阶级烙印，但是里面的核心内涵却成为中国特色社会主义的重要内容。中国特色社会主义融合了中国传统民本思想，提出了以人为本执政为民的重要概念，把人民民主专政作为国家的国体，一切为了人民、一切依靠人民作为最高的行动准则，以改善民生、增加人民福祉作为执政的主要方向。

（三）爱国主义

中华优秀传统文化中的爱国主义是指在中华民族传统文化中所蕴含的热爱祖国、关心国家命运、为国家富强和民族振兴而奋斗的精神。爱国主义是中华民族精神的重要组成部分，它在中华优秀传统文化中得到了充分的体现和发展。

在中华优秀传统文化中，爱国主义主要体现在以下几个方面：

家国一体：家是国的细胞，国是家的集合，一个国家由许多不同宗姓的小国构成，小国由不同血亲宗法关系构成了大的国家。天子是国家的主宰，也是最大的家长。天下之本在国，国之本在家，家之本在身。因而强调个人对国家的忠诚和奉献，如忠诚于君主、忠诚于国家等。这种忠诚观念在很大程度上体现了加过一体的爱国主义精神。

公大于私：提倡爱国爱家，爱国尽忠、爱国报国、爱家尽孝等思想。中华优秀传统文化中强调个人应为国家作出贡献。传统文化中的“以先国家之急而后私仇也”“先天下之忧而忧，后天下之乐而乐”“鞠躬尽瘁，死而后已”“人生自古谁无死，留取丹心照汗青”公大于私的爱国主义思想，这种爱国主义思想一方面促进了社会稳定和政治稳定，另一方面促使社会民众对国家产生了依赖和认同。为此，历代统治者非常注重对民众进行相关的爱国主义教育，如通过历史故事、诗歌、戏曲等形式传递爱国主义精神，使其历经几千年延绵不绝，促进了中华民族“大一统”格局的形成。

综上所述，爱国主义是中国传统文化传承发展的重要组成部分，它体现了人们对祖国的深厚感情和责任感。在历史长河中，爱国主义一直是中华民族精神的核心，是推动中华民族不断发展壮大的强大动力。我们要继承和发扬爱国主义精神，为中华民族的繁荣富强而努力奋斗。

（四）创新精神

创新精神是中国传统文化传承发展的基本内容之一，指的是不断探索、创造和突破的精神，是推动文化进步和发展的重要动力。在中国传统文化中，创新精神一直被视为重要的品质，并在各个领域中得到了广泛的体现。

在中国传统文化中，创新精神体现在艺术创作上。中国艺术家们一直强调“创新”的重要性，不断创新和探索新的艺术形式和表现手法。例如，在绘画艺术中，中国画家们不断尝试新的技法和表现手法，如山水画、花鸟画、人物画等，这些作品不仅具有独特的艺术风格，同时也体现了中国艺术家们对创新精神的追求。

在中国传统文化中，创新精神也体现在思想文化上。中国哲学家们一直强调“创新”的重要性，不断探索新的思想和文化观念。例如，在儒家思想中，孔子强调“中庸之道”，即不偏不倚、平衡和谐的思想，而在道家思想中，老子则强调“无为而治”，即不要过度干预、让自然自行发展的思想。这些思想不仅具有独特的文化内涵，同时也体现了中国哲学家们对创新精神的追求。

在中国传统文化中，创新精神也体现在科技发展上。中国古代科学家们一直强调“创新”的重要性，不断探索新的科技领域和技术。例如，在古代数学中，中国的数学家们发明了许多新的数学方法和技术，如《九章算术》中的“大衍求一术”和“勾股定理”，这些方法和技术在当时是非常先进的，同时也体现了中国科学家们对创新精神的追求。

创新精神是中国传统文化传承发展的基本内容之一，它在艺术创作、思想文化、科技发展等多个领域中得到了广泛的体现。创新精神不仅是中国传统文化的重要组成部分，而且体现在行动上，中国共产党坚持解放思想、实事求是，改革创新的精神，突破历史条条框框的束缚，找到了一条中国特色社会主义道路，并展现出旺盛的生命力。在新时代下，继续开拓进取，革故鼎新，中国式现代化和中华民族的伟大复兴正以昂扬的速度前进。

三、中国传统文化传承发展的基本思维方式

中国传统文化中的思维方式是中华民族的长期社会实践的精神

内化，是面对自然、认识社会、探索宇宙、思考自身过程中历史的、能动的、创造的产物，是一个民族的思想意识和实践行为。一个民族的思维方式会影响着这个民族的文化的生存、发展、创造以及再创造。从某种意义上讲，中国传统文化的博大精深，它的精华与糟粕，都与中华民族的思维方式有关。中国传统文化的思维方式也就是中华民族传统的思维方式。它主要包括辩证思维、直觉思维、中和思维三种思维方式。就对中国特色社会主义的积极影响力说，主要包括整体思维和辩证思维。

（一）“和合”整体性思维

所谓整体思维，是以普遍联系、相互制约的观点看待世界的思维方式。注重整体统一的整体思维，是中国传统思维方式最显著的特征之一。整体思维从整体原则出发，强调事物的相互联系和整体功能，探讨天与人、自然与人为、主体与客体、人与人、人与自我的相互关系，以求得天、地、人、我（心）的和谐统一，即注重“天人合一”“天人和谐”。“和合”整体性思维是中华优秀传统文化中的重要思想，它强调在处理问题时要从全局和整体的角度出发，注重事物之间的相互联系和平衡。这一思维方式在中华传统文化的各个领域都有所体现，如哲学、政治、道德、艺术等。

“和合”整体性思维强调万物之间的相互依存和相互制约，认为一切事物都是相互联系、相互作用的。这种思维方式认为，事物的发展变化是一个动态的过程，需要综合考虑各种因素，包括内部因素和外部因素，才能做出准确的判断和决策。“和合”整体性思维还注重事物的内在规律和外在规律。它认为，事物的内在规律是事物发展的本质和内在动力，而外在规律是事物发展的外在条件和环境。只有深入理解事物的内在规律和外在规律，才能制定出科学的发展策略和措施，实现事物的持续发展和进步。

“和合”整体性思维还强调“和谐”的重要性。它认为，和谐是万物存在的根本状态，是社会、自然、人与人之间相互依存、相互促进的基础。只有达到和谐的状态，才能实现事物的持续发展和进步。在“和合”整体性思维中，“中庸”也是非常重要的概念。它认为，中庸是一种平衡的状态，是事物发展过程中的一种稳定状态。中庸不是平庸、不是无趣，而是能够在各种因素之间找到平衡点，实现事物的全面发展。

“和合”整体性思维是中国传统文化中的重要组成部分，它体现了中国文化的核心价值观和思想体系。这一思维方式强调事物的相互依存、相互制约，注重和谐、中庸、内在规律和外在规律，是实现事物可持续发展和进步的重要基础。这种“和合”整体性思维方式对中国特色社会主义现代化建设具有积极影响，发展中国特色社会主义是一个整体性现代性的思维模式，如今天的系统论、信息论、控制论都在一定程度上体现着“和合”的整体性思维方式。中国特色社会主义是一个由各个因素构成的有机整体，要做到政治、经济、社会、生态、文明“五位一体”的整体布局，协调推进。在国际上更是要推行中国以积极负责任的大国形象推动平等共赢关系的构建，开拓了平等的发展方式，平等互信、包容互鉴、合作共赢的精神，实现多元共存、共生共荣，兼顾人民幸福与人类解放，实现不同文明样态之间的协商对话，建立对话协商、共建共享的机制，谋求各方利益的“最大公约数”，保护世界文明发展的多元向度，建构人类命运共同体。

（二）“对立统一”辩证主义思维

对立统一辩证主义思维是中国传统文化中的重要思想之一，它认为一切事物都是由矛盾对立面组成的，这种矛盾对立面是事物发展的动力和源泉。对立统一辩证主义思维的核心思想是“矛盾论”，它认为矛盾是事物发展的根本动力，是推动事物不断变化和发展的源泉。

对立统一辩证主义思维强调事物的矛盾性，认为一切事物都是由矛盾对立面组成的。这些矛盾对立面包括事物内部的矛盾和事物外部的矛盾。例如，自然界中的矛盾对立面包括阳光和阴影、阴雨和晴朗等。人类社会中的矛盾对立面包括阶级和阶级斗争、国家和国家之间的矛盾等。对立统一辩证主义思维强调事物的矛盾性，认为一切事物都是由矛盾对立面组成的。

对立统一辩证主义思维认为矛盾是事物发展的动力和源泉。矛盾的存在使得事物不断发生变化和发展。例如，自然界中的阳光和阴影之间的矛盾使得白天和黑夜不断交替，使得自然界中的事物不断变化和发展。人类社会中的阶级和阶级斗争之间的矛盾使得社会不断变革和发展。

对立统一辩证主义思维认为矛盾是事物发展的必然结果。矛盾的存在使得事物必然会发生变化和发展。例如，自然界中的阳光和阴影之间的矛盾使得白天和黑夜不断交替，这是自然界中必然的结果。人类社会中的阶级和阶级斗争之间的矛盾使得社会不断变革和发展，这也是人类社会中必然的结果。

总之，辩证思维是客观辩证法在思维中的反映，联系、发展的观点也是辩证思维的基本观点。辩证思维深深地渗透到传统文化的各个领域，它能够从多个角度、多个方面全面了解和把握问题，能够避免片面和偏颇的观点，为解决问题提供更全面、更准确的思考路径和方法，对于中国这样一个社会主义大国，要处理各种复杂矛盾关系提供了重要的思维方法。在中国执政党必须要运用好辩证主义思维方式，做到总揽全局、协调四方，统筹兼顾。正确处理好改革、发展、稳定之间的关系，把改革的力度、发展的速度和社会可承受的程度有机结合起来，掌握三者之间的平衡点，才能真正地促进社会主义的健康持续稳定发展。此外，辩证思维方式注重综合分析和全面思考，能够促进文化的多元发展和创造、创新性发展，进一步繁荣中国特色社会主义文化。

第二节

中国传统文化传承发展的基本原则

建设中国特色社会主义文化，必须走中国特色社会主义文化创新之路。中国优秀传统文化以其丰富的哲学思想、人文精神、道德观念，为人们认识世界和改造世界提供了有益启迪，也为建设中国特色社会主义文化提供了精神基因。我们要把这种宝贵的经验运用和融合到建设中国特色社会主义文化建设的伟大实践之中。习近平总书记在多次讲话中强调了继承和发展中国传统文化的重要性，这不仅是中国文化传承的基石，也是实现中华民族伟大复兴的重要保障。为此，我们需要以习近平总书记的重要讲话精神为指导，从五个维度出发，构建起中国传统文化传承发展的方法原则和基本遵循。

坚持马克思主义指导。马克思主义是中国共产党的指导思想，也是中国特色社会主义的理论基础。在传统文化传承发展中，我们必须坚持马克思主义的指导地位，深入挖掘传统文化中的优秀成分，同时避免其中存在的糟粕，以适应时代的发展。坚持以人民为中心。人民是历史的创造者，也是文化传承的主体。在传统文化传承发展中，我们必须坚持以人民为中心，充分发挥人民群众的主体作用，让人民群众在传承和发展传统文化中得到更多的实惠和获得感。坚持实践导向。传统文化传承发展必须与实践相结合，以解决实际问题为导向，将传统文化与当代社会相结合，使其更好地服务于社会和人民。具备国际视野。在全球化的背景下，中国传统文化必须具备国际视野，积极吸收外来文化的优秀成果，借鉴其他国家的文化传承发展经验，促进中国传统文化的国际传播和交流。批判继承传统。传统文化是一个复杂的体系，其中存在着许多优秀的成分，但也存在着一些糟粕。在传统文化传承发展中，我们必须批判地继承传统，剔除其中的糟粕，保留其中的优秀成分，并加以发扬光大。

中国特色社会主义文化在传承和发展中国传统文化方面，除了要以上述方针为指导，还需要坚持以下一些基本原则，即坚持马克思主义为指导，坚持创造性和创新性转化，坚持统筹协调、形成合力，坚持不忘本来、吸收外来、面向未来，才能实现中国特色社会主义文化向更好的方向发展，最终实现文化的大发展大繁荣。

一、坚持马克思主义为指导

（一）坚持马克思主义基本立场、观点、方法

马克思主义以科学的方法和客观的事实为基础，具有真正的理性基础。马克思主义的科学性和真理性体现在它的理论体系、历史观、方法论和价值观等方面。马克思主义的科学性主要表现在其理论体系上。这一理论体系是以科学的方法和客观的事实为基础的，它从实践出发，以社会发展的客观规律为依据，对资本主义社会的本质、规律和矛盾进行了深入的剖析。马克思主义的理论体系具有严密的逻辑结构和科学的方法论，能够科学地解释和预测社会的发展和变革。此外，马克思主义的理论体系不仅具有科学性，而且具有革命性和实践性，能够指导人们进行革命斗争和社会主义建设。

马克思主义的历史观体现了它的真理性。这一历史观是以历史唯物主义为基础的，它认为历史是阶级斗争的历史，是社会发展的客观规律的历史。马克思主义的历史观认为，历史的发展是由生产

力和生产关系的矛盾决定的，是由阶级斗争推动的。马克思主义的历史观能够科学地解释历史的发展和变革，具有真正的理性基础。

马克思主义的方法论体现了它的真理性。这一方法论是以辩证唯物主义为基础的，它认为认识世界和改造世界的方法是辩证的、实践的、历史的。马克思主义的方法论认为，认识世界和改造世界是一个不断发展的过程，是一个不断实践和总结的过程。马克思主义的方法论具有科学性、实践性和革命性，能够指导人们进行革命斗争和社会主义建设。

马克思主义的价值观体现了它的真理性。这一价值观是以共产主义为基础的，它认为共产主义是人类社会的最终目标，是人类解放和自由平等的实现。马克思主义的价值观认为，共产主义是科学、公正、自由、平等的，是人类共同的理想和追求。马克思主义的价值观具有科学性、实践性和革命性，能够指导人们进行革命斗争和社会主义建设。

马克思主义始终坚持人民至上的立场，深刻揭示了客观世界特别是人类社会发展的一般规律，提供了认识世界和改造世界的科学方法，在与时俱进中不断转化为改造客观世界的实践，具有跨越时空的永恒价值和无穷力量。面对传统文化，我们要用马克思主义的观点，即辩证唯物主义和历史唯物主义的观点，肯定中华传统文化的历史地位和当代价值，还要做到既不能厚今薄古或厚古薄今，也不能绝对地全盘接受或全盘否定，而是应当以马克思主义为指导用全面的、联系的观点去看待传统文化，文化的发展才能沿着正确的方向发展，才能涌现出巨大的生命力。坚持马克思主义的指导地位，就是要旗帜鲜明、毫不动摇地坚持马克思主义的立场、观点和方法。

（二）坚持人民群众主体立场原则

人民群众是历史的创造者。马克思主义认为，历史的发展是由人民群众推动的，是人民群众创造历史的过程。这一观点强调了人民群众在历史发展中的重要地位和作用。在中国传统文化的传承和发展过程中，人民群众是历史的创造者，是文化发展的主体。

人民群众是文化发展的主体。马克思主义认为，文化的发展是由人民群众推动的，是人民群众创造文化的过程。这一观点强调了人民群众在文化发展中的重要地位和作用。在中国传统文化的传承和发展过程中，人民群众是文化发展的主体，是文化创新的重要力量。

人民群众是文化的创造者。马克思主义认为，文化的创造是由人民群众推动的，是人民群众创造文化的过程。这一观点强调了人民群众在文化创造中的重要地位和作用。在中国传统文化的传承和发展过程中，人民群众是文化的创造者，是文化创新的重要源泉。

中华优秀传统文化不是简简单单就可以继承和弘扬的，要坚持以人民为中心的导向，秉承扬弃的态度，坚持以马克思主义立场原则和方法为指导。习近平总书记强调，我们要用好、用活、用透马克思主义的方法论，否则就会使弘扬中华优秀传统文化的工作失去主心骨。习近平总书记强调，弘扬中华优秀传统文化要坚持以“人民为中心”的导向性原则。人民群众的立场是马克思主义的基本立场，人民群众的重要性体现在其不仅可以创造社会物质财富，还可以创造社会精神财富。作为中华民族最为宝贵的精神财富，中华优秀传统文化是五千余年人类智慧的结晶，是数代人民所创造的文化历史。中华优秀传统文化是中国人民创造的，也需要人民来弘扬和发展，并永远坚持为人民服务。文化繁荣才能真正造福于人民，人民的文化才能永葆青春和活力。

（三）坚持辩证主义态度

马克思主义辩证法与传统文化“阴阳五行”思想在矛盾的普遍性和特殊性上的观点相似，都强调了事物发展的变化性和多样性。在传统文化的传承和发展中，应注重矛盾的普遍性和特殊性，既要继承传统文化的优秀传统，又要注重其发展变化和创新。马克思主义辩证法强调实践是认识的来源和检验的标准，认为实践是推动事物发展的根本动力。这种观点与传统文化的“知行合一”思想有相似之处，都强调了实践的重要性。在传统文化的传承和发展中，应注重实践，不断探索和尝试，以推动传统文化的创新和发展。马克思主义辩证法还强调事物的发展是量变和质变的统一，认为量变是质变的必要准备，质变是量变的必然结果。这种观点与传统文化的“渐进”思想有相似之处，都强调了事物发展的渐进性和连续性。在传统文化的传承和发展中，应注重渐进性和连续性，不断积累和沉淀，以推动传统文化的创新和发展。

弘扬传统文化要坚持“扬弃”的态度，坚持与时俱进。习近平总书记在提到中华优秀传统文化时，经常提到“与时偕行”“革故鼎新”“与时推移”等词语，这就表明了弘扬中华优秀传统文化要与时俱进才能保持活力。而赋予中华优秀传统文化与时俱进的特点的不是全盘接受，而是要“扬弃”。“扬弃”是弘扬中华优秀传统文化的唯一科学方法，在“扬弃”的过程中，要坚决抵制和反对两种错误的文化倾向，一是全面否定本民族文化当代价值的历史虚无主义，二是全盘肯定、盲目继承传统的文化复古主义，这两种错误倾向最终都只会削弱传统文化的生机与活力。习近平总书记特别强调，对待传统文化要坚持古为今用、推陈出新，有鉴别地加以对待，有扬弃地予以继承。将中华优秀传统文化中符合社会潮流和趋势的内容激发出时代活力，才是当今社会弘扬中华优秀传统文化的意义所在。

（四）用联系、发展、变化的观点看待传统文化与社会主义道路之间的关系

在新的时代背景下，重视马克思主义在意识形态领域的指引作用，对我们树立社会主义意识形态、充分借鉴和传承中华民族优秀传统文化具有深远的影响。因此，在文化建设中，我们必须坚持马克思主义的指导地位，科学辩证地对待中华优秀传统文化与社会发展的关系，使中华优秀传统文化真正转化为当代国家文化软实力，更好地满足人民对于文化发展和精神满足的需要。世界在变化，时代在进步，形势在发展。与时俱进是马克思主义的理论品质，坚持和发展马克思主义，但不停留于过去，而应当立足于时代和面向未来，广泛汲取人类文明的一切优秀成果，引领国内多姿多态多样的文化思潮。我们现在正处于社会转型期，由于国际国内大环境和小环境的变化，各种社会思潮极其活跃，只有坚持以马克思主义为指导，用发展着的马克思主义指导新的社会实践，我们才能走得更稳，看得更远，才能够真正担负起为人民、为人类指引正确前进道路和方向的艰巨任务。

二、坚持创造性转化和创新性发展的原则

习近平总书记特别强调要对中华优秀传统文化进行创造性转化与创新性发展。这一方面是出于对文化虚无主义、文化复古主义等错误倾向进行批判的现实需要；另一方面则是基于传统文化传承发展的时代要求。

（一）坚持批判文化虚无主义原则

文化虚无主义者认为，现在已是高科技、新媒体、信息化时代了，传统文化早已过时，在今天已失去了存在的价值和意义，甚至认为传统文化对于中国的现代化起负面的、阻碍的作用，因此必须予以否定和摒弃；相反，对待西方文化，却持一味美化、过度赞誉的态度，甚至主张“全盘西化”。

文化虚无主义在当前中国主要表现在以下三个方面：一是对中华优秀传统文化的虚无：表现为无视考古发现的铁证，追捧西方炮制的“中华文明西来说”，否定中华文明的原生性；无端判定中华优秀传统文化具有凝固性、封闭性、排外性，污称其为“奴性文化”“牢狱文化”。二是对革命文化的虚无：偏离近代中华民族争取民族独立、人民解放的历史任务，否定革命的必要性和价值；污蔑革命英雄，质疑近代以来英烈行为的真实性，杜撰“真相”，“证伪”英雄事迹，恶搞红色经典。三是对社会主义先进文化的虚无：否定马克思主义的科学性和当代价值；用错误论调否定集体主义、爱国主义；传播西方价值观和西方话语，企图用多种方式丑化劳动群众，宣扬消费主义、挑动性别对立、制造社会焦虑。

文化虚无主义是一种危害严重的文化思潮，需要我们在实践中不断加以识别和批判。通过坚定文化自信、加强文化教育、净化网络环境、推动文化创新等措施，我们可以有效应对文化虚无主义的挑战，推动中国特色社会主义文化繁荣发展。

（二）坚持批判文化复古主义原则

与文化虚无主义相反，文化复古主义则认为以儒学为代表的中华传统文化都是好的，只有中国文化才能解决中国及人类面临的一切问题，21 世纪就是中国文化的世纪，等等。一些人还借弘扬传统文化之名大搞复古活动，要求一切按古人的行为方式行事，主张死记硬背“四书”“五经”，成天穿汉服、行拱手跪拜礼，认为女子应该遵守“女德”，打不还手骂不还口，甚至提出全面“儒化中国”，把“儒教”当成“国教”。实际上，以儒学为核心的中华传统文化，既有精华，也有糟粕；既有优良传统，也有不良习惯；即使是优良传统，也因受到历史条件和阶级的限制而存在不合时宜、需要扬弃的地方。因此，想要一味复古，简单地回归传统，是不可能的。

（三）坚持批判文化功利主义原则

文化功利主义则打着弘扬传统文化的旗号，以赚钱营利为根本目的。改革开放以来，“文化搭台，经济唱戏”的做法，早已司空见惯。例如，全国各地都热衷于举办形形色色的文化节，把文化仅仅作为一种助推经济发展的手段，功利主义色彩浓厚。在文化节期间，当地的党政领导还要亲自出马，各部门全力以赴，并且组织当地群众、学生进行歌舞演出，甚至搞电视转播，极尽大张旗鼓、兴师动众之能事，助长了形式主义之风。又如，为了搞旅游开发，各地还兴起抢夺历史名人故里热，安徽涡阳与河南洛阳争老子，山东惠民与广饶争孙子，浙江萧山、诸暨与绍兴争西施等，制造文化虚热。近年来，由于国家提倡弘扬中华优秀传统文化，社会上又出现了“国学热”，诸如“高端国学班”“国学总裁班”“国学少儿班”“国学夏令营”“国学女德班”等，诸如此类，多半是打着国学的幌子牟取暴利，严重败坏了社会文化风气。

总之，对待中华传统文化，既不能采取文化虚无主义的态度，数典忘祖；也不能奉行文化复古主义，食古不化；当然，也不应该以文化复兴的名义，搞文化功利主义，败坏社会文化风气。正确的态度，应该是以辩证唯物主义和历史唯物主义为指导，“辩证取舍、推陈出新，摒弃消极因素，继承积极思想，‘以古人之规矩，开自己之生面’，实现中华文化的创造性转化和创新性发展”。

发展中国特色社会主义文化，需要在传承中华优秀传统文化的过程中，根据时代条件的变化和发展，根据解决现实问题的需要，对传统文化中的一些内容和形式进行创造性转化和创新性发展。这是因为，传统文化在其形成和发展过程中，不可避免会受到当时人们的认识水平、时代条件、社会制度的局限性的制约和影响，因而也不可避免会存在陈旧过时或已成为糟粕性的东西。比如，“三从四德”“愚忠愚孝”“男尊女卑”“刑不上大夫，礼不下庶民”“劳心者治人，劳力者治于人”“唯女子与小人难养也”等。即使是传统文化中一些有价值的内容，也存在一些消极的因素。如儒家的仁爱观念、民本思想，既表现了人道精神，也包含了等级观念；儒家的义利观念，强调“义以为上”，反对唯利是图，这对培养崇高的道德节操，在市场经济时代避免利益冲突的激化，维护社会稳定，自然有积极意义，但是也容易过分压抑人的功利意识，弱化社会的竞争活力；儒家的“中庸”观念，固然体现了不偏不倚、允当适中的持中精神，对于社会的和谐稳定有重要的平衡功能，但是有时也难免会变成一种阻碍事物发展变化的保守理论。因此，这就要求人们在学习、研究、应用传统文化时坚持古为今用、推陈出新，结合新的实践和时代要求进行正确取舍，而不能一股脑儿都拿到今天来照套照用。要坚持古为今用、以古鉴今，坚持有鉴别的对待、有扬弃的继承，而不能搞厚古薄今、以古非今，努力实现传统文化的创造性转化、创新性发展，使之与现实文化相融相通，共同服务以文化人的时代任务。

话虽如此，可是当下我们在传统文化的创造性转化、创新性发展方面还做得很不够，中华优秀传统文化与当代中国文化之间的割裂现象仍比较严重，还未能充分转化为发展中国特色社会主义文化所需要的道德资源、精神动力与智慧宝库。正因如此，我们要处理好继承和创造性发展的关系，实现中华优秀传统文化、传统美德的创造性转化和创新性发展。

三、坚持统筹协调、形成合力

（一）坚持党的领导

推行中华优秀传统文化的传承发展，是一个难度很大的系统工程，需要坚持统筹协调、形成合力。要加强党的领导，充分发挥政府主导作用和市场积极作用，鼓励和引导社会力量广泛参与，推动形成有利于传承发展中华优秀传统文化的体制机制和社会环境。

中国共产党是中国特色社会主义各项事业的领导核心，传承发展中华优秀传统文化是中华民族的伟大文化事业，是中国特色社会主义文化建设的重要工作，当然要坚持中国共产党的领导。建党百年以来，中国共产党一直既是中国先进文化的积极引领者和践行者，又是中华优秀传统文化忠实的传承者和弘扬者，自觉肩负历史责任，坚持辩证唯物主义和历史唯物主义，秉持客观、科学、礼敬的态度，对中华传统文化取其精华、去其糟粕，扬弃继承、转化创新，不断推进马克思主义中国化。因此，传承和发展中国优秀传统文化必须坚持中国共产党的领导。

坚持党的领导就要坚持党的文化领导权。坚持党的文化领导权是文化建设的必然要求，是在“两个结合”中推进传统文化传承发展的前提。中国共产党是以马克思主义的科学世界观与方法论为指导，使马克思主义在与中国革命和建设、改革现实的结合中不断融入并充实着中华民族的思想文化，从而丰富了中国特色社会主义文化发展的内容，因此，坚持党的领导就要掌握好社会主义先进文化方向、集中力量凝聚民心民智，团结一切可以团结的力量，推动中国特色社会主义文化的创新与发展。

坚持党的领导要加强对创新传承的领导。只有守正才能不迷失方向、不犯颠覆性错误，创新才能把握时代、引领时代，才能在把握文化发展规律的基础上提出一系列传承发展中华优秀传统文化的新思想、新观点、新论断。传承和创新中华优秀传统文化的守正，不拘泥于古人的一句话、观点，不把传统文化作碎片化切割、断章取义、厚古薄今，而是在对中华文明历史发展趋势的把握中，从文化的延续性来感悟和体会传统文化，突出弘扬中华优秀传统文化的精神基因、思想力量。运用马克思主义的立场、观点、方法来为中华优秀传统文化的传承创新注入新的真理力，从而在此基础上进行，帮助文化工作者发掘、整理、创新、发展中华优秀传统文化，提高中华优秀传统文化在当代的吸引力和影响力。

坚持党的领导加强思想路线的建设。思想路线即认识路线。指人们认识事物所遵循的方向和道路，思想路线是政治路线和组织路线的基础。中国共产党的思想路线是“一切从实际出发，理论联系实际，实事求是，在实践中检验和发展真理”。党的思想路线是马克思主义哲学认识论在实际工作中的具体化和应用，是社会主义现代化建设的思想保证。坚持党的思想路线对中华优秀传统文化才能坚守本根，又与时俱进。这就需要坚持党对宣传思想文化工作的领导，把源自于中华民族五千多年文明历史所孕育的中华优秀传统文化，熔铸于党领导人民在革命、建设、改革中创造的革命文化和社会主义先进文化，植根于中国特色社会主义伟大实践。从而着力推进建设具有强大凝聚力和引领力的社会主义意识形态；着力培育和践行社会主义核心价值观；着力提升新闻舆论传播力、引导力、影响力、公信力。

（二）发挥政府主导作用和市场积极作用

1. 发挥好政府的主导作用

随着时代发展和科技进步，各级政府应更加主动作为，出台关于中华优秀传统文化传承发展的法规政策，促进中华优秀传统文化创造性转化和创新性发展。传承发展中华优秀传统文化，各级政府要在以下几个方面发挥好主导作用。

第一，制定规划。科学的顶层设计，是传承发展中华优秀传统文化的关键。各级党委和政府有责任制定科学的传承发展规划，推动全社会掀起弘扬中华优秀传统文化的高潮，推动中华优秀传统文化服务当代社会和人民。近年来，党中央和国务院先后出台《完善中华优秀传统文化教育指导纲要》《关于实施中华优秀传统文化传承发展工程的意见》等重要文件，对传承发展中华优秀传统文化作出了科学规划，发挥了很好的规划作用。各级地方党委和政府也应根据这些顶层规划，制订出适合地方的规划。

第二，组织实施。再好的发展规划，也离不开贯彻落实。各级党委和政府制订出中华优秀传统文化的传承发展规划后，应组织各单位各部门贯彻实施，认真完成规划中的任务，真正实现规划中的目标。特别应防止形式主义和官僚主义，也要防止“形象工程”和“政绩工程”，真正把中华优秀传统文化传承好、发展好。

第三，管理保护。中华文化历史悠久，给我们留下了数不胜数的文化遗产，具有重要的历史、艺术和科学价值。历史文物非常脆弱，破坏了就难以修复，遗失了就难以找回。长期以来，我国许多历史文物遭到了不同程度的破坏和遗失，现状堪忧。同时，一些非物质文化遗产的生存现状也不容乐观。各级党委和政府是文化遗产的管理者和保护者，有责任担负起对它们的管理和保护工作，使这些文化遗产既能服务当代社会，也能服务子孙后代。

第四，带头示范。党的十八大以来，习近平同志在各个场合和各种讲话中，多次引用中华优秀传统文化中的名言警句，身体力行弘扬中华文化，为我们传承发展中华优秀传统文化做出了很好表率。传承发展中华优秀传统文化，政府和政府公务人员应带头示范，起到以上率下的作用。各级党委和政府的公务人员特别应在弘扬中华传统美德、弘扬古代优秀廉政文化、弘扬“民本”思想等方面，躬亲示范，做好表率。

2. 发挥好市场的积极作用

传承发展中华优秀传统文化，也要发挥好市场的积极作用。中国古典小说在明清时期能够繁荣发展，市场消费增长的推动作用功不可没。关于《红楼梦》的流传，鲁迅先生曾指出：“乾隆中，有小说曰《石头记》者忽出于北京，历五六年而盛行，然皆写本，以数十金鬻于庙市。”[①] 可见，对于文化的繁荣兴盛，市场所发挥的积极作用是十分重要的。近年来，有关中华优秀传统文化的讲坛、竞赛、纪录片、电视剧、电影等蓬勃发展，既取得了很好的经济效益，又推动了中华优秀传统文化的传承发展。传承发展中华优秀传统文化，要注重发挥市场的积极作用，推动有关中华优秀传统文化的产业体系建设。习近平同志指出：“在发展社会主义市场经济的条件下，许多文化产品要通过市场实现价值，当然不能完全不考虑经济效益。”[②] 党的十九大报告强调，要“健全现代文化产业体系和市场体系，创新生产经营机制，完善文化经济政策，培育新型文化业态”。[③]

在社会主义市场经济条件下，传承发展中华优秀传统文化，必

---

① 鲁迅．鲁迅全集（第九卷）［M］．北京：人民文学出版社，2005：235.

② 习近平．在文艺工作座谈会上的讲话［M］．北京：人民出版社，2014：20.

③ 习近平．决胜全面建成小康社会夺取新时代中国特色社会主义伟大胜利——在中国共产党第十九次全国代表大会上的报告［M］．北京：人民出版社，2017：44.

须建立健全现代文化市场体系，大力发展文化产业，通过市场的力量，把中华优秀传统文化的优秀元素发掘出来，变成消费者喜爱的文化商品。中央电视台纪录片《舌尖上的中国》《记住乡愁》，好莱坞电影《功夫熊猫》《花木兰》等，都是中华优秀传统文化元素变成现代文化商品，实现了经济效益和社会效益双丰收。但与此同时，要尽力避免在传承发展中华优秀传统文化过程中过度或单纯追求经济利益的不良现象。习近平同志指出："文艺不能当市场的奴隶，不要沾满了铜臭气。优秀的文艺作品，最好是既能在思想上、艺术上取得成功，又能在市场上受到欢迎。"[①] 近年来，市场上出现了一些为单纯追求经济利益而歪曲、丑化中华优秀传统文化的作品，产生了不良的社会影响，损害了中华文化的形象，应引起高度重视。

（三）鼓励和引导社会力量广泛参与

1. 发挥文化界的引导作用

传承发展中华优秀传统文化，文化界责无旁贷。中华文化的产生和发展，离不开中国历代文化大家们的接续努力。当前，传承发展中华优秀传统文化，需要当代文化界的艺术家、理论家、批评家们发挥引导作用。

第一，文艺界的创作传播。在当代，中华优秀传统文化往往通过文艺作品传承和传播，优秀的传统题材的文学作品、电视剧、电影、纪录片等，往往能引起社会的强烈反响和好评。以四大名著为底本的电视剧、电影，以中国历史、传统文艺、传统服饰、传统饮食为题材的纪录片，都取得了很好的传承发展中华优秀传统文化的效果。因此，文艺界应多创作传统题材的文艺作品，弘扬"真善

① 习近平．在文艺工作座谈会上的讲话［M］．北京：人民出版社，2014：20.

美”，针砭“假恶丑”，通过春风化雨、润物无声的方式，传播好中华优秀传统文化。

第二，学术界的整理阐释。传统文化有如下特点：一是“多”，传统文化内容庞大，历史文化典籍汗牛充栋，我们今天常见的只是冰山一角；二是“杂”，传统文化内容复杂，文化精华与文化糟粕相伴而生，很多作品精糟杂糅，难以分辨；三是“古”，传统文化历史久远，许多典籍的语言文字古奥难懂，许多作品尚无现代标点。因此，学术界整理阐释的工作至关重要，要从众多的作品中梳理出文化经典，从庞杂的作品中萃取出文化精华，从古奥的作品中阐释出现代内涵，为中华优秀传统文化的传承发展工作奠定学术基础。

第三，批评界的引导规范。鲁迅先生非常看重批评家的工作，他“所希望于批评家的，实在有三点：一，指出坏的；二，奖励好的；三，倘没有，则较好的也可以”“希望刻苦的批评家来做剜烂苹果的工作”。[①] 习近平同志也指出：“有了真正的批评，我们的文艺作品才能越来越好。文艺批评就要褒优贬劣、激浊扬清，像鲁迅所说的那样，批评家要做‘剜烂苹果’的工作，‘把烂的剜掉，把好的留下来吃’。”[②] 目前，不管是政府、文化界还是民间，都掀起了“国学热”“传统文化热”。但与此同时，也出现了许多歪曲利用传统文化的现象。有的主张复古，甚至宣扬“三从”“四德”，鼓吹“儒教治国”；有的唯利是图，以弘扬传统文化为名，通过扭曲、丑化传统文化实现敛财目的；也有的持虚无主义态度，质疑一切传统文化，主张全盘抛弃传统文化。针对这些不良现象，批评界应该及时发挥引导规范作用，以便廓清思想迷雾，树立科学态度，指引正确方向。

---

① 鲁迅．鲁迅全集（第九卷）［M］．北京：人民文学出版社，2005：316－317.

② 习近平．在文艺工作座谈会上的讲话［M］．北京：人民出版社，2014：29.

2. 鼓励广大群众积极参与

人民群众是历史的创造者，也是文化的创造者和传承者。民间是最深厚最肥沃的文化土壤，中华优秀传统文化只有扎根民间、服务群众，才能得到真正的传承发展。从这个意义上来说，群众是实现中华优秀传统文化当代价值的主要力量，发挥着基础作用。当前，在政府主导、文化界引导的基础上，应该进一步发挥群众自身的基础作用。

第一，广泛接受优秀文化。群众既是文化的主要传承者，也是最终接受者，“传承”与“接受”是一个统一的过程。群众发挥传承作用，主要通过广泛接受的形式，使优秀文化扎根民间、传承不绝。对于中国古代优秀的文艺作品、家规家风、传统美德、民俗节日等，群众应自觉加深了解、培养兴趣，用以丰富生活、陶冶情操、提高素质。

第二，大力弘扬传统美德。中华传统美德是传统文化的精髓，在民间有着悠久传承和深厚基础，是人民群众处理人际关系、为人处世的基本准则。群众应大力弘扬传统美德，特别是大力弘扬尊老爱幼、尊师重教、勤俭节约、友爱慈善、诚实守信等美德，净化社会风气，构建和谐社会。

第三，自觉爱护文化遗产。中国是文明古国，也是世界上拥有文化遗产数量最多的国家之一。文化遗产是历史的见证，是民族的标识，是国家的财富，人人都有爱护保护的责任。群众是文化遗产的主要受益者，也应是主要爱护者。

孔子说：“礼失而求诸野。”（《汉书·艺文志》）中国文化史上，每逢遇到文化危机，传统文化总能在民间顽强传承，可见，只要群众发挥基础作用，中华优秀传统文化就能在民间根深叶茂、开花结果。

（四）形成有利的体制机制和社会环境

对中华优秀传统文化传承与发展的保障，主要来自两个方面，一是文化政策支持，二是政策法规保护。各级政府和相关部门，应出台切实可行的文化政策，加大对中华优秀传统文化传承与发展的政策支持；同时也应制定有力完善的法律法规，加大对中华优秀传统文化传承与发展的法规保护。

1. 加强文化政策支持

新中国成立以来，我国制定了一系列积极有为的文化政策，如“二为”方向、“双百”方针、“三贴近”原则等根本政策，“弘扬主旋律，提倡多样化”“古为今用，洋为中用，推陈出新”等基本政策，以及各文化领域的具体政策，为我国的文化建设事业提供了重要支持。当前，传承与发展中华优秀传统文化，应及时制定与之相关的文化政策，特别应在以下几个方面提供积极的政策支持。

第一，文化研究的政策支持。中华优秀传统文化的研究，是传承发展的基础，也是中国特色社会主义文化建设的重要工作。但是，由于传统文化研究难度大、效益小，这方面的优秀成果还相对较少。因此，应加大对中华优秀传统文化研究的支持，特别是在一些冷门方向，应加大资金和人力的投入。

第二，文化传播的政策支持。提高中华优秀传统文化的影响力，必须加大文化传播能力投入，增强政策支持。从数量上，应在报纸书刊、广播电视和互联网等传播平台上，加大对中华优秀传统文化的弘扬和宣传，加大传播力度。从质量上，应着力打造更多诸如《探索发现》《百家讲坛》等精品栏目，提高传播效果。

第三，文化产业的政策支持。文化产业成为国民经济支柱性产业，是我国文化建设的重要目标。中华优秀传统文化与文化产业是相互促进的，前者可以为后者提供优秀文化资源，后者可以为前者提供传承发展动力。应制定积极的文化产业政策，促进中华优秀传统文化产业化，加大财政、金融、税收、人才等方面的支持力度，大力培育文化市场主体，扩大文化消费，促进文化与科技深度融合，推动文化创意创新，发挥文化产业在传承发展中华优秀传统文化方面的动力作用。

2. 加强文化法规保护

党的十九大报告强调："加强文物保护利用和文化遗产保护传承。"① 目前，我国已经出台了一些文化法律法规，如《中华人民共和国文物保护法》《中华人民共和国非物质文化遗产法》《中华人民共和国公共文化服务保障法》《传统工艺美术保护条例》《中华人民共和国文物保护实施条例》《历史文化名城名镇名村保护条例》《博物馆条例》等。总体来看，这些文化法律法规有两个基本特点：一是数量少；二是层次低。在文化法规中，文化法律少，文化法规多，权威性、系统性和针对性不够。因此，应加强关于中华优秀传统文化法律法规的完善和执行。

第一，完善文化法律法规体系。除了继续完善文化遗产保护方面的法律法规外，还应在以下几个方面加强：一是解决文化纠纷。近几年来，随着文化产业的蓬勃发展，各种文化争夺战不断上演，如"杏花村"争夺战、"夜郎文化"争夺战、"牛郎织女"争夺战等，甚至"西门庆"也被争来争去。这种文化纠纷的背后是利益纠纷，不妥善解决就会对传统文化资源造成破坏性开发。二是维护文化形象。目前，在广播、电视台和互联网络上，破坏、歪曲、诋毁历史人物、民族英雄的言论、图片和节目时有出现，产生了很坏影响。2017 年 3 月，《中华人民共和国电影产业促进法》施行，明确

① 习近平．决胜全面建成小康社会夺取新时代中国特色社会主义伟大胜利——在中国共产党第十九次全国代表大会上的报告［M］．北京：人民出版社，2017：44.

规定电影中不得含有“诋毁民族优秀文化传统”“侵害民族风俗习惯”“歪曲民族历史或者民族历史人物”等方面的内容。但是，仅在电影领域立法显然不够，应尽快完善相关法律法规，全面维护中华优秀传统文化的文化形象。三是保护文化精髓。目前，我国有《中华人民共和国文物保护法》《中华人民共和国非物质文化遗产法》等法律保护物质文化遗产和非物质文化遗产。但是，中华优秀传统文化中的许多文化精髓，如核心思想理念、中华传统美德、中华人文精神等，尚没有相关法律法规进行明确保护，导致其中的一些好的思想理念被歪曲，传统美德被亵渎，一些文化名人如孔子、孟子、朱熹、王阳明等被任意诋毁。文化批评和观点争论是有益的，但歪曲、亵渎和诋毁则不利于文化的传承发展。这些文化精髓，也应受到相关法规的保护。

第二，加强文化法律法规执行。目前，我国文化法律法规不仅数量少、层次低，还存在有法不依、执法不力的问题。加强法律法规执行，应在以下几个方面努力。一是要加大执法力度。关于文物破坏行为，《中华人民共和国文物保护法》和《中华人民共和国刑法》中都有追究刑事责任的相关条款，应依法严格追究文物破坏案件的法律责任。二是严肃问责追责。有统计结果显示，在国家文物局执法督查的统计结果中，法人违法的文物破坏案件占到72%。《国务院关于进一步加强文物工作的指导意见》明确要求建立文物保护责任终身追究制，应严肃问责追究相关责任人的法律责任。三是鼓励群众监督。2013年2月，颐和园文物望柱头失踪，被一个名为“颐和吴老”的博主发现，并将此信息发布在网络上，引起社会广泛关注。在信息时代，文化遗产的保护离不开群众的广泛参与。近年来的许多文物失踪、文物破坏事件，往往都是广大人民群众第一时间在互联网上爆料，然后才引起了社会和有关部门注意。因此，应鼓励群众监督，以为我们文化遗产提供更多保护。

3. 加强文化平台运用

文化传承需要平台。传承主体发挥多大作用，能否用好传承平台是关键。传承好中华优秀传统文化，以下三个平台需要重点利用，即学校、媒体和社会。

第一，加强中华优秀传统文化学校教育。百年大计，教育为本。学校是“传道、授业、解惑”的地方，是培养未来人才、传承民族文化的主要阵地。《关于实施中华优秀传统文化传承发展工程的意见》[①] 提出：“把中华优秀传统文化全方位融入思想道德教育、文化知识教育、艺术体育教育、社会实践教育各环节，贯穿于启蒙教育、基础教育、职业教育、高等教育、继续教育各领域。”加强学校教育，应该从教学内容和教学方式上同时用力。一是加大中华优秀传统文化的教学内容。长期以来，中华优秀传统文化在教学内容中占比不大，甚至受到一定程度漠视。当前，应在各教育领域加大中华优秀传统文化的教学内容，特别是在小学、中学、大学的教学中，增加中华民族精神、传统哲学、传统美德、古典文学、传统书法、传统绘画、传统戏剧、民族风俗节日、传统礼仪等方面的内容，增加学生对中华优秀传统文化的了解和兴趣。二是改进中华优秀传统文化的教学方式。中华优秀传统文化教学的效果不仅与教学内容相关，更与教学方式密切相关。长期以来，中小学的传统文化教学存在重课堂而轻课外、重应试而轻素质的不良倾向。因此，学校除了课堂教学和应试教学外，还应加强社会实践和参观访学，充分利用图书馆、博物馆、艺术馆、历史古迹等文化场所，改进教学方式，提高教学效果。中华民族有着悠久的教育传统，有着丰富的教育经验，有着的深厚优秀的教育资源，因此弘扬中华优秀传统文

① 中共中央办公厅、国务院办公厅2017年1月25日发布并实施《关于实施中华优秀传统文化传承发展工程的意见》。

化要把学校教育作为重中之重，要在青少年价值观、人生观、审美观、伦理观形成阶段装好“中国心”。

第二，加大中华优秀传统文化媒体传播。在文化领域，媒体是文化传播的平台，也是文化冲突的阵地。当前，文化传播的媒体既包括报纸和书刊等传统媒体，也包括广播、电视、互联网等新兴媒体。因此，传承发展中华优秀传统文化，应同时加大传统媒体和新兴媒体的传播。一是用好报纸和书刊。报纸和书刊是传统媒体，历来发挥着文化传播和传承的重要作用。即使在文化日益数字化的今天，纸质报纸和书刊依然具有不可忽视的作用。报纸和书刊比广播、电视、互联网等新兴媒体更为正式和严肃，中华优秀传统文化的重要典籍主要还是通过纸质书刊传播给人民群众，一些重要的学术成果、文艺作品、评论文章往往通过这一媒体发表和传播。因此，在中华优秀传统文化的宣传、阐释、引导等方面，报纸和书刊应发挥比新兴媒体更为关键的作用。二是用好广播和电视。随着科技的进步，广播和电视等大众媒体成为人们接受中华优秀传统文化的重要渠道。长期以来，中央人民广播电台、中央电视台和地方广播电台、电视台，在传承发展传统文化方面发挥着重要作用。中央电视台的《探索发现》《百家讲坛》等栏目，播出了大量以中华优秀传统文化为内容的节目，如《易中天品三国》《王立群读史记》等节目，受到广泛欢迎，并在社会掀起《三国》热和《史记》热，极大地推动了中华优秀传统文化的传播和影响。因此，广播和电视应继续加强对中华优秀传统文化的传播，以更加丰富的内容和多彩的形式，向广大人民群众传播中华优秀传统文化，展现中华文化的无穷魅力。三是用好互联网。目前，中国的互联网已经非常普及，以门户网站、微博、微信为代表的互联网传播平台，已经成为信息传播的主要渠道，也成为中华优秀传统文化传播的重要渠道。以微信为例，一些国学类的公众号成为研究、解读和传播中华优秀传统文化的重要平台，一些历史虚无主义的言论也在微信上广为流传，诸如质疑民族英雄、丑化民族历史、贬低民族文化的文章和帖子通过转发和共享的方式影响着广大网民。因此，传承发展中华优秀传统文化，必须注重拓展和用好网络媒体，用先进的技术传播手段和优质的文化资源占据网络阵地，不断增强中华优秀传统文化传承发展的效果。

第三，加大中华优秀传统文化的社会宣传。在文化传播方面，除了学校和媒体外，社会是更为广阔的传播媒介。社会是人民群众生产生活的地方，也应该是中华优秀传统文化发挥正面作用的地方。因此，中华优秀传统文化应适时走出学校、科研机构等象牙塔，走向人民群众生产生活的社会，通过社会这个大媒介，进行传播和传承。一是加大公共场所传统文化宣传。社会的公共场所，如广场、街道、车站、社区、村落等地方，是人群密集地区，应利用这些公共场所，通过图片、标语、音乐、影像、表演、讲座等丰富多彩的形式，向广大人民群众传播中华优秀传统文化。特别应在中国春节、清明、端午、中秋等传统节日期间，营造浓厚的传统氛围，使中华优秀传统文化如绵绵春雨般滋润人间。二是加大文化场所的传统文化宣传。社会的文化场所，如图书馆、博物馆、剧院、影院、文化宫、艺术展等地方，是专门的文化传播场所，应在这些场所加大中华优秀传统文化的传播力度，把中华优秀传统文化最有吸引力、最富魅力的内容，通过适当的形式展现给人民群众。通过社会的广泛传播，把中华优秀传统文化推广到城镇、村落、社区、学校、家庭，甚至推广到中国的山乡僻壤、田间地头、街头巷尾、茶馆酒肆，最大范围地提高中华优秀传统文化的影响力。

四、坚持不忘本来、吸收外来、面向未来

中华优秀传统文化是我国文化发展的根基，其传承与发展的基

本原则是“不忘本来、吸收外来、面向未来”。这一原则在习近平总书记的多次讲话中得到了明确的强调。“不忘本来”意味着要充分肯定中华优秀传统文化的历史地位与价值。这一原则要求我们尊重并传承中华优秀传统文化，这是明确我国文化发展的历史脉络和价值取向的基础。中华优秀传统文化是中华民族的精神家园，其深厚的历史底蕴和丰富的文化内涵，为我们提供了独特的精神资源和价值观念。

“吸收外来”强调在文化开放多元的条件下，吸收人类其他民族文明的有益成果，促进中华优秀传统文化的创新发展。这一原则要求我们积极参与全球文化交流，借鉴吸收其他文化的优秀成果，以推动我国文化的发展和进步。

“面向未来”强调广泛挖掘中华优秀传统文化和汲取其他文化的思想精华与价值理念，回应中国特色社会主义文化建设的时代课题，肩负起时代使命，积极探寻关乎中国命运和人类前途的重大问题。这一原则要求我们以全球视野和时代精神，深入研究和理解中华优秀传统文化，以适应新时代的发展需求，为我国的文化建设提供新的思路和方向。

在具体实践中，我们需要在传承和发展中华优秀传统文化的同时，注重创新和包容。在传承过程中，要注重挖掘和整理中华优秀传统文化，使其得到更好的保护和传承。在创新发展中，要积极吸收其他文化的优秀成果，以丰富和发展中华优秀传统文化。在面向未来中，要注重研究和理解全球文化的发展趋势，以适应全球化的发展趋势，为我国的文化建设提供新的思路和方向。

中华优秀传统文化作为我国历史和文化的重要组成部分，蕴含着丰富的人文内涵、哲学精神、道德规范，对世界文明产生了深远的影响，具有不可磨灭的历史作用和时代价值。因此，如何更好地传承和发展中华优秀传统文化，使其在现代社会焕发新的生机和活力，成为了一个亟待研究和探讨的问题。

我们要认识到中华优秀传统文化在现代社会中的重要地位和作用。中华优秀传统文化是中华民族的精神瑰宝，是我们在世界文明中的独特标识。它不仅包含了丰富的文化资源，更蕴含了深刻的人文精神，如仁爱、和谐、大同等，这些精神观念在现代社会中依然具有重要的指导意义。同时，中华优秀传统文化也是我们民族自信心和自豪感的源泉，对于增强民族文化认同感和凝聚力具有重要作用。

要以开放的心态积极汲取人类优秀文明成果，主动参与到世界文化交流中去取长补短。在全球化的背景下，文化交流和借鉴已经成为了不可逆转的趋势。中华优秀传统文化需要与现代文明进行融合，以适应时代的发展和变化。这需要我们在传承和发展中华优秀传统文化的同时，积极吸收其他民族和国家的优秀文化成果，丰富我们的文化内涵，提高我们的文化素养。

要以坚持中华优秀传统文化、革命文化和社会主义先进文化为主体的基础上，进行文化的创新和发展。中华优秀传统文化是我们民族的精神内核，是我们文化创新的根基。同时，我们也要紧跟时代的发展，积极吸收新的文化元素，进行文化创新。例如，在传承和发展中华优秀传统文化的基础上，我们可以结合现代社会的需求，进行文化产品的创新，如电影、音乐、戏剧等，以满足现代人的精神需求。

要将中华优秀传统文化与人类命运共同体相结合，推动全球文化的繁荣和发展。人类命运共同体是中国共产党提出的一种新型国际关系理念，它强调各国之间的平等、互利、合作，倡导各国共同应对全球性问题，如气候变化、疫情防控等。将中华优秀传统文化与人类命运共同体相结合，可以更好地推动全球文化的繁荣和发展，为构建人类命运共同体贡献中国智慧和力量。

第三节

中国传统文化传承发展的工作重点

中国传统文化是中华民族几千年来积累的精神财富，是中华民族的灵魂和根基。在当今社会，随着全球化进程的加快，中国传统文化面临着严峻的挑战。如何在传承和发展中找到平衡点，让中国传统文化在现代社会中发扬光大，成为了我们每一个中国人的责任和使命。为此，我们需要从以下几个方面入手，加强对中国传统文化的传承和发展。

一、挖掘中华优秀传统文化的现代价值是关键

习近平总书记一直很重视挖掘中华优秀传统文化的现代内涵。他强调："要加强对中华传统文化的挖掘和阐发，努力实现中华传统美德的创造性转化、创新性发展，把跨越时空、超越国度、富有永恒的魅力、具有当代价值的文化精神弘扬起来，把传承传统优秀文化又弘扬时代精神、立足本国又面向世界的当代文化创新成果传播出去。"①

（一）民本思想的现代价值

民本思想是中华民族传统文化中的重要组成部分，具有深远的历史渊源和现实意义。民本思想的核心是以人民为中心，强调人民的利益和福祉，注重社会公平和正义。在现代社会，民本思想依然具有重要的现代化价值，可以指导我们更好地推动社会的

① 习近平．习近平谈治国理政［M］．北京：外文出版社，2014：106.

发展和进步。

第一，民本思想强调人民的参与和主体地位，有助于推进民主政治的发展。在当代社会，民主和人权成为了普遍认可的价值观念，要求政治决策必须以人民的利益为出发点和落脚点。中国古代思想家如孟子、墨子等都强调人民的权利和义务，认为君主的权力来自于人民的支持和选择。在当代，这一思想可以为我们提供指引，推动社会各界对人民权益的尊重和保障，加强民主参与，促进社会公平正义的实现。

第二，民本思想强调社会公平正义，有助于推动社会和谐与共同发展。中国古代思想家强调社会的和谐与稳定，认为只有人民的福祉得到保障，社会才能够实现共同发展。当今世界面临着日益加剧的社会分化和不公平现象，民本思想提醒我们要关注社会的整体利益，民本思想强调社会公平和正义，要求社会事业的发展必须以满足人民需求和提高人民生活质量为出发点。在实践中，我们应该加强对社会事业的投资和管理，推进教育公平和医疗改革，加强文化建设和体育发展，让人民享受到更好的社会服务。确保人民的基本需求得到满足，才能够实现社会的可持续发展。

第三，民本思想强调道德伦理和社会责任。中国古代思想家强调人的道德养成和行为规范，认为人民应该具备高尚的品德和道德操守。在当代社会，伦理道德的缺失和道德沦丧成为了一个普遍问题。民本思想提醒我们要重视道德伦理的建设，弘扬社会正气，树立正确的价值观念。只有通过强化道德教育和规范，让人民自觉遵守社会规则和道德准则，才能够建立起一个和谐、稳定的社会。

（二）共富思想的现代化价值

从传统文化的角度来看，共富思想是对儒家“民为邦本”思想的继承和发展，是对道家“天下为公”思想的创新。中国古代先贤的政治理论试图在解决民生疾苦的同时建立富足的社会。孔子主张统治者应该爱民、慧民，国家才能安定。《广弘明集》中记载："夫国以民为本，本固则邦宁。"古代先哲的政治理想不仅对于民本格外看重，更着力构建全民富足的"小康社会"。可见，"天下共富"的社会愿景由来已久。在当代，共富思想是中国共产党领导下的一种社会主义核心价值观，它强调的是全体人民共同富裕的目标，这一思想具有强烈的现实意义。

第一，共富思想有助于实现社会公平正义。随着社会的发展，贫富差距问题日益突出。共富思想强调全体人民共同富裕的目标，有利于推动社会公平正义，减少贫富差距，提高人民生活水平。只有通过建立公正的分配机制，减少贫富差距，才能够实现社会的可持续发展。

第二，共富思想强调社会的稳定和和谐。当代社会也面临着资源的紧张和社会动荡的问题。共富思想提醒我们要关注社会的整体利益，推动社会的共同富裕，减少社会矛盾和冲突。只有通过实现共同富裕，让每个人都能够分享社会发展的成果，才能够建立起一个和谐、稳定的社会。

第三，共富思想强调社会责任和互助合作。在当代社会，个人主义和竞争导向成为了普遍问题。共富思想提醒我们要强化社会责任意识，加强互助合作，共同推动社会的发展和进步。只有通过建立起一个相互支持、互利共赢的社会网络，才能够实现共同富裕的目标。

（三）和合思想的现代化价值

中国古代的和合思想是指追求和谐、统一和协调的思想观念。它强调人与自然、人与人之间、人与社会之间的和谐关系，追求社会的平衡和共融。

第一，和合思想强调生态平衡和可持续发展。在当代，人类面临着环境破坏、生态危机等问题。和合思想提醒我们要关注人与自然的和谐关系，推动生态平衡和可持续发展。“天人合一”的传统思想追求的是人与自然的和谐统一，超越了西方近代以来的主客二分的思维方式，以此为基点习近平总书记发展出“人与自然是生命共同体”的理念，进而创造性地构建社会主义的生态文明观，建立起人与自然的和谐共生关系，实现人与自然的共同进步。

第二，和合思想强调社会和谐与民族团结。当代社会存在着各种不同的利益冲突和社会矛盾。和合思想提醒我们要关注人与人之间的和谐关系，推动社会和谐与民族团结，建立起一个包容、和谐的社会氛围，实现社会的稳定和进步。

第三，和合思想强调国际合作与世界和平。在当代全球化的背景下，国际关系日益紧密，国际合作变得愈发重要。在数次国际讲话中，习近平总书记也多次提到了中华民族崇尚“和为贵”的理念，走中国特色社会主义和平发展之路。这体现了中华传统文化中共赢共生的“和实生物”之道。只有走中国特色社会主义发展道路，厚德载物、和而不同，才能够真正做到“人类命运”休戚与共，建立人类命运共同体。以和为贵不应仅单纯地倡导“和合”观念，更应辅以与之相配的制度。和合思想既体现了在中华传统文化熏陶下国人相互尊重、包容互补的民族个性，又体现了我们能够推己及人、兼济天下的平等理念。

（四）公平正义的现代化价值

中国古代的公平正义是指追求社会财富公平分配和社会关系的公正与平等的思想观念。它强调人与人之间的公平、正义和道义准则，追求社会的公正、平等和和谐。这种思想在今天仍然具有重要的现代价值，可以概括为以下三点。

第一，公平正义思想强调社会的公平和正义。在当代社会，贫富差距日益加大，社会不平等问题成为一个普遍关注的话题。公平正义思想提醒我们要关注社会的公平与正义，追求财富的公平分配，确保每个人都能够享受到社会发展的成果，建立公正的分配机制，减少贫富差距，实现社会的可持续发展。

第二，公平正义思想强调社会的平等和包容。当代社会面临着各种不同的利益冲突和社会矛盾。公平正义思想提醒我们要关注人与人之间的平等和包容关系，推动社会的包容与和谐。通过尊重多元文化，倡导平等相待，建立起一个公平、包容的社会氛围，实现社会的稳定和进步。

第三，公平正义思想强调社会的道德和人文关怀。在当代全球化的背景下，社会关系日益复杂，个人主义和竞争导向成为普遍问题。公平正义思想提醒我们要关注社会的道德和人文关怀，推动社会的道德观念与人文精神。通过弘扬社会公德、职业道德和家庭美德，营造出一个关怀、和谐的社会氛围，实现社会的和谐发展。

（五）创新思维的现代化价值

中国古代创新思维指的是在古代中国社会中，对于知识、技术和文化的创新与发展的思考和实践。它强调对传统知识的扩展和创造性的应用，以及对新事物和新观念的包容和探索。创新思维具有以下几个特点：开放性、独立性、探索性、灵活性和创造性。这种思维方式在今天仍然具有重要的现代价值。

第一，古代创新思维强调知识的积累和传承，可以促进经济的发展。在当代社会，各个领域的知识都在不断发展和更新。古代创新思维提醒我们要重视知识的积累和传承，将过去的经验与现代的技术和观念相结合，以推动社会的创新和发展，在现代社会中取得更大的创新成果。

第二，古代创新思维强调跨学科的交叉融合，促进科技发展。在当代社会，许多问题都需要跨学科的综合思考和解决。超越学科的界限，开展多领域的合作与交流，以促进创新的发展，在解决复杂问题和推动科技创新的道路上取得更大的进展。

第三，古代创新思维强调开放与包容，推动社会进步。在当代全球化的背景下，各种文化和观念的交流与融合变得日益重要，以开放心态包容不同文化和观念的创新思维，以推动社会的进步和发展。只有通过吸纳和融合多元文化，我们才能够在全球化的时代中保持创新的活力和竞争力。

中国式现代化新道路更加凸显新时代现代化发展道路“新”的表现。而“新”字不仅仅是名词的内涵呈现，更是动词的实践路径，即中国式现代化新道路的各方面发展需要创新，这也是其不断发展的根本动力。习近平总书记指导我们运用一种思维方法，即“守正创新”，这是在当代中国实践的基础上萌发的时代要求。创新思维的培养，不仅是对中华优秀传统文化的继承，更是不断发掘传统文化中的时代价值的体现。事物发展到极点，就应该发生变化，只有这样，事物才能够不断发展。我国古代传统文化中所折射出的朴素唯物主义思想已具备前瞻性，这与马克思主义哲学中事物的运动、变化和发展规律也有相通之处。我国自古就有的创新意识，是中国人民始终做到与时俱进、一往无前的精神动力，也是支撑国人敢闯敢干、敢为人先的强大精神力量。

二、充分结合现代科技实现中华优秀传统文化传承创新是重点

科学技术是第一生产力。它对社会经济基础有重大的影响作用，进而反映到上层建筑中的文化上来。文化对经济基础也具有反

作用。中华优秀传统文化经历了几千年的发展，对科学技术的巨大推动作用是不可低估的。

新中国成立以来，在中国共产党的领导下，中国人民以自力更生、追赶先进的姿态，把一个贫穷落后的中国带进了工业文明时代。中国人民不断解放思想、实事求是、改革开放、大胆创新，从中华优秀传统文化中汲取底蕴深厚又源源不断的营养，给科技插上腾飞的翅膀，在很多领域特别是高科技领域缩小了与发达国家的差距，甚至取得了一些领先于世界的科技成果。比如，中医中药是中华优秀传统文化中的一颗璀璨耀眼的明珠，在传统中医著作《肘后备急方》的启示下，以屠呦呦为代表的中国科学家团队历经反复试验，于20世纪六七十年代用低沸点溶剂提取出青蒿素，用于治疗对抗疟药物氯喹等产生抗性的疟疾，不仅造福了中国人民，还给越南、老挝、柬埔寨、缅甸、非洲等国家和地区的人民带来了福音。这样的事例再次证明了中华优秀传统文化是科技进步的不竭源泉，能够为科技发展提供强有力的支撑。

在当今娱乐化的时代里，快节奏的工作与生活导致快餐式的娱乐形式大行其道，慢节奏的传统文化似乎“过时”了；在当今信息化的时代里，呈爆炸式增长的海量信息可以利用网络犹如探囊取物般轻易获得，中华优秀传统文化知识似乎不再“稀缺”，相关教育也似乎不再有“门槛”；在当今移动媒体的时代里，一部小小的手机可集合办公、学习、娱乐、理财、信息查询等诸多功能于一体，成为拥有多种功能、方便携带、易于操作的复合载体，中华优秀传统文化的“课堂”随之发生了根本性“变化”。

“互联网＋”时代的到来，给中华优秀传统文化的传承与创新带来了诸多变化。其中蕴藏着诸多的“危机”，有“危险”亦有“机遇”，在“危”与“机”的转化中，要确保从“危”向“机”，将“危险”转化为“机遇”，临“危”不乱，主动利用现代科技推进互联网与传统文化事业的深度融合。

我们不能用工业文明标准审视处于农业文明之中的中国的科技水平，这不合理。在农业文明中，中国拥有世界最先进的科学技术，如历法、算学、水利、农艺、耕种、农作物加工、中医药、生育与人口技术等富有农耕特色的科学技术，而同期西方世界的科技水平却相去甚远，可以说那个时代的文化与当时的生产力发展水平是相适应的。即便如此，中华文化和中国社会并没有表现出对科学技术的歧视，而是在长期的对自然与未知的不断探索中形成了“天行健，君子以自强不息；地势坤，君子以厚德载物”的自强不息、奋发进取、勇于探索的科学精神，这都是具有民族精神的文化特质。

工业文明时代，在中国共产党的坚强领导下，中国人民仅用了70余年的时间，以坚韧不拔、不惧牺牲、前仆后继、栉风沐雨、筚路蓝缕的顽强奋斗精神，跨过了西方300余年的工业文明和科技发展历程。这说明中华民族具有科技与创新的先天文化基因和驾驭其发展的智慧和能力，也说明科技发展的同时也能够创造出展现人类本质特征的精神文化，并带动与之相适应的中华优秀传统文化同步演进，丰富了其文化内涵。因此，进一步传承与创新中华优秀传统文化就成了时代的需要和历史的重任。只有这样，中华优秀传统文化才能担当起引导科技创新并向着人类文明与进步的方向发展的重任。

（一）与现代科学精神的结合

近代以来发展起来的现代科学精神所蕴含的科学思维、科学方法、科学理念、科学思想与传统文化的核心是同构兼容的。现代科学精神与传统文化同属于上层建筑，都受到特定的经济基础与生产方式的制约与影响。

而文化一旦形成，就有着其自身演进的规律，并逐渐形成自我的进化法则。在演进的过程中，既有渐进式的积累，如绵延两千多年的封建文化；亦有突变式的爆发，如近代旗帜鲜明的新文化运动。文化就在这样或渐进或突变的演化中不断地发展，“在冲突中发展的人类文化已经构成了一个有机成长的开放系统”①。

中华传统文化成长于农耕社会，现代科学文化则成长于工业社会。二者自近代相遇以来便在冲突中不断地融合成长。传统文化在漫长的封建社会巩固了中央集权的政治体制，维护了以家长制为内核的传统社会的稳定，促进了传统农业经济的发展。进入现代社会，中华优秀传统文化仍然具备丰富且重要的当代价值，当然，其中也存在与工业社会不相适应的部分。因此，需要结合现代科学的异化与重构精神，与现实相融合，推进中华优秀传统文化的传承与创新。

（二）与现代科学技术的结合

进入20世纪，现代科技成为生产力的第一要素，成为现代经济发展的强劲推手。现代科技可以在许多方面与中华优秀传统文化的传承与创新相结合。例如，在保护非物质文化遗产方面，借助拍摄技术记录传统工艺的制作生产过程，确保传统工艺的制作流程的准确传承；在博物馆展厅的设计方面，利用人工智能及光影技术，模拟传统时代的生活场景，让参观者身临其境，对传统生活建立起更为直观形象的感受；在复原或分析传统工艺时，与现代制作工艺相类比，结合现代科技的实证工具与研究途径，实现更精确的技术还原。因此，高等院校作为现代科学技术的培育、集聚高地，应主动、有意识地结合现代科技来传承与创新中华优秀传统文化，助力中华优秀传统文化在时间的长河中始终闪耀着万丈光芒。

---

① 徐飞，卜晓勇．试论传统文化与现代科学的同构兼容［J］．科技进步与对策，2005（10）：3.

1. 坚持科技引领与创新原则

科技引领与创新原则是当前中国传统文化传承发展的重要工作重点之一。在新时代背景下，我们需要以科技为驱动，发挥创新思维，推动中国传统文化走向现代化、国际化，实现文化强国的目标。

全面开发传统文化资源，必然离不开数字媒体。在科技日新月异的今天，网络新媒体、“大数据”“互联网+”“人工智能”等成为新的流行趋势，在此基础上，传统文化也迎来了新的有利境遇，深入将二者融合，将有力提升中华优秀传统文化呈现方式的技术性和新颖性。

首先，要以科学技术为支撑，主动与前沿科技合作发挥乘法效应。例如，“VR+古籍”技术，它颠覆了以往传统文化的呈现形式，将我们的读书形式从二维坐标系解放出来，进入立体鲜活世界，从而让古籍“活起来”，不再是单纯枯燥的文本格式。在“VR+古籍”虚拟世界中，人们可以调动多种感觉器官，多方位感知古籍世界，在趣味中理解复杂、深奥的古籍内容，大大提升了人们对于中华优秀传统文化的兴趣，又如，故宫博物院推出的《清明上河图3.0》，实现了传统文物与智能科技的深度融合，让人们身临其境走进画中世界，感受汴京的繁华。传承中华优秀传统文化，不仅是剔除糟粕、保留精华，更需要结合时代特点、顺应时代潮流，对其加以增补、开拓、改善。唯有守本开新，才能古为今用，让其为今人所用。如今，中国已经进入继往开来的新时代，需要认识到，虽然当下中国已取得了一系列成果，但我们仍面临着发展不平衡、不充分的问题，要在把握时代特征基础上，对中华优秀传统文化作创造性诠释，使其实现转化创新，在现代社会发挥作用。从诠释学的视角看，对传统文化的继承不只是一种克隆，而始终带有创新性。只有不断为其导入新的时代意蕴，才能实现古今对话，唤醒其顽强的生命力。

其次，要以网络媒体为载体，创意表达传统文化的独特魅力。例如，中央电视台推出的《国家宝藏》系列节目，以情景剧的形式表现每件文物的故事，呈现文物背后的奥义。就拿《千里江山图》这一绘画领域的神作来说，它不仅展现了中国山水画技艺的高超，同时也向大众传达出中国传统“天人合一”“道法自然”的道家哲学思想，引发人们对人与自然关系的思考。此外，还有《中国诗词大会》节目以益智竞技的形式让人们领略到了楚辞汉赋、唐宋诗词之美。《上新了！故宫》这一节目以文化创新类真人秀的形式将探索之地设在故宫博物院，对竹香馆、倦勤斋等秘密之地的揭示满足了人们对于故宫历史的强烈好奇。又如，《中国汉字听写大会》《匠心传奇》等传统文化类节目，都在以创新性的形式唤醒人们对于民族文化的记忆，有助于在年轻人的心中种下热爱传统文化的种子。

再次，可以通过短视频、直播等形式，将传统文化的魅力传递给更多的人。短视频平台如抖音、快手等，有大量的传统文化类内容，如舞蹈、音乐、美食、手工艺等。这些直观、生动的表现形式，让人们可以轻松地接触到传统文化。例如，抖音平台的“抖 in 汉服”挑战，以汉服为主题，吸引了大量用户参与，从而使汉服这一传统文化元素得到了更广泛的传播和认同。直播平台如斗鱼、虎牙等，也推出了许多传统文化类节目，如书法、国画、茶艺等。观众可以通过观看直播，与老师互动，学习传统文化的知识和技能。例如，斗鱼直播平台推出的“斗鱼新国风”活动，以国风为主题，涵盖了音乐、舞蹈、戏曲、绘画等多种艺术形式，吸引了大量观众参与，从而使国风这一传统文化元素得到了更广泛的传播和认同。

此外，还可以通过网络媒体的形式，将传统文化的教育融入人们的日常生活中。比如，通过网络媒体，可以推出一些传统文化类的教育课程，如诗词朗诵、书法入门、国画基础等。这些课程可以通过网络直播的形式进行，让更多的人可以随时随地学习。例如，腾讯课堂推出的“传统文化课程”系列，涵盖了诗词、书法、国画、茶艺等多个领域，吸引了大量用户参与。

另外，还可以通过网络媒体的形式，将传统文化的传播范围扩大到全球。比如，可以通过网络媒体，将中国的传统文化介绍给世界，让更多的人了解和喜欢中国的传统文化。例如，CCTV－4 推出的“中国春节”特别节目，以全球视角展示了中国的春节文化，吸引了大量外国观众收看。同时，也可以通过网络媒体，将世界各国的传统文化介绍给中国，让中国的人民可以拓宽视野，了解世界。例如，YouTube 上的“中国传统文化”频道，涵盖了世界各国传统节日、传统手工艺、传统音乐等多个领域，吸引了大量中国观众收看。

最后，还可以通过网络媒体的形式，将传统文化的创新与实践展现出来。比如，可以通过网络媒体，展示一些传统文化的新形式、新内容，如传统文化与现代科技的结合，传统文化在现代生活中的应用等。例如，Bilibili 直播平台推出的“传统文化与科技结合”系列节目，以传统文化为主题，结合现代科技手段，展示了传统文化的创新与实践。

总体来说，网络媒体以其独特的传播方式，使得传统文化得以更广泛、更深入地传播。未来，随着网络媒体技术的不断发展，传统文化将会有更多的传播渠道和形式，从而使传统文化得以更好地传承和发展。

2. 坚持改革体制与协同发展原则

坚持改革体制与协同发展原则是我国传统文化传承发展的核心任务。改革体制是推动传统文化发展的关键因素，只有不断改革体制，才能使传统文化焕发新的生机与活力。协同发展原则是传统文化传承发展的基本要求，只有通过协同合作，才能实现传统文化的传承与发展。

首先，改革体制是推动传统文化发展的重要手段。当前，我国传统文化面临着诸多挑战，如传统文化资源逐渐流失、传统文化创新不足等。为了应对这些挑战，我们需要改革传统文化体制，使之更加适应现代社会的需求。改革传统文化体制需要注重以下几个方面：一是加强政府对传统文化的管理，加强对传统文化资源的保护和利用，促进传统文化与现代文化的融合；二是加强社会对传统文化的参与，鼓励民间力量参与传统文化的发展和创新，形成政府、企业、社会组织、个人共同参与的局面；三是加强传统文化教育，培养一批具有传统文化素养的人才，推动传统文化的传承与发展。为深入贯彻以民为本、情牵百姓的思想，缓解传统文化传承发展过程中过度商业化的问题，就必须对文化体制进行改革。

深化落实传统文化服务体系，需要将文化事业与文化产业相结合。只有保证二者的协调发展，才能使为人民服务、为社会主义服务落到实处，共同为文化的荣华郁勃保持长期努力，更好地推进我国古代思想文化的延续革新。

公益性文化事业承担着传播优秀传统文化的重任，是人民群众享受传统文化产品的重要阵地。在发展传统文化公益性事业中，一是要增加资金投入，完善基础设施。继续加大对文化遗产的资金投入，让展览馆、纪念馆、国学馆等与传统文化相关的基础设施遍布全国，为群众性文化活动提供便利。二是要完善传统文化公益性事业的相关法律法规，为传统文化传承发展提供更好的外部环境。优秀传统文化传承的立法工作，一要明确传承的内容，二要划分传承者的责任和义务，只有建立起优秀传统文化传承的长效机制，才能保障优秀传统文化建设的持续推进。大力发展文化产业是世界文化发展的必然趋势，也是提升我国文化竞争力的有效途径。在促进我国传统文化产业的发展方面，需要深入挖掘传统文化中的素材故事，获取创造灵感。我国传统文化中有许多耐人寻味的经典故事，要深入挖掘体现爱国、勤劳、勇敢、好学、仁孝等优秀的价值理念的人物故事，向其注入新的时代特征，形成具有“中国风”特色的文化品牌。例如，可以重新创作《岳飞传》等经典故事，以体现当代价值观，如家国情怀、社会责任感等。要结合新媒体，用动画、电影、电视等新的方式重新呈现传统文化，这样不仅能够很好地向大众传递优秀传统文化，同时也可以让我国在激烈的国际竞争中获得一席之位。例如，可以利用电影、电视等媒体，将《红楼梦》《西游记》《水浒传》等经典小说重新呈现给观众，同时也可以吸引外国观众了解中国文化。三是要找准市场定位，精准营销文化产品。优秀传统文化具有宽广开阔的商业前景，文化产业者要准确分析群众的精神需求，创造出群众喜闻乐见的传统文化产品。例如，可以开发以传统文化为基础的旅游产品，如以“中国风”为主题的民宿、美食等，同时也可以推出以传统文化为主题的文化创意产品，如以中国传统手工艺为基础的饰品、礼品等。

其次，协同发展原则是传统文化传承发展的基本要求。协同发展原则强调传统文化的传承与发展需要各方面的协同合作，包括政府、企业、社会组织和个人等。只有通过协同合作，才能实现传统文化的传承与发展。在协同合作中，政府需要发挥主导作用，加强对传统文化的规划和指导，推动传统文化的传承与发展。企业需要积极参与传统文化的创新与发展，为传统文化注入新的活力。社会组织和个人需要发挥积极作用，参与传统文化的传承与发展，形成政府、企业、社会组织、个人共同参与的局面。此外，在协同合作中，还需要注重传统文化的传承与创新。传统文化是中华民族的瑰宝，需要不断传承与创新，使之更加适应现代社会的需求。在协同合作中，需要注重传统文化的传承与创新，推动传统文化的传承与发展。

第六章

中国传统文化传承发展的路径探索

在探索中国传统文化传承发展的路径时，需要结合时代背景，充分发挥各种途径的优势，推动中国优秀传统文化的传承和发展。本章主要对如何加强青少年中国优秀传统文化教育、如何将中国优秀传统文化元素融入艺术设计、坚持中国优秀传统文化的创造性转化和创新性发展的路径、鼓励中国优秀传统文化“走出去”的对策等问题进行探索。

第一节

加强中国优秀传统文化培根铸魂工程

中国优秀传统文化是中华民族宝贵的精神财富，承载了中华民族的智慧和文明。为了传承和弘扬这一宝贵遗产，我们需要加强中国优秀传统文化培根铸魂工程，以唤起国人对传统文化的热爱和认同，塑造民族精神的核心价值观。这项工程的核心目标是通过深入研究、广泛传播和创新发展，使中国优秀传统文化焕发新的生机和活力。

在现代社会中，传统文化面临着诸多挑战和困境，如文化快餐化、文化娱乐化、文化消费化等，这些都对传统文化造成了不同程度的冲击和破坏。“培根铸魂”是这一工程的核心理念。培根是指对传统文化进行深入研究和挖掘，发掘传统文化中的精华和价值，使其成为现代社会的精神指引和思想源泉。铸魂则是指将传统文化的精神内核传承下去，使其成为中华民族的精神支柱和文化根基，从而增强民族自信心和自豪感，推动中华民族伟大复兴。因此，加强中国优秀传统文化培根铸魂工程显得尤为重要和紧迫。

中华民族历史悠久，地大物博，有着许多璀璨迷人的民族文化和各具特色的民俗文化。对当代青少年进行优秀传统文化教育，必须坚持以学生为主体，适应青少年身心成长的特点和接受能力，坚持贴近实际、贴近生活、贴近未成年人的原则，基于培养现代公民的基本素质，遵循传统文化教育与现代相结合的一般规律，采取适合当代青少年成长需求、为青少年所喜闻乐见的形式，深入浅出，寓教于乐，循序渐进。要以课堂教学为主渠道，以家庭和社区为阵地，通过纷繁多姿的民族音乐、舞蹈、戏曲演出、书法、国画、民间工艺制作、中国象棋围棋擂台赛、猜灯谜、猜歇后语、武术体育等各项活动和课堂诵读辅导、文化基地熏陶、课外活动固化、社会展示激励等多种途径，让中华传统文化走进家庭、校园、社区，走进青少年的内心，引导中小学生培养热爱祖国、热爱传统文化的民族情感，链接起中华民族生生不息、血脉相传的精神纽带，为广大青少年学生的健康成长起重要的道德支撑作用。

一、传承发展中国优秀传统文化使之成为广泛的社会共识

传承发展中国优秀传统文化，使之成为广泛的社会共识，是我们当代的重要任务和使命。通过多年的努力和探索，我们已经取得了一定的成果。

首先，我们通过深入研究和挖掘传统文化的内涵与价值，让更多的人了解和认识到传统文化的独特魅力。通过传统文化的学术研究和深度解读，我们更好地理解了其深刻的哲学观念、道德原则和人伦理念，使其成为广大民众心目中的精神寄托和道德准则。其次，我们通过举办各种文化活动、展览、演出等方式，让更多的人亲身体验和感受传统文化的魅力，提高了公众对传统文化的认同感和归属感。不仅如此，我们还将传统文化元素融入现代文化创作、教育和社会治理等领域，使传统文化焕发出新的生机和活力，更好地满足了现代社会的需求。最后，我们通过加强传统文化的教育，培养了一批爱国、有道德修养、有文化素养的青年人，他们是传统文化传承与发展的生力军，也是社会共识的重要推动者。

通过深入研究、广泛传播、创新发展和培养青年一代，我们已经取得了初步的成果，使中国优秀传统文化逐渐成为广泛的社会共识。然而，我们仍需继续努力，加强对传统文化的研究和传承，提高传统文化的影响力和传播力，将其更好地融入现代社会，让传统文化成为中华民族的独特标识和核心价值观，为国家的繁荣和人民的幸福作出更大的贡献。

（一）教育引导

在加强中国优秀传统文化培根铸魂工程中，教育引导是非常重要的一环。教育引导不仅是培养国民文化素质的重要途径，也是增强民族文化认同感和自豪感的重要手段。通过教育引导，可以让学生更好地了解中华优秀传统文化，认识其历史渊源、文化内涵和价值意义，从而增强对中华优秀传统文化的热爱和传承意识。

教育引导可以通过多种形式来实现。在学校教育中，教师可以利用课堂教学、课外活动、课程设计等多种方式，向学生传授中华优秀传统文化知识和技能。例如，在语文课程中，教师可以引导学生阅读经典文学作品，了解其中的文化内涵和价值观念；在历史课程中，教师可以讲解中华优秀传统文化的历史渊源和演变过程，让学生更好地认识和理解中华文化的本质特征。

除了学校教育，社会教育也是加强中国优秀传统文化培根铸魂工程中教育引导的重要途径。社会教育可以通过博物馆、展览、讲座、文化活动等多种形式，向公众普及中华优秀传统文化知识和技能。例如，在博物馆中，可以通过展览和讲解，向公众展示中华优秀传统文化的历史渊源、文化内涵和价值意义；在讲座和活动中，可以通过专家讲座、文化体验、手工制作等形式，让公众更深入地了解和认识中华优秀传统文化。

教育引导是加强中国优秀传统文化培根铸魂工程中不可或缺的一环。通过多种形式的教育引导，可以让学生更好地了解和认识中华优秀传统文化，增强文化自觉和文化自信，从而为传统文化的传承和发展打下坚实的基础。

（二）开展实践

传统文化是中华民族宝贵的精神财富，其独特的价值观和思维方式对于塑造国民品格、促进社会和谐具有重要意义。为了使传统文化深入人心，我们应当加强日常实践活动，通过多种途径和手段实现传统文化的融入和传承。

第一，丰富传统文化体验活动。日常实践活动应该包括丰富多样的传统文化体验项目，例如传统音乐、舞蹈、戏剧、书法、绘画等。通过参与这些活动，人们可以亲身体验传统文化的魅力，感受传统文化对情感、审美和思维方式的影响，从而加深对传统文化的理解和认同。同时，还可以通过组织传统文化展览、演出等活动，让更多的人接触和了解传统文化。

第二，发挥传统文化在社会治理中的作用。传统文化具有丰富的道德规范和行为准则，可以为社会提供宝贵的精神支撑和道德引领。在日常实践活动中，我们应该将传统文化的价值观融入社会治理中，如加强传统文化的道德教育，弘扬传统文化的家国情怀，倡导传统文化的和谐共处等，从而使传统文化在社会生活中起到积极的引导作用。

第三，加强传统文化与现代生活的结合。传统文化并非停留在历史的遥远时代，它具有生命力和创造力，可以与现代生活相结合。我们应该通过日常实践活动，将传统文化元素融入现代生活中的各个领域，例如传统文化与现代艺术的结合、传统文化与现代科技的融合等。这样可以让传统文化更贴近人们的生活，成为日常生活中的一种方式和表达。

（三）日常宣传

在日常宣传中，需要充分发挥优秀传统文化在教育、文化、旅游等领域的优势，让更多人了解和传承我国优秀的传统文化。只有这样，才能真正实现文化强国的目标，为中华民族的伟大复兴提供精神动力。

在学校教育中，要将优秀传统文化融入课程设置，培养学生的文化素养。这包括语文、历史、地理等学科的教学内容，通过讲解、讨论、实践等形式，让学生在学习过程中接触到优秀的传统文化，增强他们的民族自豪感和文化认同感。

在文化传播中，要利用各种媒体平台，加大对优秀传统文化的宣传力度。这包括电视、广播、报纸、杂志、网络媒体等，通过制作专题节目、发布文章、推出短视频等方式，让优秀传统文化走进千家万户，成为人们日常生活的一部分。

在文化旅游中，要充分利用我国丰富的旅游资源，将优秀传统文化与旅游相结合，让游客在欣赏美景的同时，也能感受到我国优秀的传统文化。这包括组织各类文化旅游活动，如文化遗产日、民俗节庆等，以及推出以优秀传统文化为主题的文化旅游线路，让游客在旅游中体验到传统文化的魅力。

在社会生活中，要倡导全民参与优秀传统文化传承，形成良好的社会氛围。这包括举办各类文化活动，如书画展览、诗词朗诵、民间艺术表演等，以及鼓励人们参与非物质文化遗产的保护和传承工作，让更多的人参与到传统文化的保护、传承和发扬中来。

二、注意分层次、突出重点，抓好青少年的教育培育

（一）学校教育中开展青少年优秀传统文化教育

青少年是国家和民族的未来，他们的思想观念和价值取向将对国家的未来发展产生深远影响。因此，加强青少年优秀传统文化教育，培养他们的民族自豪感和文化认同感，对于增强民族凝聚力、提升民族自豪感和推动文化传承具有重要意义。在学校教育中开展青少年优秀传统文化教育，可以采取多种形式。例如，组织学生参观传统文化场馆，如博物馆、图书馆、美术馆等，让他们亲身感受中华文化的博大精深；开设传统文化课程，如书法、绘画、音乐、舞蹈等，让学生在学习中了解和掌握中华文化的精髓；举办文化活动，如传统节日庆祝活动、文化知识竞赛、文化创作比赛等，让学生在参与中体验和感受中华文化的魅力。

在学校教育中开展青少年优秀传统文化教育，需要注重教育方法和手段的创新。例如，可以利用现代信息技术手段，如网络、电视、电影、动漫等，让学生在多媒体的展示和互动中了解和感受中华文化的魅力；可以结合学生的兴趣爱好和特点，开展个性化的传统文化教育，如书法爱好者可以专门开设书法课程，音乐爱好者可

以开设音乐课程等，让学生在个性化的教育中体验和感受中华文化的魅力。

在学校教育中开展青少年优秀传统文化教育，需要注重教育的针对性和实效性。例如，可以针对学生的年龄、年级、学科特点等，制订相应的教学计划和教学内容，让学生在有针对性的教育中了解和掌握中华文化的精髓；可以注重教育的实践性和应用性，让学生在实践中体验和感受中华文化的魅力，如开展社会实践、志愿服务等活动，让学生在实践中感受和体验中华文化的精髓。

在学校教育中开展青少年优秀传统文化教育，需要注重教育的长期性和系统性。例如，可以制订长期的传统文化教育计划和目标，让学生在长期的熏陶中逐渐形成对中华文化的认同感和自豪感；可以建立系统的评价机制，定期对学生的传统文化素养进行评估，以便调整教学策略，提高教育质量。

此外，为了进一步推动青少年优秀传统文化教育的发展，政府和教育部门应加大对相关领域的投入，支持学校开展丰富的教育活动。同时，鼓励社会力量参与，与企业、非政府组织等合作，共同推动青少年优秀传统文化教育的发展。通过这些举措，我们相信青少年将更好地继承和发扬中华优秀传统文化，为国家和民族的未来发展贡献力量。

学校是传播文化的重要场所，肩负着弘扬传统文化、培养民族精神的重要使命，加强优秀传统文化教育是抓好学校德育和学校文化建设的一项基础性工作。

将传统文化融入课堂教学，是加强中国优秀传统文化培根铸魂工程的重要举措之一。传统文化是中国几千年历史积累的宝贵财富，具有鲜明的民族特色和独特的文化内涵。将传统文化融入课堂教学，有助于培养学生对传统文化的认同感和自豪感，提高学生的文化素养，培养学生的创新精神和实践能力。

将传统文化融入课堂教学，可以丰富课堂教学的内容和形式。传统文化是中华民族的精神家园，蕴含着丰富的思想、道德、审美、艺术等方面的内容。将传统文化融入课堂教学，可以使课堂教学更加丰富多彩，更加贴近学生的实际生活。例如，在语文课上，可以让学生阅读经典文学作品，理解其中蕴含的传统文化思想；在音乐课上，可以让学生学习传统音乐，感受其中的韵律美和人文精神；在美术课上，可以让学生绘制传统图案，领略其中的艺术魅力和审美价值。

将传统文化融入课堂教学，可以提高学生的文化素养。传统文化是中华民族的精神支柱，是中华民族的精神家园。将传统文化融入课堂教学，可以使学生在学习知识的同时，更好地了解和认识传统文化，增强对传统文化的认同感和自豪感。例如，在历史课上，可以让学生了解中国历史上的重要事件和人物，了解其中的传统文化思想；在地理课上，可以让学生了解中国的地理特点和历史文化，更好地认识中国的文化底蕴。

将传统文化融入课堂教学，可以培养学生的创新精神和实践能力。传统文化是中华民族的精神支柱，是中华民族的精神家园。将传统文化融入课堂教学，可以使学生在学习知识的同时，更好地认识传统文化，增强对传统文化的认同感和自豪感。例如，在科学课上，可以让学生了解中国古代的科技成就，激发学生的创新思维；在体育课上，可以让学生学习传统体育项目，增强身体素质，培养团队合作精神。

将传统文化融入课堂教学，可以促进学生的全面发展。传统文化是中华民族的精神支柱，是中华民族的精神家园。将传统文化融入课堂教学，可以使学生在学习知识的同时，更好地认识传统文化，增强对传统文化的认同感和自豪感。例如，在道德课上，可以让学生学习中国传统文化中的道德观念，培养学生的道德素养；在艺术课上，可以让学生学习传统艺术，提高学生的审美能力。

将传统文化融入课堂教学，可以从以下几个方面着手。

（1）教材内容。在教材中加入传统文化的内容，让学生在学习过程中了解和学习传统文化。在具体教育过程中，力避先入为主的给予，引领学生自主地去体味。通过教育，让青少年在成长中逐渐体味优秀传统文化的魅力。比如在美术教学中渗透中国画鉴赏，在音乐教学中渗透古典音乐欣赏等。例如，从2003年开始，北京大学南宁附属实验学校在洪珏先生主持下编写了校本教材《蒙学经典选读》，书中精选了《三字经》《百家姓》《千字文》《千家诗》《笠翁对韵》《治家格言》《幼学琼林》《增广贤文》等传统蒙学经典的重点语段，思想内容健康，可读性强，取得了很好的效果。

（2）教学方法。采用如讲授、讨论、背诵、演讲等多种多样的教学方法，增强师生互动，发挥学生的主体作用，让学生在趣味中体验体验传统文化的魅力，从而提高对传统文化的接受度和认可度。

（3）课程设置。设置专门的传统文化课程，如书法、国学、古典文学等，让学生系统地学习传统文化。传统文化的核心是以人为本和修身立德，目标是培养君子人格，这也是国民教育最主要的目标。中华民族历史上无数的志士仁人的伟大人格就是传统文化浸润熏陶的成果，也证明了传统文化历久弥新的力量。

（4）传统文化教育主题活动。各地在实施素质教育的过程中，应把传统文化渗透到学生的主题教育活动之中，贯穿于学校德育工作之中。

（5）跨学科学习。将传统文化融入其他学科的教学中，让学生在不同学科的学习中感受传统文化的魅力。如在地理课上学习古代的地理知识，在历史课上学习古代的历史事件等。

（6）教育技术。利用现代教育技术，如多媒体、网络等，将传统文化资源数字化，让学生在课堂上通过观看视频、听音频等方式学习传统文化。

（7）教师素质。提高教师的传统文化素养，让教师在课堂教学中自然地融入传统文化，引导学生学习和传承传统文化。

通过以上措施，可以有效地将传统文化融入课堂教学，让学生在学习过程中了解和学习传统文化，增强文化自信。

（二）社会教育中开展青少年优秀传统文化教育

要依托教育机构和公共设施，开辟青少年传统文化教育阵地。主要做法有以下几个方面：一是强化学校的育人功能。通过以弘扬传统文化为主题的课堂教学、班队活动、课后体验等方式，使学校成为青少年传统文化教育的主阵地。二是进一步发挥家长学校的作用。引导家长重视传统文化在家教中的作用，进而加强对子女的传统文化教育。三是建立社区青少年服务中心或青少年之家。通过社区青少年服务中心或青少年之家为社区学生开辟第二课堂。青少年的知识积累、娱乐休闲、社交学习、健康锻炼在很大程度上需要在社区内完成。要以学校之外的第二课堂为阵地，开展社区学生传统文化的教育、实践活动。四是充分发挥公共设施的资源优势。利用图书馆、博物馆、展览馆、青少年宫等公共设施的承载、辐射功能，向青少年传播传统文化知识，使这些公共设施成为青少年传统文化教育的又一大阵地。

要加强青少年校外传统文化场馆建设，为青少年提供德育教育基地和健康的校外活动场所。除了注重科技馆、动物园、游乐场所建设外，还应加大传统文化场馆的建设，让青少年全方位地接触传统文化教育。

要组织开展文化遗产日庆祝活动，在未成年人校外活动场所开展非物质文化遗产传承教育活动。非物质文化遗产是各族人民世代相承、与群众生活密切相关的各种传统文化的表现形式和文化空间，是中华民族智慧与文明的结晶。有的地方连续举办了四次文化遗产日庆祝活动。省文化部门精心策划，采取专题展演、展示、公开表彰、向国家级和省级非遗名录保护单位授牌、向学校赠送非物质文化遗产保护相关书籍等方式，扩大对传统民族民间文化保护的宣传，营造全民保护传统文化氛围，效果明显。

要依托文化管理部门、总工会等部门开展系列主题教育活动。在春节、重阳节、中秋节、端午节、清明节等中国传统节日来临之际，以广大人民群众和中小学生喜闻乐见的形式，开展传统文化教育活动和道德体验活动，引导青少年了解中华民族的民族风情和传统美德，感受传统文化的独特魅力。在中小学生中广泛开展优秀传统文化经典导读活动，培养其思想、文化、审美和道德品质。要恢复开展传统民俗活动，文化部门在组织开展非物质文化遗产保护日常工作的同时，重点扶持恢复民俗活动，营造保护传统民族民间文化的氛围，并加大对东方禅文化内涵的挖掘整理，编印有关书籍，扩大宣传。要丰富传统节日文化活动。元旦春节期间，各地各级文化单位组织丰富多彩的群众文化活动，如举办丰富多彩的广场文化演出活动和各种专场文化演出。同时，要重视和加大对群众文化社团组织的管理，丰富地域文化内涵，从而为经济的繁荣打好基础。要开展非物质文化遗产传承教育活动或文化遗产日庆祝活动。在各地开展非物质文化遗产保护知识调查、普及活动，或由文化部门精心策划，开展专题展演、展示等活动。

（三）家庭教育中开展青少年优秀传统文化教育

中国传统文化影响家庭教育原则的形成，很重视对儿童施行早期教育，重视社会环境对孩子的影响，重视做人真诚的教育。古人对子女，既提倡严格管教，又提倡热爱孩子，把爱子和教子结合起来。在教育方法上，古代家庭教育提倡要顺应儿童自然身心发展的特点，在此基础上提出因势利导、分辨善恶、兼用体罚等教育方法，提倡身体力行，身教重于言教；德育为先、甄别善恶、学习圣贤。古代家庭教育盛行体罚，认为父母体罚子女是理所当然的事情。中国传统文化对当前的家庭教育仍有重要的指导意义。我们应该取其精华，去其糟粕，注重对孩子进行品德培养，注重个性化教育，搞好因材施教，注重孩子的发展教育，成长胜过成功。

文化传承问题不是一件机械性、工具性、程序性的事务，不是建几个传统文化教育基地、背几篇古代经典文章就可以传承文化的。文化传承应该是一个“熏”的过程，重点在于一代人与另一代人之间的言传身教。只有这样，活着的传统才有传承的生命力。如果传统在上代人身上已经死了，青少年就无从学习传承；文化蕴含于日常情态中，成人创造了怎样的传统文化学习环境，青少年就能接受到怎样的文化教育。因此，家长对传统文化的认知度，会直接影响到青少年对传统文化的态度。家长们可通过对民间文学、民间音乐、民间美术、民间舞蹈、传统戏曲与曲艺、传统手工技艺、民俗谚语的欣赏，来增强自己对传统文化的感知与兴趣，通过家庭熏陶，或积极参与学校组织的家长、学校与学生互动活动等，进一步促进教育观念的转变和亲子关系的调适，从而增强家庭对青少年传统文化教育的效果。

第二节

将中国优秀传统文化元素融入文化产业

文化是民族的精神命脉，文化自信是更基础、更广泛、更深厚的自信，是一个国家、一个民族发展中最基本、最深沉、最持久的力量。因此，发展文化建设是培根铸魂、凝心聚力的重要事业。文化建设最重要就是繁荣发展文化事业和文化产业，这不仅有助于坚持和发展中国特色社会主义，更好地满足人民对美好生活新期待的文化需求，而且还有助于以文化人、以文育人、以文培元，增强人民精神力量、培育弘扬社会主义核心价值观、促进人的全面发展，提高国家文化软实力、提升中华文化影响力，发展人类文明新形态。在社会主义市场条件下，繁荣社会主义文化，满足人们精神文化需求的重要途径就是大力文化产业，创造就业机会、优化产业结构、加快转变经济发展方式、提高国家文化软实力等方面发挥了重要作用。

随着我国经济的快速发展，文化产业逐渐崛起并成为国民经济的重要支柱。为此，习近平总书记所作的党的二十大报告就“繁荣发展文化事业和文化产业”作出部署安排，为做好新时代文化工作提供了根本遵循、指明了前进方向。在当今社会，将中国优秀传统文化元素融入其中，对于培育民族精神、传承民族文化具有重要意义。在文化产业中，传统文化元素的应用可以让人们更加深入地了解和体验中华民族的优秀文化，进而提高人们的文化素养，增强文化自信。将中国优秀传统文化元素融入文化产业中，可以让人们在享受文化娱乐的同时，接受优秀传统文化的熏陶，从而培养良好的道德品质和审美情趣。发展文化产业有助于培根铸魂。优秀传统文化是中华民族的精神支柱，是中华民族凝聚力和向心力的源泉。将中国优秀传统文化元素融入文化产业中，可以让人们在享受文化的同时，感受民族精神的伟大力量，从而增强民族凝聚力，为中华民族的繁荣发展奠定坚实基础。

一、传统文化在文化事业中的应用

繁荣社会主义文化事业和大力发展文化产业，也离不开继承和发展中华优秀传统文化。习近平总书记关于中华优秀传统文化的表述中，明确提出了对弘扬传统文化必须坚持“创造性转化和创新性发展”的原则，并对其内容和实践方式进行了阐述。习近平总书记对于“创造性转化和创新性发展”的概念有着明确的表述。所谓创造性转化就是对传统的突破和创新的过程，就是“推陈出新”的过程，就是要不断深入探究中华民族优秀文化的内在机理，在结合时代发展背景下，对传统文化予以更新视觉与角度，创新发展其内容，将传统和时代需求相结合，为解决时代问题贡献智慧。传统文化在现代社会中仍然具有重要的意义和价值，不仅能够传承和弘扬民族文化，还能够促进社会的发展和进步。在文化事业中，传统文化有着广泛的应用，下面主要介绍传统文化在公共文化服务、惠民文化建设、文化发展中的应用。

（一）传统文化在公共文化服务中的应用

公共文化服务是现代社会文化事业的重要组成部分，旨在为公众提供文化资源和服务，促进文化传承和发展。传统文化作为我国文化宝库中的重要组成部分，其在公共文化服务中的应用具有重要的意义和价值。传统文化在公共文化服务中的体现形式多种多样。其中，图书馆、博物馆、美术馆、非物质文化遗产展示等是传统文化在公共文化服务中最为常见的体现形式。图书馆收藏了大量的历史文献、古籍、经典文学作品等，为读者提供了丰富的文化资源，满足了人们对于知识和文化的需求。博物馆则展示了国家、地区、民族的历史文化、民俗风情、艺术成就等，让人们更好地了解和认识自己的文化传统。美术馆则展示了各种传统艺术形式，如书法、绘画、雕塑等，为人们提供了欣赏和体验美的机会。非物质文化遗产则代表了民族文化的精髓和灵魂，如民间艺术、传统手工艺、民间信仰等，是传统文化在公共文化服务中的重要组成部分。

传统文化在公共文化服务中的重要性不仅在于它能够满足人们的文化需求，更在于它能够传承和弘扬民族文化。在现代社会，由于社会变革和全球化的发展，民族文化面临着前所未有的挑战。传统文化在公共文化服务中的传承和弘扬，有助于增强民族文化自信，提高民族认同感和凝聚力。同时，传统文化也是民族文化软实力的重要组成部分，对于提升国家文化软实力和竞争力具有重要作用。

传统文化在公共文化服务中具有重要的地位和作用。通过各种形式的文化活动，传统文化能够满足人们对于知识和文化的需求，传承和弘扬民族文化，增强民族凝聚力和认同感，同时也能够提升国家文化软实力和竞争力。因此，在公共文化服务中，应该注重传统文化的传承和弘扬，为人们提供更加丰富、更加有价值的文化资源和服务。

1. 传统文化在公共文化服务中的传承

传统文化是中华民族的文化精髓，是民族文化的根基和灵魂。在公共文化服务中，可以通过各种形式，如展览、演出、讲座等，将传统文化传承下去。例如，举办传统节日的庆祝活动，如春节、端午节等，让人们了解和感受传统文化的魅力，增强民族认同感和文化自信心。

2. 传统文化在公共文化服务中的创新

在传承传统文化的基础上，还需要注重传统文化的创新和发展。可以通过对传统文化进行现代化改造，使其更符合现代人的审美和需求。例如，将传统音乐与现代音乐相结合，创作出具有时代感和创新性的音乐作品，让传统文化焕发出新的生机和活力。

3. 传统文化在公共文化服务中的普及

公共文化服务不仅是传承和创新的场所，更是普及的场所。通过举办各种形式的文化活动，如音乐会、戏剧、展览等，让更多的人了解和接触传统文化，提高公众的文化素养和审美水平。

4. 传统文化在公共文化服务中的交流

文化交流是促进文化发展的重要途径。在公共文化服务中，可以通过文化交流活动，促进不同地区、不同民族之间的文化交流和互动，加深彼此之间的了解和友谊，促进文化的多元化和融合。

（二）传统文化在惠民文化建设中的应用

在当今社会，将传统文化融入惠民文化建设，对于丰富人们的精神生活、传承民族优秀文化、提升全民文化素质具有重要的现实意义。本节将从三个方面详细论述传统文化在惠民文化建设中的应用。

1. 传统文化在惠民文化建设中的传承与普及

传统文化在惠民文化建设中，先要传承和普及。通过举办各类文化活动，让更多的人了解和接触到传统文化，从而增强民族认同感和自豪感。例如，地方政府可以组织举办地方戏曲、民间艺术、传统手工艺等非物质文化遗产展览和演出，让市民群众在欣赏艺术的同时，了解并传承这些宝贵的文化遗产。

2. 传统文化在惠民文化建设中的创新与融合

传统文化在惠民文化建设中，要注重创新与融合。将传统文化与现代元素相结合，创作出适应现代社会需求的新作品，使传统文化焕发新的生机与活力。例如，在现代音乐创作中融入民族音乐元素，创作出富有中国特色的音乐作品，让更多人接受并喜爱民族音乐。

3. 传统文化在惠民文化建设中的实践与体验

传统文化在惠民文化建设中，要注重实践与体验。让人们在参与各类文化活动的同时，亲身体验传统文化的魅力，增强对传统文化的认同感和归属感。例如，组织举办各类文化旅游活动，让游客在游览风景名胜的同时，了解并感受当地的文化底蕴，增强民族自豪感。

（三）传统文化在现代文化发展中的应用

传统文化是一个国家、一个民族的精神根基，是民族文化的重要组成部分。随着社会的发展，传统文化也在不断地发展和演变。在现代文化发展中，传统文化的作用和价值越来越受到人们的重视。

传统文化可以为现代文化提供丰富的思想、艺术和道德资源。例如，中国的传统文化强调“仁爱”“礼仪”“和谐”等价值观念，这些观念在现代社会仍然具有重要的指导意义。此外，传统文化中的诗歌、音乐、绘画、舞蹈等艺术形式，也是现代文化的重要组成部分。例如，中国古典音乐以其独特的韵味和表现力，成为了现代音乐的重要组成部分。

传统文化可以为现代文化提供独特的文化符号和象征。例如，中国的传统文化中有很多独特的符号和象征，如龙、凤、太极等，这些符号和象征在中国文化中有着重要的地位。在现代文化中，这些符号和象征仍然被广泛地使用，成为了现代文化的重要标志。

传统文化可以为现代文化提供重要的历史和文化背景。中国有着悠久的历史和文化传统，这些传统在现代社会中仍然具有重要的意义。例如，中国的传统文化中的“二十四节气”，是中国古代农业文明的重要遗产，它对于现代农业生产和管理有着重要的指导作用。

传统文化可以为现代文化提供重要的文化创意和灵感。传统文化中的很多元素和思想，可以为现代文化提供灵感和创意。例如，中国的传统文化中的“禅宗思想”，可以为现代设计、建筑、音乐等领域提供重要的灵感和创意。

传统文化在现代文化发展中具有重要的作用和价值。传统文化可以为现代文化提供丰富的思想、艺术和道德资源，提供独特的文化符号和象征，提供重要的历史和文化背景，以及提供重要的文化创意和灵感。我们应该重视传统文化，并在现代文化发展中充分发掘和利用传统文化，让传统文化在现代社会中焕发出新的生机和活力。

二、传统文化元素在文艺中的应用

文艺是一种具有特殊文化内涵的艺术形式，是人类精神文化的重要载体。在中国优秀传统文化中，文艺扮演着重要的角色，不仅能够展现民族文化的独特魅力，还能够激发人们的创造力和想象力，推动文化产业的繁荣发展。文艺可以展现中国优秀传统文化的精髓，弘扬民族精神。中国传统文化源远流长，包含着丰富的思想、艺术、道德等方面的内容。文艺作为一种文化表现形式，可以将这些内容生动地呈现出来，让人们更好地理解和欣赏传统文化，从而弘扬民族精神，增强民族自信心和自豪感。文艺可以激发人们的创造力和想象力。文艺作品往往具有很强的想象力和创造力，能够引导人们进入一个全新的世界，激发人们的创造力和想象力。在中国优秀传统文化中，有很多优秀的文艺作品，如电影、电视剧、音乐、舞蹈、戏剧等，这些作品不仅具有很高的艺术价值，还能够吸引大量的观众和听众，推动文化产业的繁荣发展。传统文化元素融入现代文艺主要应该从以下几个方面入手，即汉字、传统绘画、传统图案等几个重要方面。

（一）传统汉字文化在现代艺术设计中的运用

在现代艺术设计中，传统汉字文化具有广泛的应用价值，不仅能够丰富艺术设计的创意和表现力，还能够传递出中华文化的独特魅力。如可以将传统汉字的形状、结构、笔画等元素融入设计中，形成独特的视觉效果。例如，设计师可以将传统汉字的“鸟”字与动物的形态结合起来，设计出一款具有传统文化特色的现代艺术作品。

传统汉字文化可以通过汉字的组合和变化来表达不同的意义和情感。设计师可以将不同的汉字组合在一起，形成新的词语或句子，传达出不同的情感和思想。例如，将“福”字与“寿”字组合在一起，可以表达出对长寿的祝福和愿望。传统汉字文化还可以通过汉字的演变和变形来表达现代艺术设计的创新和变革。设计师可以将传统汉字进行演变和变形，创造出新的字形和结构，形成独特的视觉效果。例如，将传统汉字“鱼”字演变成“水”字，可以表达出现代设计中对自然和生命的尊重和追求。设计师应该注重对传统汉字文化的学习和研究，将其融入现代艺术设计中，创造出更多具有传统文化特色的作品。

（二）传统绘画文化在现代艺术设计中的运用

传统绘画文化的线条和色彩是其独特的艺术语言，具有很强的表现力和感染力。在现代艺术设计中，传统绘画的线条和色彩可以作为一种设计元素，用于装饰、渲染、表现等。例如，在服装设计中，可以将传统绘画的线条和色彩运用到服装的图案设计中，使服装更具文化内涵和艺术价值。

传统绘画的主题和题材是丰富多彩的，涵盖了人物、山水、花鸟、虫鱼、器物等方面。在现代艺术设计中，传统绘画的主题和题材可以作为一种设计元素，用于表现、传达、展示等功能。例如，在平面设计中，可以将传统绘画的主题和题材运用到广告、海报、宣传单等设计中，使设计更具文化底蕴和艺术魅力。

传统绘画的构图和布局是其独特的艺术手法，具有很强的空间感和立体感。在现代艺术设计中，传统绘画的构图和布局可以作为一种设计元素，用于组织、安排、展示等功能。例如，在室内设计中，可以将传统绘画的构图和布局运用到空间的布置和装饰中，使空间更具文化内涵和艺术价值。

传统绘画文化在现代艺术设计中的应用，不仅为现代艺术设计带来了新的灵感和创意，同时也为人们提供了更加丰富多彩的艺术体验。

（三）传统图案文化在现代艺术设计中的运用

传统图案文化作为一种历史悠久的艺术表达方式，其纹样蕴含着丰富的文化内涵，是历史时期社会风貌的生动写照。图案作为文化形式和文化诉求的象征，不仅是中华民族优秀传统文化的典型表现，而且对于传统文化的传承具有深远影响。传统图案不仅是我国独特的文化特色，更是通过传统纹样塑造出一种别具一格的意境。

中外传统图案中应用最为广泛，形式也最为丰富的格律体即各种规律性的构成格式。如中国传统图案中的九宫格、米字格、图字形、S 线形，以及对称形、重复形、适形和共用形等构成格式，应用这些格式产生了许多中国传统图案的纹样程式。如以 S 线形构成的彩陶涡旋纹、汉代卷云纹、唐代唐草纹、明清的缠枝花纹等；运用米字格创造的汉代规矩镜，唐代菱花银盘和宋代的八答晕锦图案等；运用阳字形构成的汉代卷云瓦当、云纹漆盘；运用对称形组成的商代青铜器饕，纹、宋代瓷器喜相逢；以及运用适形和共用形的太极图、唐代敦煌藻井图案的三兔纹等。

传统图案色彩与现代设计的结合。中国传统图案色彩以高艳度、强对比为其特色，喜欢使用高纯度的红、绿、蓝、黄、紫等颜色，给人以喜庆、热烈、明快的色彩感觉，但同时也容易造成过度刺激、不和谐的色彩效果。因此，我们运用中国传统图案色彩设计时，可以将其中对比的一方色彩或双方色彩通过加入黑、白、灰任何一色，或加入两色的中间色，或将双方色彩互混，降低一方或双方的色彩纯度，从而减弱了原有对比色的对比强度，使色彩更加调和，在保留了传统图案原有的色彩面貌前提下，使之变为符合时代色彩审美标准的新图案。

壁画是中外传统美术中重要的表现形式，壁画的表现技法十分注重与墙壁材料的结合。早在旧石器时代的法国拉斯科洞穴壁画和西班牙的阿尔塔米拉洞穴壁画上，彩绘的动物形象就巧妙地利用了岩石的凸凹，根据其阴影的浓淡和轮廓线等自然效果，表现其立体感。欧洲中世纪的教堂装饰盛行马赛克壁画和湿绘壁画，马赛克壁画多以彩色大理石、彩色玻璃等材料镶嵌而成，色彩艳丽，风格装饰；湿绘壁画是在墙体未干时作画，使画面与墙体融为一体，其表现手法及风格则是写实主义的。而中国古代壁画则以干壁画为主，表现手法及风格也是色彩晕染与线条勾勒相结合的中国画的形式，富于东方装饰色彩。传统图案的创新可以从中借鉴某些技法，并结合一定的工艺材料，以增加艺术感染力。

国民间剪纸技法，除了应注重纸张材料与剪刻工艺的特点外，在形象的塑造上还应强调平面化的处理，特别是图案形象大的外形特征的刻画，而在细节刻画上可多运用月牙齿、锯齿等剪刻花纹。在构图上可根据剪纸折叠剪裁的特点，将图案组成对称、重复以及自由平衡等形式。图案的配色不限于一色，可多种色彩搭配，在保留民间剪纸艺术特征的基础上有所创新和突破，创造出具有时代特色的新的剪纸图案来。

三、传统文化在文化产业中的应用

在当前的文化产业发展中，融入中国优秀传统文化元素是一个重要的方向和趋势。中国优秀传统文化是中华民族的精神财富和文化遗产，是文化产业发展的基础和支撑。将中国优秀传统文化元素融入文化产业，不仅能够提高文化产业的创新力和竞争力，还能够增强文化产业的民族认同感和文化自信心。文化产业是我国文化生产力的核心部分，成为推动我国经济社会发展的新动能，在传统文化与现代文化产业融合过程中，要注重文化产业符号的创造为价值创造的重要方式，注重内在的文化价值和人们的精神需求，这就需要以传统文化为底蕴。这样才能创造出个性化、多元化、现代化的文化产品，促进文化产业发展走向现代化。传统文化与现代文化产业的有机融合主要体现在以下两个方面，一是数字产业，二是旅游产业。

（一）传统文化与数字产业融合

随着科技的飞速发展，传统文化与数字产业的融合已经成为了一种新的发展趋势。这种融合不仅为传统文化提供了新的传播渠道，也为数字产业带来了新的市场机遇。传统文化与数字产业的融合已经成为当下社会发展的趋势之一。其中，传统文化在数字游戏中的应用，不仅可以增强游戏的文化内涵，还可以推动传统文化的传承和发展。

1. 传统文化在数字游戏中的应用

数字游戏作为一种新兴的娱乐方式，已经深入人们的日常生活。随着科技的不断进步，数字游戏的形式和玩法也越来越多样化。而传统文化作为人类文明的重要组成部分，具有深厚的历史底蕴和文化内涵，将其融入数字游戏中，不仅可以丰富游戏的内容和玩法，还可以让玩家在游戏中感受到传统文化的魅力。

传统文化在数字游戏中的应用，还可以为游戏产业带来新的发展机遇。随着数字产业的快速发展，游戏产业已经成为文化产业中的重要组成部分。而将传统文化融入数字游戏中，不仅可以为游戏产业带来新的创意和灵感，还可以为游戏产业带来新的市场和机遇。例如，近年来非常受欢迎的《王者荣耀》就是一个成功的案例。该游戏以中国传统文化为基础，将古代英雄、神话传说等元素融入游戏中，吸引了大量年轻玩家的关注。同时，游戏开发商还通过线上活动、线下活动等方式，推广中国传统文化，进一步扩大了传统文化的影响力。《王者荣耀》的成功，不仅在于其独特的游戏玩法和精美的游戏画面，更在于其对中国传统文化的深入挖掘和传播。游戏中的英雄角色，如孙悟空、李白、貂蝉等，都是以中国传统文化中的历史人物和神话传说为基础进行创作的。这些角色不仅具有鲜明的个性和特点，而且其背后所蕴含的文化内涵，也为玩家提供了深入了解中国传统文化的窗口。

2. 传统文化在数字文化创意产业中的应用

传统文化在数字文化创意产业中的应用可以体现在多个方面。其中，最显著的应用就是数字文化遗产的保护与传承。数字文化遗产是指利用数字技术对传统文化进行记录、保护、展示和传承的一种方式。例如，将传统手工艺、民间艺术、历史文献等文化遗产进行数字化处理，使其可以被更多人所了解和欣赏，同时也能够有效地保护传统文化不被时间流逝所侵蚀。

传统文化在数字文化创意产业中的应用还可以体现在数字艺术设计方面。数字艺术设计是指利用数字技术进行艺术创作的一种方式。例如，将传统文化元素与现代数字技术相结合，创造出具有传统文化特色的新艺术作品。这种设计方式不仅可以丰富数字文化创意产业的产品类型，还可以提高传统文化的影响力。如故宫文化创意产品。故宫文化创意产品主要包括故宫主题的服装、饰品、文具、电子产品等。这些产品的设计灵感来自于故宫的传统文化和艺术，同时融入了现代元素和创意设计，使传统文化更加贴近年轻人的生活和审美需求。例如，故宫文化创意产品中的“故宫口红”就非常受欢迎。这款口红的包装设计采用了故宫的经典元素，如龙、凤、云纹等，同时也融入了现代元素，如口红颜色、包装材质等。这款口红不仅具有文化价值，还具有实用性，深受年轻人的喜爱。

传统文化在数字文化创意产业中的应用还可以体现在数字娱乐方面。数字娱乐是指利用数字技术进行娱乐活动的一种方式。例如，将传统文化元素与现代游戏、动画、音乐等娱乐形式相结合，创造出具有传统文化特色的新娱乐产品。这种娱乐方式不仅可以提高传统文化的受众度，还可以增加数字娱乐产业的市场竞争力。

传统文化在数字文化创意产业中的应用有着广泛的前景。通过数字技术，传统文化可以得到更好的保护和传承，同时也能够创造出新的艺术、娱乐产品，提高传统文化的影响力。未来，随着数字技术的不断发展，传统文化在数字文化创意产业中的应用将会更加广泛，也会为传统文化的传承和发展带来新的机遇。

3. 传统文化在数字教育中的应用

传统文化与数字产业的融合已成为当今社会发展的显著趋势。这种结合不仅有助于传统文化的传承与发扬，同时也能为数字产业带来新的发展机遇。从古代开始，传统文化在数字教育中的应用便已初现端倪。例如，古代的经书、诗词、史书等都是数字化的表现形式。

随着数字技术的不断进步，传统文化的数字化表现形式也日益丰富。如今，电子书、数字博物馆、在线课程等已成为传统文化传播的重要载体，不仅方便了人们的学习和传承，还让人们能更深入地了解和欣赏传统文化。如在语文教育中，利用数字化手段展示古代文学作品的原文、注释、翻译等，有助于学生更好地理解文学作品。在历史教育中，展示历史文物、遗址、图片等，能帮助学生更好地了解历史背景和文化传统。在艺术教育中，展示古代绘画、雕塑、音乐、舞蹈等艺术作品，能帮助学生更好地欣赏和理解艺术。

作为一种新型的教育方式，传统文化在数字教育中的应用有助于学生更好地学习和传承传统文化。传统文化在数字教育中的应用案例不胜枚举。例如，利用数字博物馆为传统文化的保护和传承提供新的平台，同时也为数字旅游、数字文化创意等领域带来新的发展机遇。随着数字技术的发展，传统文化在数字教育中的应用将更加广泛和深入，成为传统文化传承和发扬的重要手段。传统文化在数字教育中的应用不仅具有重要的教育意义，同时也具有重要的经济和社会意义。

（二）传统文化与旅游产业相融合

中华优秀传统文化丰富多彩，涵盖历史、文学、艺术、哲学、宗教等多个领域。将中华优秀传统文化与旅游业相结合，可以打造多种旅游形式，满足不同游客的需求。旅游业作为现代服务业的重要组成部分，不仅可以带动地方经济发展，还可以促进文化交流和传播。将中华优秀传统文化与旅游业相融合，不仅可以丰富旅游形式，还可以为游客提供更加独特的旅游体验。

1. 传统文化与旅游模式多样化

中国各地区都有其独特的文化底蕴，要充分发挥地方政府、旅游企业、文化研究机构的积极作用，深入挖掘地区的优秀传统文化资源，如将历史文化、民俗风情、自然风光等元素融入旅游线路设计，推出独具特色的旅游线路，满足不同游客的需求。同时，通过创新旅游产品形式，如文化旅游、体验式旅游、主题旅游等，丰富旅游市场，提升游客体验，形成具有地区特色的文化旅游资源体系，主要可形成以下几种旅游形式。

（1）历史文化游：以历史名胜古迹、文化遗址、博物馆等为主要载体，游客可以领略到中华优秀传统文化的博大精深。例如，故宫、长城、颐和园等都是中国历史文化游的代表。在旅游服务中融入中华优秀传统文化元素，例如：在导游讲解中融入历史文化、民俗风情等内容，丰富游客的文化体验；在酒店设计中融入地域特色和文化元素，提升游客的住宿体验；在旅游活动中融入中华优秀传统文化元素，增强游客的参与感和互动性。

（2）民俗文化游：以民间工艺、传统节庆、民间艺术等为主要载体，游客可以体验到中华优秀传统文化的独特韵味。如北京剪纸、南京夫子庙灯会、丽江古城的纳西族火把节等都是中国民俗风情游的代表。同时还可以文学、戏剧、音乐、舞蹈等为主要载体，游客可以欣赏到中华优秀传统文化的独特魅力。例如，北京京剧、西安秦腔、成都川剧等都是中国文学艺术游的代表。

（3）宗教文化游：以佛教、道教、伊斯兰教、天主教、基督教等为主要载体，游客可以了解到中华优秀传统文化中的宗教文化。例如，峨眉山、武当山、西安大慈恩寺等都是中国宗教文化游的代表。寺庙作为我国传统文化的重要载体，见证了我国历史的发展和宗教信仰的演变。通过寺庙旅游，可以让游客深入了解寺庙的历史背景、建筑风格、宗教信仰等方面的文化内涵，从而增强民族自豪感和文化自信。

（4）自然生态游：以山水风光、动植物资源、生态旅游等为主要载体，游客可以欣赏到中华优秀传统文化中的自然之美。发展乡村旅游，通过开发特色民宿、农家乐等，实现农业与旅游业的融合；发展文化旅游，通过举办各类文化活动、展览等，提升游客的文化体验；发展红色旅游，通过参观革命历史遗迹、红色教育基地等，弘扬革命精神。

2. 传统文化与旅游的融合发展

文化是旅游的灵魂，旅游是文化的载体。在现代社会，旅游业已经成为人们生活中不可或缺的一部分，而中华优秀传统文化作为我国的文化瑰宝，其价值在旅游业中的体现尤为重要。一方面，文化可以为旅游增加知识性、趣味性，丰富旅游资源的内涵；另一方面，旅游产业的发展可以促进文化的传承和发扬，实现文旅融合的双赢。

首先，在培育文化旅游消费市场方面，党中央提出了“中国产品向中国品牌转变”的指导思想，要求开发吸引游客消费的文化旅游产品，其内涵要以“讲中国故事”为主，发扬中华优秀传统文化、红色文化、历史文化等中国文化，弘扬沂蒙精神、延安精神、井冈山精神和西柏坡精神等中国精神。

其次，大力提倡科技创新的应用，利用科技创新对旅游地的历史文化、民族文化、民间文化等资源进行深度开发和资源再利用。如张家界的《魅力湘西》《天门狐仙》、“印象”系列（杭州的《印象西湖》、广州的《印象刘三姐》等）实景演出等，将民俗文化表演融入自然景观中，极大地丰富和提升了旅游产品的艺术价值。

再次，加大文化旅游产品的宣传力度。随着“文旅+”的不断融合发展，将产生更丰富的新型业态。消费者对新业态的认识和接受需要一个过程，这就要求旅游企业要克服旅游产业融合中需求层面的阻力，运用创新思维和创意手段，激发顾客的消费欲望和积极性。

最后，完善文化旅游融合发展的政策环境。文化旅游市场健康运营需要政策的支持。第一，加快文化产业和旅游产业相互作用、渗透、融合，需要有相对宽松的政策环境作为保证。第二，开发新的文化旅游产品，资金投入大，相关政府部门应对开发文化旅游产业相关企业给予一定的政策支持，多渠道增加旅游产业的投入，例如鼓励社会资本进入文化旅游市场，允许社会资金进入文化旅游项目投资，同时，优化融资环境，提高融资效益，避免出现因缺少资金而影响新的文化旅游产品开发等具体问题，减轻政府的负担。第三，支持科技创新在文化旅游企业中的应用，将文化创意融入旅游产品中，创造性地生产出高质量的旅游文化产品。

第三节 提升中华文化的国际影响力

中华文化作为中国的独特文化符号，具有深厚的历史底蕴和独特的价值观念，对世界文化发展作出了重要贡献。提升中华文化的国际影响力，不仅是维护中华民族文化自信心的需要，也是促进文化多样性、构建人类命运共同体的重要任务。中华文化源远流长，拥有丰富多样的艺术形式和思想理念。将中华文化传播到世界各地，让更多的人了解、体验和学习中华文化，领悟中华文化和谐共处、仁爱互助、道德修养等核心价值观念，从而推动世界文明的进步和共同发展。

我们应该鼓励中华文化与其他文化进行对话，促进文化多样性的发展，让中华文化与其他文化互相借鉴、互相融合，形成新的创意和价值。同时，强化中华文化包括传统文化艺术、汉语教育、文化研究等领域人才的培养，吸引更多的人投身于中华文化的传承与发展，为提升中华文化的国际影响力打下坚实的人才基础。

一、鼓励中华优秀传统文化“走出去”的意义

推动文化“走出去”，提升中国特色社会主义文化的国际影响力，是篇大文章。它对于建立国际文化新秩序、推动文化强国建设、提升我国国际地位和打造人类“文化”命运共同体具有重要意义。

（一）有利于提升我国国际地位

约瑟夫·奈认为：“在当今世界，倘若一个国家的文化处于中

心地位，别国就会自动地向它靠拢。”① 近些年来，中国文化“走出去”发展迅速，中华文化的国际影响力大幅提升。但与欧美发达国家相比，依然存在较大差距。通过推广和弘扬中华文化，中国不仅可以在文化领域拥有更大的影响力，还能够增强国家形象，提升国际地位。

首先，中华文化是中国的软实力之一。文化是一国软实力的重要组成部分，是一国综合国力的重要支撑，是实现中华民族伟大复兴“中国梦”的价值支撑和精神动力。文化复兴支撑国家强盛，影响着一国国际地位的高低。中华文化作为中国的独特文化资源，具有深厚的历史底蕴和独特的价值观念，可以为中国提供强大的软实力支持。通过推广中华文化，展示中国的文化魅力和智慧，可以增强国际社会对中国的认知和认同，从而提升中国的国际地位。

其次，中华文化具有广泛的吸引力和认同感。中华文化以其深厚的历史底蕴和卓越的艺术表现形式，吸引了世界各地的人们。中华文化中蕴含的价值观念，如和谐共处、仁爱互助、道德修养等，与人类共通的价值追求相契合，易于被各国人民认同和接受。通过传播中华文化，可以增进不同国家之间的文化交流和理解，促进友好合作，提高中国在国际社会中的地位。

再次，中华文化是中国独特的文化资源。世界上每个国家和民族都有自己独特的文化，而中华文化作为中国的文化之一，在世界上独树一帜。通过积极推广中华文化，让世界更多地了解中国的文化传统和精髓，可以为中国树立独特的国家形象，提高国家的国际地位。同时，中华文化的宽广包容性也能够吸引其他国家和民族的文化元素，促进文化多样性的共存和繁荣，为构建人类命运共同体

---

① 中国社会科学院“世界文明”课题组．国际文化思潮评论［M］．北京：中国社会科学出版社，1999：6.

作出贡献。

最后，中华文化的走出去也有助于推动中国的经济发展。中华文化作为中国的软实力，可以为中国企业拓展国际市场提供有利条件。在国际经贸活动中，通过展示中国的文化魅力和价值观念，可以为中国企业树立信誉和形象，提高产品和服务的竞争力，促进经济合作与发展。因此，中华文化的国际传播和推广不仅有助于提高中国的国际地位，也对中国的经济发展具有重要意义。

（二）有利于提高我国话语权

加强国际传播能力建设，全面提升国际传播效能，形成同我国综合国力和国际地位相匹配的国际话语权，都需要扩大我国优秀传统文化的传播能力。但是从目前我国传统文化向国际传播中面临的困境来说，主要体现在以下两个方面。

第一，中华优秀传统文化博大精深，如何取其有益于传播社会主义核心价值观的内容，结合时代和技术发展的趋势，利用互联网的优势进行传播，这是我们在中华优秀传统文化传播的内容建设上首先会遇到的问题。具体包括：什么样的内容能吸引中华优秀传统文化传播的目标受众？什么样的内容能自然融入社会主义核心价值观，使两者无缝对接，又不会剑走偏锋、流于形式。这些内容必然能够符合时代发展的趋势，能够与社会主义制度相结合，能够为共产主义的伟大理想服务。有学者认为：“中华优秀传统文化不仅是社会主义核心价值观的肥沃土壤、思想资源和源头活水，而且也蕴含着社会主义核心价值观的精神要素。社会主义核心价值观是中华优秀传统文化的创造性转化和超越性升华。”①

---

① 王泽应．论承继中华优秀传统文化与践行社会主义核心价值观［J］．伦理学研究，2015（1）：5.

因此，中华优秀传统文化与社会主义核心价值观不但没有分歧，从本质上来说，两者反而有着紧密的联系。如前文所述，在中华优秀传统文化中有不少直接体现社会主义核心价值观的内容，如“先天下之忧而忧，后天下之乐而乐”的爱国情怀，“老吾老以及人之老，幼吾幼以及人之幼”的和谐友善，倡导诚信守约的“季布无二诺，侯嬴重一言”……凡此种种，都体现出了与社会主义核心价值观一脉相承的伦理道德观。然而，尽管社会主义核心价值观和中华优秀传统文化之间有这种密不可分的关系，但我们仍然需要在社会主义核心价值观的指引下，对中华优秀传统文化进行有目的的、系统性的继承和创新。

第二，如何根据时代发展的趋势，准确把握受众的社会心理状态，在继承中创新，这是我们在中华优秀传统文化传播的内容建设上会遇到的第二个难题。现代社会是一个快速发展的社会。在这样的社会里，人与人的关系以及由此带来的群体的社会心理状态，都会产生与传统社会不同的变化。马克思主义经典作家已经详细论述过现代社会所带来的各种问题，其中人的异化就是一个他们非常关注的重要问题。“异化”的表现之一，就是不仅个体出现了很多心理问题，而且从整个社会层面上来看，群体的社会心理也发生了重大的变化，现代社会娱乐化倾向就是其中之一。中华优秀传统文化想要在新的时代获得新的生命力，那么必然需要在内容建设上能够有与现代社会的群体社会心理状态相适应的元素，否则不容易被受众所接受。因此，准确把握受众的社会心理状态，在继承中创新中华优秀传统文化，就成为中华优秀传统文化传播与内容建设过程中不可回避的难题。

推动文化“走出去”，提升国际影响力，是提升中国文化软实力的重要组成部分，是推动文化繁荣兴盛、建设文化强国的重要内容。推动文化“走出去”，与推动文化繁荣兴盛密不可分，有机统一。只有着力解决上述这些主要问题与困境，提升中华文化国际影响力，才能真正实现建设社会主义文化强国的宏伟目标。

（三）有利于建立国际文化新秩序

国际文化秩序，指的是国际社会主要文化行为主体为了维护自身利益、达成一定目标，根据一定的原则规范和体制机制而形成的相对稳定的国际文化关系。国家利益、国际格局、国际道德是影响和制约国际文化秩序的三个主要因素。国际文化秩序需要文化行为主体依据一定的规则来维系，判断一种国际文化秩序的性质，关键看谁是游戏规则的制定者、制定什么样的游戏规则以及谁是游戏规则的受益者。当前国际文化秩序的现状亟须改善，以美国为首的西方文化居于强势、占据主导，而中华文化、拉美文化、非洲文化等其他文化，则处于弱势和相对被动地位。总体来说，资本主义的文化，发达国家的文化居于强势地位，社会主义的文化、发展中国家的文化属于弱势文化，国际文化秩序处于西强东弱的态势和一种不公平、不合理、不平衡的状态。

新的国际文化秩序应该是一个多元文化平等交流、互学互补、共存共荣的秩序。人类文明数千年的历史，就是多元文化不断生息和繁衍的历史。汤因比在《历史研究》中，把人类文明划分为 26 种文明，并列举了几种历经发展演变后传承下来的较为重要的文明。亨廷顿则认为，当代的主要文明有 8 种，即中华文明、日本文明、印度文明、伊斯兰文明、西方文明、东正教文明、拉丁美洲文明以及可能存在的非洲文明。随着经济全球化、政治多极化的深入发展，文化多元化趋势日益明显。新的时代背景下，要强调每一种文化的积极意义和价值，坚持不同文化的平等地位，互相理解和尊重，开展对话和交流，以利于解决问题与分歧。平等交流是互学互补的前提，坚持平等交流有利于做到互学互补。整个人类发展的历史，都表明了各种文化相互交流融合、相互学习促进、相互补充发展的过程。正如罗素所指出的："不同文化的接触曾是人类进步的路标。"[①] 只有坚持平等交流、互学互补，反对倚强凌弱、互相排斥，才能在多元文化的合作与竞争中实现共存共荣、不断发展进步。

推动中国文化"走出去"，有利于建立国际文化新秩序。一是主张各国走符合自身的文化发展道路。中国基于自身独特的历史背景、文化传统和现实需要，选择适合自身国情的文化发展道路。中国特色社会主义文化发展道路，就是中国人民自主选择的文化发展道路。推动文化"走出去"，展现我们的精神世界和精神风貌，传播当代中国的价值理念，在文化和文明的对话中增进相互了解，是在尊重世界文明多样性和差异性基础上的平等对话。我们主张各国无论文化实力强弱、文化发展能力大小，都有自主选择文化发展道路的权利，这一选择文化发展道路的权利属于一国主权和内政，不容他国干涉。中国在文化"走出去"的过程中秉持尊重多样、平等交往、求同存异的原则进行平等对话和交流。二是反对文化霸权主义。冷战结束后，以美国为首的西方国家，凭借经济上的强大、科技上的先进、军事上和信息上的优势到处宣扬和推销自己的文化。这种行径的实质，是对外进行文化的侵蚀与渗透，企图实现其"和平演变"的阴谋。西方的"文化霸权"是旧的国际文化秩序的主导因素，是建立新的国际文化秩序的主要障碍。在文化"走出去"的过程中反对文化霸权主义，有利于破除旧的国际文化秩序，彰显国际正义，并能够赢得国际社会的认同与支持。三是致力于提升国际文化话语权。提升国际文化话语权，旨在为中国特色社会主义事业的发展营造良好的外部环境。中国需要加强与相关国家的联合，

① ［英］罗素．一个自由人的崇拜［M］．胡品清，译．北京：时代文艺出版社，1988：8.

共同致力于反对文化霸权主义和不合理的国际文化秩序，在国际社会更多地发出自己的声音，共同维护文化权益，推动国际文化秩序向着公正合理的方向发展。

（四）有利于打造人类“文化”命运共同体

当今世界，各国相互联系、相互依存日益密切，人类越来越成为你中有我、我中有你的命运共同体。党的十八大以来，习近平总书记多次阐述“人类命运共同体”理念。他强调指出：“要推动全球治理理念创新发展，积极发掘中华文化中积极的处世之道和治理理念同当今时代的共鸣点，继续丰富打造人类命运共同体等主张，弘扬共商共建共享的全球治理理念。”① 在党的十九大报告中，习近平总书记进一步强调，要“坚持和平发展道路，推动构建人类命运共同体”，“各国人民同心协力，构建人类命运共同体，建设持久和平、普遍安全、共同繁荣、开放包容、清洁美丽的世界”。② 报告中尤其指出：“要尊重世界文明多样性，以文明交流超越文明隔阂、文明互鉴超越文明冲突、文明共存超越文明优越。”③ “人类命运共同体”理念，表达了中国和平发展的愿望，反映了人类共同发展的诉求。“人类命运共同体”离不开文化支撑。“文化”命运共同体是“人类命运共同体”建设的重要内容和根本支撑。打造人类命运共同体，需要我们坚持相互借鉴、求同存异，坚持人类文明的多样发展，促进人类文明的共同繁荣；需要我们积极挖掘中华优秀传统文化的理念，使其上升为国际文化交流，以及构建国际文化新

---

① 习近平．推动全球治理体制更加公正更加合理为我国发展和世界和平创造有利条件［R］．人民日报，2015-10-14.

② 习近平．决胜全面建成小康社会 夺取新时代中国特色社会主义伟大胜利——在中国共产党第十九次全国代表大会上的报告［M］．北京：人民出版社，2017：58-59.

③ 习近平．决胜全面建成小康社会 夺取新时代中国特色社会主义伟大胜利——在中国共产党第十九次全国代表大会上的报告［M］．北京：人民出版社，2017：59.

秩序的“规则”。

人类当前面临诸多问题。近代以来西方发达国家的现代化道路，是一种强调“文明与野蛮”的二元认识论和思维方式，它们把自己看作是“上帝的选民”和文明的模板，把其他文明看作是“旧世界”的“苦海”，其所建立的世界秩序奉行弱肉强食的丛林法则，其主导下的社会发展道路也不可能给整个人类带来福音。攻克人类的共同难题，打造人类命运共同体，中国优秀传统文化有着极其重要的参考价值。

在文化“走出去”的过程中，中国需要把所代表的“和平、合作、和谐”理念传播出去，坚持与各国文化的共生、共处、共赢、共荣，为国际关系发展营造良好氛围，为国际文化新秩序奠定思想基础。

每一种文化都有其产生的根据和存在的价值，文化多样性是世界文化发展的基本规律、现实状态和未来趋势。尤其在当今全球化时代，每一种文化都不应该封闭保守，而应该以宽阔的视野开展对话，学习借鉴异文化的优点，从中汲取自我更新和发展的动力。世界各个国家和民族的文化之间，既有冲突和矛盾，又有交流和共识。各国应该搁置和避免矛盾与冲突，加强交流和对话，寻求和达成共识。中华人民共和国成立以来，特别是改革开放以来，高举“和平、发展、合作、共赢、包容”的旗帜，坚持相互借鉴、求同存异，尊重世界文明多样性，主张共同促进人类文化繁荣进步，赢得了国际社会的广泛认可和尊重，为中国文化“走出去”奠定了良好的认同基础。新时期，在对外文化交往，以及推动文化“走出去”的过程中，我们将继续坚持相互借鉴、求同存异，坚持人类文明的多样发展，促进人类文明的共同繁荣。将通过建立、利用双边和多边、区域性和全球性的相关合作组织，维护我国文化发展权益，宣扬、保护和倡导本国文化。将进一步支持联合国及相关所属组织、上海合作组织、金砖国家等发挥积极作用，推动国际文化秩序向公正合理的方向发展。在文化“走出去”的过程中，中国需要把所代表的“和平、合作、和谐”理念传播出去，坚持与各国文化的共生、共处、共赢、共荣，为国际关系发展营造良好氛围，为构建人类命运共同体奠定文化基础。

二、提升中华优秀传统文化国际影响力的对策

作为世界上唯一一个没有出现文明断层的国家，我国拥有丰富的文化资源。然而，在中华文化对外传播方面，相较于西方文化，我国存在较大短板。因此，如何“加强中华文化的内部建设”和“扩大中华文化的国际影响力”，构成了扩大中华文化国际影响力的现实困境及实现提升的两条基本路径。事物的困境往往根源于其所面临的诸种矛盾，扩大中华文化国际影响力的现实困境绝不在于“建设乏力”或“送出去不够”等某个单一的因素，而是根源于如下五个方面的矛盾。

（1）中国在国际形象塑造与国际话语权上的弱势地位与中华文化在世界文化格局中的重要地位间的矛盾。

塑造良好的国际形象与获得强大的话语权，是我国提升中华文化国际影响力的重要目标，也是实现这一目标的前提条件。我们需要通过加强对外传播、提升国家软实力、塑造积极的国际形象等方式，来提升我国的国际影响力，并通过积极参与国际事务、讲好中国故事等方式提高我们的国际话语权。

（2）跨文化传播与交流人才匮乏与丰富的文化资源间的矛盾。

随着经济全球化和两次科技革命的作用，交通和通信技术获得了极大发展，跨文化交流才愈加频繁，跨文化传播才愈加快捷，由此带来了全球各文化体之间前所未有的碰撞与交融。在这一背景

下，各国家如果要推动跨文化传播和交流的顺利开展，必然需要大量的跨文化传播和交流的人才。然而，我国目前的跨文化传播与交流的人才队伍存在三个主要问题：一是数量不够；二是质量不高；三是创新型人才缺乏。因此，从我国文化资源的角度来看，我们有着丰富的文化资源，但是如何将这些文化资源转变为现实的影响力，需要我们不仅在数量上需要有大量能进行文化生产、制作、贸易、翻译等的跨文化传播与交流的人才。同时，在质量上，我们也特别需要既懂中华文化又能进行跨文化沟通的高层次复合型人才。同时，我们也需要大量创新型人才来推动我国的文化产业发展。

(3) 弱小的文化“走出去”能力与强大的国际文化资源“走进来”能力间的矛盾。

经过多年的实施与推进，中华文化“走出去”工程取得了一定的成绩。我国对外文化交流愈益活跃，交流的规模和范围不断扩大；对外宣传舆论力量得到加强，对外宣传能力也得到提升；对外文化贸易及投资规模不断扩大，已成为世界文化产品出口第一大国等。然而，与世界文化影响力强国相比，中华文化“走出去”在能力和成效上都有较大差距，还相对弱小。首先，我国在对外文化宣传方面存在差距。我国传播媒介的整体实力相对较弱，无法打破西方的垄断，因此在对外文化宣传上难以发挥实质性的影响力。我国自本世纪初开始鼓励和支持大型广电集团和报业集团的成立和转型，但在规模、技术、经验、能力和创意等方面与国际大型传媒集团相比，仍存在一定的差距。其次，我国在核心文化出口贸易长期处于逆差。尽管我国文化贸易总体实现顺差，但贸易结构仍然不平衡，特别是在文化服务进出口，尤其是核心文化服务贸易上，我国的出口能力相对较弱，长期处于逆差。再次，我国在对外文化交流方面也存在差距。尽管近年来我国在对外文化交流方面取得了一定的进展，但国际性文化交流活动仍然偏少，商业性的演出交流活动也较少。最后，我国的语言推广活动开展较晚，且效果仍有待提高。相比之下，19 世纪末期，西欧一些国家已经开始构建对外文化交流平台和推广语言培训机构，在规模、层次、经验等方面均具有优势。

（4）相对“薄弱”的中华现代文化吸引力与强大的中华传统文化吸引力间的矛盾。

当前，中华文化在国际影响力上面临一系列挑战，我国文化国际影响力主要来源于中华传统文化，而非现代文化。例如，美国《新闻周刊》的调研显示，被西方网民熟知的中华文化符号，如汉语、北京故宫、长城、苏州园林、孔子、道教、孙子兵法、京剧、少林寺、功夫、中国烹饪等，基本都属于中华传统文化范畴。这种情况导致外国民众对中华文化的认知存在偏差，无法全面了解其价值观。因此在传播学意义上寻找新的范畴和新观念来明确概括中华现代文化的精神和价值、加大中华现代文化资源的开发和宣传力度，是当前重要的工作。

（5）有限的文化国际影响力与强大的经济、政治影响力间的矛盾。

经济、政治和文化是一个国家发展的重要组成部分，它们之间存在着密切的联系和相互影响。然而，当前我国在这三方面的发展并不平衡，存在着一些现实困境，这给我国的文化影响力扩大带来了挑战。近些年来，我们在经济建设上取得了巨大的成就。但在文化国际影响力方面，我国在世界文化影响力格局中位于影响力强国与中等影响力国家之间，还未能稳定进入影响力强国的行列。

（一）加强国际传播能力建设，扩大中华优秀传统文化的国际传播力

要解决这个难题，需要我们在实践中坚定共产主义信仰，坚定

文化自信，始终以社会主义核心价值观为中华优秀传统文化传播内容建设的精神内涵。总体来看，中华优秀传统文化的传播效果取决于两个因素：一是中华优秀传统文化本身的优秀性；二是我们身处的这个社会的需要和对中华优秀传统文化的可接受性。诚如著名哲学家陈先达先生所言："社会需要是文化吸收的过滤器，不经过社会这个过滤器，文化的传播只能是暂时的，更不用说生根发芽。"[①] 也就是说，只有那些经过社会过滤的文化内容才可能得到广泛传播，并且在人们心中生根发芽。因此，中华优秀传统文化传播的内容建设是一个需要经过时间和实践检验的工作，是一个一直在路上、只有起点没有终点的过程。这个过程随我国国力的强大而兴起，也必将伴随着我国所处的时代和世界的局势变化而发生改变。因此，中华优秀传统文化传播的内容建设范围广阔，我们在不同的时代条件下只能"弱水三千，只取一瓢饮"。而只要牢牢坚守前述的原则，在对技术的力量和局限有清醒认识、对时代和世界局势的变化有敏锐觉察的基础上，不惧困难，充分把握中华优秀传统文化精髓，始终以社会需要为过滤器，才能不断发展、不断进步、一直向前，很好地完成不同时期中华优秀传统文化传播的内容建设工作。

1. 加强中华传统文化传播的内容建设

2020 年 6 月，上海著名景点豫园的保安们在晚上换上了锦衣卫的飞鱼服，既巡查豫园，履行工作职责，也成为游客手机、相机中的独特风景，凸显上海这座国际化都市与众不同的魅力。[②] 在此之前，豫园曾多次举办汉服巡游等活动，尤其是在 2019 年的一次活动中，多位青年身着宋、明时期的服装巡游，被不少游客拍下传到

① 陈先达．马克思主义哲学是大智慧［M］．北京：人民出版社，2019：146.

② 什么值得买网站：继汉服、甲胄巡游后，上海豫园又迎来了"锦衣卫"，https：//post. smzdm. com/p/awx0wozg/.

网上，引起了较大的轰动。① 部分网友在惊叹汉服之美的同时，也提出要重新着汉服，要让人们穿上正宗的汉服，从穿戴的顺序开始校正穿汉服时的不正确做法。持这种观点的网友不在少数。他们认为对中华传统文化的点点滴滴都分外谨慎，一丝一毫都不能有偏差，这样才能称得上是恢复中华传统文化。相关数据显示，2019 年在淘宝平台上汉服市场规模已经超过 20 亿元，并且保持着每年 150% 左右的增速。② 近几年来，汉服似乎已经成为中华传统优秀文化的象征，似乎人们穿上了汉服，就是继承了中华优秀传统文化。

但是，汉服就等于中华优秀传统文化吗？肯定不是。中华优秀传统文化在形式上的表现不能与其内涵画等号。新时代，面对传播中华优秀传统文化的使命，除了人力支持、物力保障这些外部因素外，我们更应该思考的一个重要问题是什么样的内容能够代表中华优秀传统文化。我们要传播的中华优秀传统文化不仅是一些文化的外在表现，更重要的是深藏在这些外在表现背后的精神层面的价值体系。这才是传播中华优秀传统文化应当强烈关注的主题。

我们认为，中华优秀传统文化的传播需要在创新中进行，创新与传播是一体化、不可分的。内容建设是中华优秀传统文化传播需要着力解决的问题，需要遵守以下原则。

第一，坚持守正，不忘初心。“守正”意味着要在马克思主义的指导下，牢牢把握中华优秀传统文化的内涵和核心，清晰认识文化与意识形态的关系，坚持马克思主义意识形态的指导地位，坚持中国共产党对中华优秀传统文化传播工作的绝对领导，坚决贯彻党

---

① 哔哩哔哩网站：这应该是上海最壮观的一次汉服、甲胄巡游了吧？https：//www. bilibili. com/video/BV1J4411T7Bf/？spm_id_from = 333. 788. videocard.

② 每经网：汉服年成交额超 20 亿！356 万人追捧，有年轻人竟不惜为它花费近十万，http：/www. nbl. com. cn/articles/2020—01—08/1398995. html.

制定的文化政策。

第二，善于利用文化创新的规律进行新的创造。毛泽东同志曾提出关于文化创新的规律，主要是继承、借鉴和创造。可见，文化创新必须经历继承和借鉴才能有创新和发展。中华优秀传统文化有着深厚的历史渊源和思想沉淀，我们在对其进行创新的过程中，应当首先要继承其丰富内涵，传承其内在核心思想，在此基础上才可能进行创新。创新绝不是生造一个新的东西，而必须在原来的基础上进行发展。

第三，要学会依靠人民群众。人民群众是文化的创造者、参与者与传播者。中华文明在漫长的发展过程中留下了诸多精美的文化艺术作品，如我们引以为豪的龙门石窟、敦煌石窟和江南园林等，其建造者都是普通的劳动群众。中华优秀传统文化的传播是一项伟大的事业，不是政府或相关部门、企业单打独斗就能完成的，只有发动人民群众积极参与，充分依靠他们的力量，才有可能完成。

2. 加强中华传统文化传播的人才建设

新时代进行中华优秀传统文化的传播，涉及两个方面的人力支持——传播者和受众，两者缺一不可。

首先，从传播者的角度来看，中华优秀传统文化的传播人才无论是数量还是质量，目前均尚有不足。众所周知，21 世纪是人才的世纪，人才在这个世纪的重要性胜于以往的任何时代。人类历史上大概没有哪一个时代像今天这个时代这样如此重视人才的作用和力量。“人力资源”此类概念的提出，反映出整个社会对人才认识的变化：人才成为一种资源，而不是资本的消耗品。传播中华优秀传统文化，必然需要依靠一支有一定素质的人才队伍。这支人才队伍是我们传播中华优秀传统文化的中坚力量，必备的素质核心是对中华优秀传统文化的理解、接受、继承和创新。

不过，从目前的情况来看，传播中华优秀传统文化的人力资源还需要我们从现在起下功夫培养，这也是我国的教育系统需要在将来花力气补足的功课。众所周知，改革开放以来，作为全球头号经济大国的美国已经在经济、科技、文化上引领世界，不仅在科技上有相当的影响力，制定了“全球标准”，还由于对于文化输出有着强烈的意识以及雄厚的人力资源，在全球文化输出上做了“用心”布局，也占据了全球文化强势地位。美国在科技和文化上的成功，使得全球教育不可避免地深受其影响。许多国家的培养人才的标准向美国看齐，在一定程度上忽视了自身的文化特点和优势。“外国的月亮就是比中国的圆”的观念在相当长的时间里也是被部分中国人接受和认可的。这部分人盲目地认为中国的一切都是落后的，美国的一切都是先进的，因此急匆匆地想把中国旧有的东西抛弃掉，想把老祖宗从自己家里请出去，这样就可以敞开大门，把美国的文化“请”进来。在这样的心态下，过去，我们在自己的教育体系设计中缺少让受教育者广泛、深入地接触中华优秀传统文化的教育布局，在“崇洋”的氛围下也少有机会接触到中华优秀传统文化的精华，自然对中华传统优秀文化的理解只能是浮光掠影，似乎能背几首课本上的唐诗宋词就已经不错了。要真正肩负起传承中华优秀传统文化的重任，显然需要一大批有文化素质、对优秀传统文化有热情的青年人。要培养出这样的人，我们需要通过转变观念，继续深化教育教学改革，将系统性的中华优秀传统文化教育融入学校教育教学之中，对青少年一代普遍进行专门的、系统的中华优秀传统文化教育。

其次，从受众的角度看，需要有意识地营造社会整体氛围，引导受众主动认识、了解和热爱中华优秀传统文化，成为潜在的传播者。第一，要紧紧抓住年轻受众，对他们进行教育和引导。目前“90 后”“00 后”是中华优秀传统文化传播的主要对象，他们对中华优秀传统文化的热情随着我国整体实力和国际影响力的增强而日益提升。这一代人从日漫、韩剧转向汉服、国风的主要原因是他们逐渐认识到中华优秀传统文化的别具一格、与众不同，这与年轻一代崇尚个性、追求自我的社会心理有着密切关系。正因如此，需要通过更加系统、更加深入的教育，有意识地引导他们，使他们真正理解并热爱中华优秀传统文化，从内心深处建立起对中华优秀传统文化的信心。第二，要营造社会整体氛围，破除对西方科技、文化的盲目崇拜。从历史渊源来看，在中国的文化发展进程中，五四运动这一重要转折点扭转了人们对传统文化的看法。那时，人们对“德先生”和“赛先生”的理解较为偏颇，只将此二者等同于西方先进的科学技术，再加上当时的中国在科学技术上的落后，所以人们普遍向往西方的科学技术，很容易就建立起对西方科技的认可和信心。传统文化被斥之以“不科学”“封建”或“迷信”，国人转而投向对西方科技的迷信，以及对包括西方文化在内的一切来自西方之物的盲目崇拜。我们必须正视这些问题，在社会整体层面认识到对西方科技、文化的盲目崇拜带来的弊端，破除对西方的迷信。第三，要进一步提升中华优秀传统文化传播受众的素质。受众的素质不仅决定了他们能够接受多少中华优秀传统文化的影响，更决定了在此过程中中华优秀传统文化会不会走形，也就是说，任何文化在继承和传播过程中必然会发生变化，而变化成什么样子多数情况下取决于受众，这也正是我们眼下需要特别注意的问题。

3. 加强中华传统文化传播的制度建设

互联网的发源地在美国。美国掌握了先进的互联网技术，到目前为止，美国仍然是全世界公认的信息技术大国，有着强大的半导体、微处理器、计算机和通信设备的制造能力。这些构成了美国信息技术产业的基础架构。以微处理器为例，美国英特尔公司的技术全球领先，早在 20 世纪 70 年代末，它就已经成为存储器芯片的绝对霸主，几乎享有90%的市场占有率。①

早在互联网建立初期，美国就通过根服务器（Root Server）控制了整个互联网。美国的根服务器是全球互联网最重要的战略基础设施之一，负责互联网顶级的域名解析（如“. com”“. net”“. org”“. cn”等）。按照第四版互联网协议（Ipv4）的技术限制，全世界的所有域名要被解析，都必须首先经过根服务器的解析。这样做的直接后果就是美国牢牢把握了全球互联网的掌控权，也就是网络世界的管理权，想让谁消失，谁就会从互联网上消失。

当然，任何时候霸权都是会受到挑战的。进入21世纪以后，美国通过根服务器“独霸”全球互联网的局面被一些欧洲国家和日本挑战。英国、瑞典和日本也分别有了一台根服务器，这样，全球根服务器的数量增加到了13台。不仅如此，我国还部署了“. cn”这样的域名，并从2015年起牵头发起“雪人计划”，在原来13台根服务器的基础上增加了25台IPv6根服务器，除了我国部署了4台（1台主根，3台辅根）根服务器外，其他新增的根服务器分别部署在美国、日本、印度、俄罗斯、德国、法国等16个国家。② 也就是说，由于我国目前已经有了根服务器，因此美国无法再对我国使用曾经对伊拉克、利比亚使用过的手段——断网。但是，这并不意味着美国在互联网世界领先的技术优势不复存在了。实际上，美国政府在2011年已经发布了一份《网络空间国际战略》。从这一战略文件中可以看到，美国政府对后冷战时代全球互联网的领导权毫不放松，并从价值观和技术两个层面制定了控制国际互联网的政治及价值观传播策略。③ 这表明美国政府非但根本不可能主动放弃在

① 刘仁杰. 谈20世纪美国微型处理器和计算机软件的发展［J］. 现代交际，2014（2）：26.

② 萧惑之. 中国“根服务器”发展知不足后求自主［J］. 中关村，2019（9）：1.

③ 观察者网站：深度解析：美国最新“网络自由”的战略与技术. https：//www. guanchu. cn/ZuoDaoYuan/2011_09_25_123936. shtml.

网络世界的霸权，反而会加大力度实现更大的野心，不像原来一样仅仅局限于技术方面的发展，还更加重视互联网上的价值传播。这样一来，在美国政府这一新的互联网战略里，先进的互联网技术只是价值观传播的载体。美国政府明确知晓这些技术带来的价值观传播上的优势且必然会处心积虑地充分利用这些优势。如果说在《网络空间国际战略》出台前，美国政府对互联网的认识还仅仅停留在科技发展、信息交流、商业贸易这样浅层次的阶段，那么毫无疑问的是，《网络空间国际战略》的出台强有力地传递出这样一个信息：美国政府对互联网的认识已经发生了重大转变，已将互联网视为价值输出之地，而所有的互联网技术都在为价值输出提供物力保障。在这样的认识下，美国政府当然会利用他们已经取得的科技发展优势进一步加强对价值观输出的技术支持/物力保障，同时也更能利用技术/物力方面的优势对其他国家的价值观输出进行狙击、攻击。因此，我国中华优秀传统文化要在互联网上传播得更远更广，如果没有能与美国抗衡的技术支持/物力保障，那是很难实现的。

（1）加强中华优秀传统文化对外传播的机制建设。

中华优秀传统文化走出去涉及多元利益主体、多重战略关系、多种促进手段，是一个复杂的系统工程，需建立高效运转的交流合作机制。第一，建立双多边高层磋商机制。充分发挥“一带一路”、G20、上海合作组织、中国和东盟（“10+1”）、中阿合作论坛等现有多边合作机制，以及其他常设性或临时性的国际次区域论坛、博展会、商洽会等平台，重点加强文化领域的沟通与交流，将文化交流作为高层磋商的常设议题，在对话、沟通、磋商的基础上通过联合公报、宣言、谅解备忘录等形式，使中华优秀传统文化走出去常态化和机制化。第二，建立各级别人文对话与智库合作机制。在双多边高层磋商机制的基础上，建立各级别人文交流对话和智库合作交流，更加深入、系统、灵活地开展各类形式的文化交流活动和机制。以国家间智库交流合作为例，各部委和地方政府间均可以开展有利于文化传播的交流活动和政策沟通，形成层层有承接的文化走出去合作推进机制。第三，建立交流合作与资源整合机制。各政府部门、地方政府及相关机构要在整体合作机制构架下建立有关部门、组织、机构的会商制度，为文化走出去提供协同指导。整合政府和市场的各自优势，增强聚合效应和互动作用。

（2）推进中华优秀传统文化对外传播的平台建设。

要推动中华优秀传统文化走出去，在推动构建人类命运共同体中建立优秀传统文化的国际认同，丰富中华优秀传统文化走出去的载体建设，在保持中国优秀传统文化独特性的基础上，围绕世界各国人民的差异化需求，找到与其他国家相对一致的文化载体平台建设接口。第一，加强与世界各国文化基础设施及产业发展平台建设。要加快文化传播与交流合作的基础设施建设，把握新一轮互联网建设机会，重点向“一带一路”共建国家推广技术标准和示范规则，促进有关国家创意研发、文化艺术品市场交易、遗产保护与应用等平台载体建设。第二，加快文化走出去企业和品牌建设与创新。鼓励文化创意产业企业走出去加快发展，打造一批影视、图书、音乐、动漫、网游、文博等业态的国际型企业和国际知名品牌。第三，做大做强国际传播媒体。要加快国际传播主流媒体硬件建设，通过增强“本土化”文化传播内容、市场化运作文化传播方式等途径，推进海外机构和队伍建设，推进海外节目落地，全面提升国际传播主流媒体的传播能力、经营能力、制播能力。第四，加强电影产业合作，促进国内影视文化作品的国际传播。要加强与港澳台地区的电影产业合作，健全完善中国影视产品进入国际市场的营销体系，在目标市场举办中国电影、电视作品展，开拓海外市场。第五，进一步办好孔子学院，深化汉语文化国际传播和推广。探索拓展孔子学院在提供中国教育、文化、经济和社会相关信息咨询服务和开展中国文化传播工作的功能定位，优化地理布局，提高师资配置，提升教学质量。

（3）推进中华优秀传统文化对外传播的保障措施。

第一，完善政策体系。要围绕中华优秀传统文化走出去的目标要求，制订相关的政策法规，规范对外传播与交流合作行为。要加强国家层面的政治、法律、社会、人文等各领域的风险提示，降低文化企业走出去风险。要统筹整合国内文化及相关产业资源，在企业融资、跨境投资等方面提供有力支撑。第二，强化人才保障。要加强文化交流传播相关领域的人才队伍建设，使得相关人员更加熟悉各国国情、国际惯例，加大外向型文化传播人才的培养力度。要充分借助专家学者和智库的作用，为中华优秀传统文化走出去提供智力支持。第三，加强民间交流。要充分发挥社会组织、科研机构、高校、企业、个人的力量，开展范围更加广泛、形式更加多样的民间文化交流，拓展中医养生、中华美食、武术健身等领域的交流交往。第四，发挥华侨华人作用。减少或消除对象国对中国文化“走出去”和“走进去”的担忧，鼓励华侨华人积极参与居住地的文化活动和公共事务，传播灿烂的中华优秀传统文化。

（二）讲好中国故事，扩大中华优秀传统文化的国际传播力

中国作为一个拥有悠久历史和灿烂文化的国家，有着丰富的优秀传统文化。讲好中国故事，扩大中国优秀传统文化的国际传播力，对于提高中国的国际地位和影响力具有重要意义。中国拥有丰富的历史、文学、哲学和艺术等领域的瑰宝，这些都是中国优秀传统文化的重要组成部分。通过讲述中国故事，我们可以向世界传达中国的价值观、思想观念和审美情趣，让外界更加全面地了解中国，展示中国的文化魅力和智慧，增强国际社会对中国的认知和认同，提升中国的国际地位。

1. 挖掘传统文化故事资源

中华优秀传统文化是中华民族几千年来积累的宝贵财富，其中蕴含着丰富的故事资源。这些故事不仅是中华民族的文化瑰宝，也是世界文化的瑰宝，具有极高的文化价值、历史价值、教育价值和商业价值。

传统文化故事资源主要包括神话传说、历史典故、民间传说、文学作品等方面。神话传说是中国传统文化的重要组成部分，其中包含了许多有关自然、社会、人类起源、历史、道德等方面的故事，如《西游记》《水浒传》《红楼梦》等。历史典故则是中国历史文化的精髓，其中蕴含着许多关于政治、军事、文化、哲学等方面的故事，如《三国演义》《岳飞传》《李白传》等。民间传说则是中国民间文化的重要组成部分，其中包含了许多有关道德、信仰、风俗、习惯等方面的故事，如《白蛇传》《牛郎织女》《孟姜女》等。文学作品则是中国文学的重要组成部分，其中包含了许多有关人性、社会、人生等方面的故事，如《红楼梦》《西游记》《水浒传》等。

优秀的传统文化为讲好中国故事提供了丰富的内容资源，深入挖掘传统文化故事资源不仅有助于传统文化的延续，而且对塑造中国形象具有重要意义。通过挖掘传统文化资源的内涵，可以激发民众的民族自信和文化认同，从而提升讲好中国故事的能力。

首先，讲好中国故事需要积极营造文化认同感。近代以来，我国在技术和文化上都倡导学习西方，这使得传统文化在一定程度上被视为落后的象征。在这种情况下，国民出现文化上的自我贬低和自我殖民化，文化自我丢失会导致民族文化认同的危机。因此，在现代化语境中发挥优秀传统文化的引导作用，强化中华文化的归属感，提高本民族的文化自信至关重要。文化自信并非盲目自信，而是在充分了解自身文化的基础上对中华文化存在的价值和意义保持肯定，这有助于保障社会主义文化具有强大的生命力，有助于我们更好地定位中华优秀传统文化的价值。

其次，传统文化需要适应时代潮流，更好地满足当代人的精神需求和行为准则，推动中华优秀传统文化创造性转化和创新性发展。利用互联网、5G+、自媒体等新兴载体来传播优秀文化，运用科学的方法激活传统文化的生命力，在当代年轻人中推广。例如，情境化传播模式为主的文化类综艺节目，如《中国诗词大会》《国家宝藏》《经典咏流传》等，受到年轻一代的热烈欢迎。这些节目以年轻化的思维让传统文化故事“活”起来，为年轻人展示中华优秀传统文化的新面貌。

此外，电影作为一种艺术形式，具有强烈的视觉冲击力和感染力。以中国本土科幻电影《流浪地球2》为例，其成功之处在于制作精良、丰富的文化内涵和新颖的题材。电影深入挖掘中国传统文化思维与价值观，以幽默的中式笑话为包袱，以精湛的特效带来视觉冲击，以在人类大灾难面前中国精神的升华为主线，结合传统文化适时创新，面向世界讲述中国的文化逻辑和思维。这些优秀文学作品起到了良好的示范作用，不仅展现中华优秀传统文化的新面貌，而且受到了年轻人的追捧。

2. 赋予中国故事新的时代内涵

当前，讲好中国故事主要涉及发展、外交、基建等内容，但搜索的内容存在局限性，容易造成国外受众的“审美疲劳”，反而适得其反。因此，我们需要在以下三个方面进行改进。

第一，增添新的时代内容。当前，中国故事存在脸谱化问题，我们需要调节中国故事供给的数量和质量，尽可能扩大中国故事辐射的范围和影响程度。我们需要注重中国故事内容的选择，不仅要局限于古代的传统和现代的宏大信息，更要重点讲述以人民为中心的故事，人民群众的故事是最“接地气”和动人的。在讲好中国故事的过程中，我们需要把人民本体作为故事的主人公，简简单单描绘出他们的生活图景或者在群众中寻找典范。我们需要把他们的故事进行细节性叙述，客观地反映中国人民的物质水平和精神面貌，故事的背后诠释了中国为人民过上美好生活的奋斗成果，通过人民的“小”满足折射出当代中国的大成就。

第二，讲究故事内容真实性和逻辑性。构建中国故事的框架必须体现其内在的逻辑性，无论讲述什么样的中国故事，最根本的要求是为体现中国伟大成就服务。今天的中国正是中国共产党带领中国人民浴血奋战的成果，并且在马克思主义理论的指导下离社会主义现代化的目标越来越近。讲好中国故事能够让国际社会清楚地认识到中国正是在马克思主义引领下的社会主义国家，故事背后的发展成就就是最真实的答案。

第三，利用外部机遇优化发展环境。在讲好中国故事的过程中，中国应该明确目前的外部机遇，把握历史的运行轨迹，优化中国内部发展结构。中国对世界的贡献是讲好中国故事的重要基础。在当前的国际环境下，中国需要加快改革开放的步伐，健全合作共赢的体制机制。积极推进自贸区的建设和“一带一路”共建国家的合作，不仅限于资金支持、技术援助、基础设施建设等，更要在利益共享的基础上，解决对方经济发展问题的同时也在潜移默化地传递中国观念，进而提高中国在国际上的地位和声望。中国的开放是激活世界经济的良药，开放的中国必将带动世界各国的良性互动，中国采取的一系列务实的措施也相应的为世界的发展提供了机遇，为世界提供更多的确定性。

参考文献

[1] 李璠. 弘扬中华优秀传统文化与中国社会发展研究 [M]. 北京：北京工业大学出版社，2023.

[2] 刘恋. 文化自信视域下中华优秀传统文化的传承与发展 [M]. 长沙：湖南师范大学出版社，2022.

[3] 彭翠. 中华传统文化在新时代的传播与传承 [M]. 北京：中国传媒大学出版社，2022.

[4] 单丽. 新时代的中华优秀传统文化与文化自信的建立研究 [M]. 北京：中国纺织出版社，2021.

[5] 杜昀芳，刘永记. 中华优秀传统文化 [M]. 北京：新华出版社，2021.

[6] 从云飞. 中华优秀传统文化 [M]. 北京：华文出版社，2021.

[7] 费君清，刘家思，朱小农. 中华优秀传统文化论丛 [M]. 杭州：浙江工商大学出版社，2020.

[8] 张岂之. 中华优秀传统文化经典要义 [M]. 西安：陕西太白文艺出版社，2021.

[9] 秦海燕. 优秀传统文化的传承与创新 [M]. 长春：吉林出版集团股份有限公司，2018.

[10] 董兰，陈旭远. 基于优秀传统文化传承与创新的现代学校变革 [M]. 长春：东北师范大学出版社，2016.

[11] 刘辉，张军龙. 利用新媒体拓展传统文化传承和创新的

路径［J］. 中州学刊，2021（8）：83－88.

［12］纪德君，刘庆华，温小军. 转化与创新：中华优秀传统文化研究［M］. 北京：社会科学文献出版社·政法传媒分社，2020.

［13］雷武逵. 感悟中华优秀传统文化［M］. 北京：北京师范大学出版社，2020.

［14］陈引驰，王希明. 传统文化与人生［M］. 上海：华东师范大学出版社，2019.

［15］叶碧，魏俊杰，刘小成. 中国优秀传统文化概论［M］. 杭州：浙江大学出版社，2017.

［16］过常宝，中华优秀传统文化读本［M］. 北京：北京师范大学出版社，2017.

［17］尤根地，张寿奎，王永成. 中华优秀传统文化［M］. 北京：中国人民大学出版社，2019.

［18］胡恒庆，中国传统文化［M］. 北京：中国人民大学出版社，2017.

［19］汪受宽，屈直敏. 中华优秀传统文化精要［M］. 兰州：甘肃人民出版社，2018.

［20］王江琳. 新时代实现中华优秀传统文化创新性发展的路径探索［J］. 中国民族博览，2023（4）：28－30.

［21］蔡影. 中国乡村旅游景观设计中传统文化的传承与创新［J］. 农村实用技术，2019（1）：2.

［22］曹文，聂飞，张国强. 基于新媒体环境下的传统文化传承与创新实践研究［J］. 现代职业教育，2019（5）：2.

［23］陈春生. 中国梦视域下中华优秀传统文化的传承与创新［J］. 共产党员（河北），2022（10）：1.

［24］陈来. 中华优秀传统文化的传承和创新［J］. 中国民族

博览，2022（8）：5.

［25］陈云玲．社会主义核心价值观与优秀传统文化传承与创新研究［J］．吉林工程技术师范学院学报，2020，36（1）：3.

［26］葛爱冬．中华优秀传统文化转化创新应把握的原则［J］．山东社会科学，2022（5）：6.

［27］葛进．推动中华优秀传统文化创新性发展的路径探索［J］．爱情婚姻家庭，2022（21）：0020－0022.

［28］郭庆荣．传统文化的传承与创新［J］．活力，2019（12）：1.

［29］胡晶晶．中华优秀传统文化涵养创新文化的价值意蕴与路径研究［J］．中国文化与管理，2022（1）：11.

［30］焦钰雅．"互联网＋"时代中华优秀传统文化创新性发展策略探究［J］．艺术科技，2023，36（6）：167－169.

［31］李冰．新媒体背景下传统文化的传承与创新［J］．新闻传播，2019（7）：2.

［32］阮春晖．中华优秀传统文化传承创新的理论视域［J］．邵阳学院学报：社会科学版，2021，20（4）：7.

［33］王萌．受众参与视角下传统文化的传承与创新性发展［J］．文化创新比较研究，2022，6（19）：92－95.

［34］徐维明．试论传承与创新中华传统文化［J］．参花，2021（23）：145－146.

［35］许嘉琛，刘旺余，杨翘楚．中华传统文化的创新传承与价值影响［J］．产业与科技论坛，2022，21（7）：83－85.

［36］张祝平．互联网时代下传统文化产业传承与创新发展问题研究［J］．职大学报，2019（2）：63－70.

［37］张祝平．互联网时代下传统文化产业传承与创新发展问题研究［J］．职大学报，2019（2）：8.

［38］赵云洁．中华优秀传统文化创新发展存在的问题及应对策略［J］．佛山研究，2021（3）：46－49.

［39］王春林．构建中国文化多途径协同走出去的大格局［J］．桂海论丛，2017（5）：103－107.

［40］杨通俊．“一带一路”背景下中国文化传播体系的构建［J］．人民论坛，2017（8）：140－141.

［41］赵云洁．中华优秀传统文化创新发展的意义研究［J］．上海建桥学院学报，2020（1）：4.

［42］赵云洁．中华优秀传统文化创新发展研究［J］．常州工程职业技术学院高职研究，2020（1）：6.

［43］钟天娥．习近平新时代中国特色社会主义思想对中华优秀传统文化的传承与创新［J］．思想政治课研究，2022（1）：9.

［44］张立文．中华传统文化与人类命运共同体［N］．光明日报，2017－11－06（15）.

［45］梁皓，崔丽．中华优秀传统文化何以“走出去”［J］．人民论坛，2018（10）：138－139.

［46］张学中，何汉霞．“一带一路”：共绘充满活力新愿景——中国化马克思主义发展思想研究［J］．生产力研究，2016（6）：6－9.

［47］李薇．讲好中华优秀传统文化故事［N］．光明日报，2022.06.28.

［48］胡正荣．推进中外文明交流互鉴倡导平等、互鉴、对话、包容的文明观［N］．人民日报，2022.09.07.

［49］李友梅．讲好有世界意义的中国故事［N］．人民日报，2017.03.30.

［50］胡锦涛．坚持用“三个代表”重要思想统领宣传思想工作，为全面建设小康社会提供科学理论指导和强大舆论力量［N］.

人民日报，2013.12.08.

［51］马克思恩格斯选集（第1－4卷）［M］．北京：人民出版社，2012.

［52］中央文献研究室，新华通讯社：毛泽东新闻工作文选［M］．新华出版社，2014.

［53］邓小平文选（第3卷）［M］．北京：人民出版社，1993.

［54］习近平关于社会主义文化建设论述摘编［M］．北京：中央文献出版社，2017.

［55］习近平．决胜全面建成小康社会 夺取新时代中国特色社会主义伟大胜利－在中国共产党第十九次全国代表大会上的报告［M］．北京：人民出版社，2017.

［56］习近平．习近平谈治国理政（第一卷）［M］．北京：外文出版社，2018.

［57］习近平．习近平谈治国理政（第二卷）［M］．北京：外文出版社，2017.

［58］习近平．习近平谈治国理政（第三卷）［M］．北京：外文出版社，2020.

［59］习近平．在庆祝中国共产党成立100周年大会上的讲话［M］．北京：人民出版社，2021.

［60］习近平．在庆祝中国共产党成立95周年大会上的讲话［M］．北京：人民出版社，2016.

［61］于文博．价值·要义·传承：习近平文化思想对中华优秀传统文化的阐发［J］．思想教育研究，2024（1）：16－22.

［62］沈湘平．深化对习近平关于传承发展中华优秀传统文化重要论述的总体性认识［J］．北京行政学院学报，2024（1）：10－18.

［63］胡洪彬．习近平文化思想的生成逻辑、理论体系与践行路径［J］．云南民族大学学报（哲学社会科学版），2024（1）：23－32.

［64］张明．习近平文化思想的理论背景、科学体系与时代价值［J］．求索，2023（6）：22－28.

［65］陈金龙，蔡馥．习近平文化思想的鲜明特征［J］．新疆师范大学学报（哲学社会科学版），2024（1）：7－13，2.

［66］高福进，杨世照．“同中华优秀传统文化相结合”：进程、意旨与路向［J］．上海理工大学学报（社会科学版），2023（2）：172－179.

［67］习近平．在中共中央政治局第43次集体学习时的讲话［N］．人民日报，2017.09.30.

［68］习近平．在第十二届全国人民代表大会第一次会议上的讲话［N］．人民日报，2013.03.18（1）.

［69］习近平．在哲学社会科学工作座谈会上的讲话［N］．人民日报，2016.05.19（2）.

［70］习近平．在网络安全和信息化工作座谈会上的讲话［N］．人民日报，2016.04.26.

［71］习近平．在中华人民共和国恢复联合国合法席位50周年纪念会议上的讲话［N］．解放军报，2021－10－26（2）.

［72］习近平．在纪念马克思诞辰200周年大会上的讲话［M］．北京：人民出版社，2018.

［73］吴增礼，李雨涵．中华优秀传统文化对实现中国式现代化的价值意蕴［J］．高校辅导员，2023（4）：9－13.

［74］颜晓峰，任倚步．中国式现代化视域中马克思主义基本原理同中华优秀传统文化相结合的学理探析［J］．思想教育研究，2023（6）：3－9.

［75］殷洁．中国传统文化创造性转化视阈下的社会主义核心价值观［D］．上海：东华大学，2017.

［76］陈星云．文化全球化进程中中国优秀传统文化的传承与

创新 [D]. 齐齐哈尔：齐齐哈尔大学，2015.

[77] 李伟伟. 马克思主义哲学视域下的中国文化现代化理论研究 [D]. 昆明：昆明理工大学，2014.

[78] 赵天睿. 中国特色社会主义核心价值观的培育与践行研究 [D]. 长春：东北师范大学，2017.

[79] 赖海榕，郑济洲. 中国式现代化的中华优秀传统文化底蕴 [J]. 毛泽东研究，2022 (6)：23 - 24.

[80] 欧阳军喜. 马克思主义同中华优秀传统文化相结合的百年实践 [J]. 历史研究，2021 (6)：13 - 20.

[81] 郭梦璐. 习近平关于传统文化的重要论述研究 [D]. 长春：长春理工大学，2019.

[82] 黄冰心. 习近平关于中华优秀传统文化的重要论述研究 [D]. 石家庄：河北经贸大学，2021.

[83] 吕飞. 十八大以来习近平关于弘扬中华优秀传统文化的重要论述研究 [D]. 上海：华中师范大学，2019.

[84] 李海晶. 习近平的传统文化观研究 [D]. 南昌：南昌大学，2016.

[85] 李佳辉. 习近平关于中华优秀传统文化传承创新重要论述研究 [D]. 北京：北京交通大学，2021.

[86] 郑寒姝. 习近平弘扬中华优秀传统文化的重要论述研究 [D]. 成都：西南石油大学，2019.

[87] 周旭. 习近平关于中华优秀传统文化“双创”的重要论述研究 [D]. 哈尔滨：黑龙江大学，2022.

[88] 朱小颖. 习近平传承创新中华优秀传统文化研究 [D]. 南京：江苏大学，2021.

[89] 赵信彦. 习近平新时代中国特色社会主义思想传承创新中华优秀传统文化研究 [D]. 济南：山东大学，2022.

[90] 王晓梅，韩良．习近平传统文化观的科学内涵、特征及其当代价值 [J]．齐齐哈尔大学学报（哲学社会科学版），2020（4）：10－12，32.

[91] 魏欣羽．内涵·逻辑·特点·旨趣：习近平传统文化观四维探析 [J]．石河子大学学报（哲学社会科学版），2019，33（1）：17－22.

[92] 王易，秦玉娟．习近平关于中华优秀传统文化的重要论述及其创新贡献 [J]．教学与研究，2023，532（2）：5－16.

[93] 王永贵．新时代社会主义文化强国建设的意识形态逻辑 [J]．南京师大学报（社会科学版），2022，343（5）：15－26.

[94] 薛庆超，薛静，刘伊纯．中华文化和中国精神的时代精华：习近平对中华优秀传统文化的创造性转化和创新性发展 [J]．统一战线学研究，2022，6（1）：1－15.

[95] 殷茂强．习近平传统文化观探析 [J]．学理论，2020（5）：12－14.

[96] 余卫国．习近平传统文化观的理论创新和实践路径 [J]．南通大学学报（社会科学版），2017，33（4）：1－6.

[97] 余卫国．习近平传统文化观的科学内涵和价值意蕴 [J]．南通大学学报（社会科学版），2019，35（5）：1－6.

[98] 张庆伟，崔美杰．中国式现代化与中华优秀传统文化的关系审视 [J]．西南石油大学学报（社会科学版），2023，25（5）：53－60.

[99] 林国标，林其昭．中华优秀传统文化对中国式现代化的推动作用 [J]．中国井冈山干部学院学报，2023，16（3）：32－41.

[100] 吴增礼，李雨涵．中华优秀传统文化对实现中国式现代化的价值意蕴 [J]．高校辅导员，2023（4）：9－13.

后　记

在完成《新时代中国传统文化要义与传承发展研究》的过程中，笔者深感对于中国传统文化的热爱与责任。这本书不仅仅是一部学术著作，更是我们对于传统文化的致敬和对未来的期许。

中华传统文化，历经千年仍熠熠生辉，它蕴含着中华民族的智慧和情感，代表着我们的根与魂。在新时代的背景下，我们更应当珍视并传承这份宝贵的文化遗产。本书的撰写，旨在挖掘传统文化的深厚底蕴，探寻其在新时代的发展路径，以期为中华文化的传承与创新贡献一份力量。

在撰写本书的过程中，笔者得到了许多专家学者的指导和帮助，他们的宝贵意见和建议让本书的内容更加丰富和完善。同时也要感谢家人的大力支持和理解，他们的鼓励是我们前行的动力。此外还要感谢所有为本书提供资料和素材的朋友们，正是他们的无私奉献，让本书的内容更加充实和准确。

本书的撰写虽然已经完成，但我们深知对于中国传统文化的研究与传承还有很长的路要走。我们期待未来能够有更多的人加入到这一伟大事业中来，共同推动中国传统文化的繁荣发展。同时，我们也希望本书能够为读者提供有益的参考和启示，引导大家更加深入地了解和热爱中国传统文化。

最后，我们要再次感谢所有为本书付出努力和心血的人们，感谢他们的无私奉献和辛勤工作。愿中国传统文化在新时代焕发出更加绚丽的光彩！

作　者
2024年1月